Thorsten Edler

# Basiswissen Eurokrise

Thorsten Edler

# Basiswissen Eurokrise

## Wie sie entstand und was sie für uns bedeutet

Tectum Sachbuch

Thorsten Edler
Basiswissen Eurokrise
Wie sie entstand und was sie für uns bedeutet

ISBN: 978-3-8288-3158-2

Umschlagabbildung: fotolia.com © MAST
Umschlaggestaltung: vogelsangdesign.de
Satz und Layout: Norman Rinkenberger | Tectum Verlag
Druck und Bindung: CPI – Ebner & Spiegel, Ulm
Printed in Germany


MIX
Papier aus verantwortungsvollen Quellen
FSC
www.fsc.org
FSC® C006701

Besuchen Sie uns im Internet
www.tectum-verlag.de

Bibliografische Informationen der Deutschen Nationalbibliothek
Die Deutsche Nationalbibliothek verzeichnet diese Publikation in der Deutschen Nationalbibliografie; detaillierte bibliografische Angaben sind im Internet über http://dnb.ddb.de abrufbar.

## Danke

an Irene und Thomas für gute und lange Freundschaft
an Gregor für viele spannende und Impuls gebende Diskussionen
an Erika für weisen Rat
an Carmen für viele ‚nervige' Fragen
an meine Mutter und meine Schwester
an den Tectum Verlag für diese Chance

*»Die Bürger haben den Eindruck, dass sie die Situation nicht beurteilen, geschweige denn beeinflussen können. 76 Prozent fühlen sich von der Komplexität der Probleme überfordert und ziehen die Bilanz, dass sie weder die Situation in der Eurozone noch die Maßnahmen, die zur Bewältigung der Krise diskutiert werden, bewerten können. Auch die politisch interessierten Bevölkerungskreise strecken die Waffen.«*

Prof. Dr. Renate Köcher, Institut für Demoskopie Allensbach, in: „Entspannter Fatalismus", Frankfurter Allgemeine Zeitung vom 16.10.2012

# Inhalt


| | | |
|---|---|---|
| 1 | Einleitung | 9 |
| 2 | WWW – Wirtschaftskrise, Wissen, Wikipedia | 11 |
| 3 | Schwacher EURO gleich Eurokrise? | 15 |
| 4 | Was genau bedeutet »die Eurokrise«? | 21 |
| 5 | Hauptursache der Eurokrise – die Finanzkrise 2007 | 25 |
| 6 | Weitere Ursachen der Eurokrise | 33 |
| 7 | Symptome der Eurokrise | 41 |
| 8 | Lösungswege aus der Eurokrise | 51 |
| 9 | Nicht verfolgte Maßnahmen | 79 |
| 10 | Die TARGET2-Debatte | 95 |
| 11 | Quo vadis, Bankensystem? | 105 |
| 12 | Geld – Zahlungsmittel außer Kontrolle? | 117 |
| 13 | Inflation im Lichte moderner Wirtschaftstheorie | 129 |
| 14 | Ist ein Euroaustritt undenkbar? | 139 |
| 15 | Scheitert Europa, wenn der EURO scheitert? | 147 |
| 16 | Brauchen wir überhaupt Europa? | 157 |
| 17 | Verändert die Eurokrise die Politik in Europa? | 167 |
| 18 | Schlussgedanken | 177 |
| Anmerkungen/Verwendete Quellen | | 189 |

# 1 Einleitung

Wer versteht eigentlich noch die täglichen Nachrichten?

„Weißt Du eigentlich, was die da in den Nachrichten die ganze Zeit mit *Eurokrise* meinen? Was ist denn los mit dem Euro? Muss man da jetzt was machen?", fragte mich meine Kollegin abends im Hotelzimmer, nachdem wir – eine harte Etappe auf dem Radweg Berlin-Kopenhagen in den Knochen – beschlossen hatten, den Abend noch vor dem Fernseher ausklingen zu lassen. „Du bist doch Volkswirt, da kannst Du mir das doch eigentlich mal erklären", fuhr sie leichthin fort. Damit war für mich im Prinzip der Sommerurlaub gelaufen, weil ich ihr und – was es nicht wirklich besser machte – auch mir gegenüber eingestehen musste, dass ich auf diese Fragen keine zufriedenstellenden Antworten wusste. So langsam fühlte ich mich angesichts dieser Erwartungshaltung unangenehm unter Druck gesetzt. Schließlich war meine Kollegin nicht die Erste, die von mir, locker an ihrer Weißweinschorle nippend, mal eben die Erklärung einer nicht ganz einfachen Materie erwartete, möglichst verständlich dargeboten natürlich – man hatte ja schließlich Urlaub und wollte sich nicht überanstrengen.

Ich weiß nicht, ob es Ärzten seinerzeit bei der Schweinegrippe ähnlich erging. Wahrscheinlich ja. So gesehen, war ich als Volkswirt doch noch richtig gut dran, denn die Eurokrise scheint die Deutschen erstaunlicherweise weniger zu beunruhigen als die Schweinegrippe. Nun bin ich aber kein Arzt. Ich kann also nicht kompetent beurteilen, was letztlich die größeren Konsequenzen für den Normalbürger haben wird, aber ich schätze doch sehr: die Eurokrise.

So lohnte es sich ja vielleicht wirklich, das Thema einmal anzugehen (obwohl es mich beruflich weniger betrifft – ich arbeite in einem ganz anderen Bereich). Ich tat also, was jeder heute zuerst tun würde: Ich fragte nach bei Tante Wikipedia. Und siehe da: Hunderte schlauer Menschen hatten sich die Arbeit bereits gemacht und das Thema sehr ordentlich aufgearbeitet. Es war also eine reine Zeitfrage, sich in die Eurokrise einzulesen. Diese Zeit kann vielleicht nicht jeder von uns aufbringen. Aber konfrontiert mit der Erwartungshaltung des Freundeskreises, einer müsse es ja schließlich mal stellvertretend tun, und unterstützt von einigen verregneten Urlaubswochen habe ich es tatsächlich getan. Und damit sich das stellvertretende Lesen für mehr Menschen lohnt, habe ich das Ergebnis aufgeschrieben. Ich hoffe, nach der Verteilung dieser Lektüre mit meinen Freunden und Bekannten wieder ungestört über andere Themen wie zum Beispiel Fußball reden zu können.

Dieses Buch hat also nicht den Anspruch, mit den kleinteiligen Erklärungen der *echten* Finanzexperten konkurrieren zu wollen, die sich jeden Tag zu diesem Thema in Presse, Funk und Fernsehen äußern. Es soll vielmehr dem Normalmenschen ein paar Grundzüge des aktuell prominentesten Medienthemas erläutern, die sicher vereinfacht sind – aber das ist immer noch besser, als den Nachrichten gar nicht mehr folgen zu können.

Das Medienthema Nummer 1 unserer Tage

Was erwartet Sie also auf den vor Ihnen liegenden Seiten? In der ersten Hälfte des Buches habe ich versucht, die **Eurokrise auf einfache und verständliche Weise zu erklären**. Zu Grunde liegen dabei folgende systematische Fragestellungen: Was sind die Ursachen, was die sichtbaren Symptome der Eurokrise und was sind die Lösungswege, die zur Beilegung der Krise beschritten werden? Die zweite Hälfte rundet das Thema mit Fragestellungen zu einzelnen aktuellen Themen wie zum Beispiel Entwicklung des Bankensystems, Geld, Inflation sowie mit allgemeinen Fragen Europa betreffend ab. Am Ende gönne ich mir das Vergnügen eines persönlichen Fazits.

Im ganzen Buch verzichte ich so weit als möglich auf Statistiken und Zahlen, weil man damit zwar manche Dinge abstrakter belegen, aber bei so einem komplexen Thema die meisten Leserinnen und Leser auch erschlagen kann. Es geht mir um die Darstellung der wesentlichen Erklärungszusammenhänge. Ich habe natürlich über Wikipedia hinaus gelesen. Angesichts der „Enthüllungen" der letzten Zeit habe ich meine Quellen vorsichtshalber alle genannt. Sie können sie in den dazugehörigen Quellenverweisen finden und, wenn das Thema Sie packen sollte, an den genannten Stellen weiterlesen.

Übrigens: Der Sommerurlaub mit der Fahrradtour, um das an der Stelle auch noch kurz abzuschließen, wurde dann trotzdem noch sehr schön. Aber das Thema „Eurokrise" hat mich seitdem nicht mehr losgelassen. Ich wünsche – und das meine ich nicht ironisch – viel Vergnügen unter meinem **Erklärungsschirm**!

Thorsten Edler
Berlin, April 2013

# 2 WWW – Wirtschaftskrise, Wissen, Wikipedia

Einstieg in das Thema: Blick ins Lexikon

Bei meinem Versuch, die Eurokrise verständlich zu machen, werde ich, wie schon angekündigt, auch auf Wikipedia-Artikel zurückgreifen. Wikipedia ist die frei im Internet verfügbare Online-Enzyklopädie, deren Inhalte von vielen fleißigen ehrenamtlichen Artikelschreibern erstellt werden. Warum betone ich das so besonders? Auf meiner Suche nach einem einfachen Einstieg ins Thema habe ich festgestellt, dass es gar nicht so leicht ist, etwas Gescheites zu finden, das einem schnell auf den Weg hilft und klare Informationen bietet.

Natürlich gibt es wissenschaftliche Beiträge, einige Bücher, aber vor allem eben viel fachliches Kauderwelsch und politisch überzeichnete Darstellungen. Da ist es doch eigentlich ganz naheliegend, als ersten Schritt einen Blick ins Lexikon zu werfen. Früher, als bei den Eltern noch ganze 24-bändige Wissensreihen im Bücherregal standen, war das ganz selbstverständlich. Ein unbestreitbarer Vorteil von Wikipedia im Internet ist aber, dass dieser Regalplatz heutzutage online ausgelagert, also für nahezu jedermann zu jeder Zeit bequem verfügbar ist und dazu noch einen akzeptablen Aktualitätsgrad aufweist. Zwar gibt es keine absolute Sicherheit, dass die dort verwendeten Quellen alle sauber recherchiert wurden. Mit ganz blindem Vertrauen sollte man also auch hierbei nicht zu Werke gehen. Aber mein Anspruch wird es nicht sein, die Eurokrise wissenschaftlich fundiert zu analysieren, sondern ich will sie für Sie und für mich erlesen und auf einfache Weise erklären. Und dafür eignen sich die Inhalte von Wikipedia durchaus sehr gut.

Als ich mich zum Einstieg nun mit den ersten Wikipedia-Artikeln zur Eurokrise beschäftigte, war ich von der Informationsfülle doch etwas erschlagen. Die Online-Schreiber hatten eine wahrhaft akribische Faktenbasis geschaffen, die das Thema in seiner zeitlichen Abfolge genau zu erfassen und auf eine vergleichsweise nüchterne Art und Weise darzustellen sucht. Diese sachliche Art aber hat mich beeindruckt, weil bei vielen anderen Versuchen, sich dem Thema zu nähern, oft schnell klar wurde, dass hier Autoren am Werk waren, denen es nicht um Aufklärung, sondern eher um persönliche Meinungsmache ging. Solche Überlagerungen machen es dann insgesamt schwierig, wenn man selbst eigentlich einige Niveaustufen darunter anfängt und zunächst auf der Suche nach einem grundsätzlichen Verständnis ist. Geht man zudem von einer breiten Masse an Unwissenden (einschließlich meiner selbst) aus, die eher ungehalten wird, wenn ihr „Talkshow-Argumente" oder plumpes Agitieren angeboten werden, ist es jedenfalls schwierig, immer die wirklich relevanten Informationen herauszufiltern.

Der Ansatz der Wikipedia-Artikel kommt nun zum Glück recht unaufgeregt daher: Man will dort über den Sachverhalt als solchen informieren und damit zunächst keine Politik betreiben (wobei man auch das natürlich nie zu 100 Prozent ausschließen kann, weil letztlich unbekannt ist, wer die Autoren hinter den anonymen Usernamen sind). Die stark gelebte lexikalische Philosophie in der Wikipedia-Community hilft aber zumindest, die zuvor beschriebenen überlagernden Störgeräusche von der Sachdebatte etwas abzutrennen.

Dem unendlichen Verweiszusammenhang entkommen, Übersetzungshilfe ohne Fachchinesisch

So sachlich die Artikel aber einerseits von der Tonalität herüberkommen, so verdichtet und ‚verwissenschaftlicht' wirken sie andererseits durch allerlei Fremdwörter und wirtschaftliche Fachbegriffe. Und auch wenn man es nicht genug anerkennen und dafür danken kann, dass sich überhaupt Menschen gefunden haben, die sich des Themas im Internet annehmen und es für alle aufarbeiten, so sind die Artikel teilweise eben trotzdem leider nicht immer geeignet, das Thema Eurokrise einer breiteren Öffentlichkeit besser verständlich zu machen. Aber das gilt natürlich nicht nur für die Wikipedia-Artikel, sondern im Prinzip auch für die zahlreichen anderen Quellen, derer ich mich für dieses Vorhaben bedient habe.

Insofern ist das ein Grund mehr, den Versuch zu wagen, es für uns alle noch einfacher und verständlicher erklären zu wollen, ja, hier gewissermaßen ‚Eurokrise für Dummies' zu praktizieren, auch wenn ich diese Formulierung eigentlich nicht mag. Denn schließlich ist es nicht unsere Schuld, wenn diejenigen, die von uns ein politisches Mandat bekommen haben, nicht dazu in der Lage sind oder sich nicht die Mühe machen wollen, uns die Eurokrise zu erklären.

Erklärungsschirm = *Basiswissen Eurokrise*

Nachdem ich nun einen ersten kurzen Überblick über meinen Einstieg in und meine Annäherung an das Thema gegeben habe, starte ich also einfach meinen Versuch. „Scheitern als Chance" war einst schon das

Motto von Christoph Schlingensief – und in diesem Sinne lade ich Sie jetzt noch einmal ein, mit unter meinen Erklärungsschirm zu kommen. Verweilen Sie doch einen Moment. Ich würde mich sehr freuen.

# 3 Schwacher EURO gleich Eurokrise?

Geht es Ihnen auch so? Als ich das Wort „Eurokrise“ für mich bewusst zum ersten Mal wahrgenommen habe, dachte ich zunächst: Aha, eine Krise des Euros, im Sinne von: Unsere Währung, der Euro, befindet sich in einer Krise. Es hat einen Moment gedauert, bis mir klar wurde, dass es bei der Eurokrise gar nicht primär um unser Geld, den Euro, geht, sondern um eine spezielle Problemlage im gesamten politischen und wirtschaftlichen Verbund der Länder Europas. Oder genauer gesagt: Diejenigen Länder, die sich innerhalb Europas im Rahmen der Europäischen Union (EU) zu einem Zusammenschluss gemeinschaftlich wirtschaftender Staaten zusammengefunden haben, sind in eine Krisensituation geraten – die Eurokrise.

Kleiner, aber feiner Unterschied: Eurokrise oder Euro-Krise?

Dabei müssen wir unterscheiden zwischen den 17 Ländern, die dem Währungsverbund des Euros angehören (auch „Euro-17“-Länder oder „Eurozone“ genannt), und den Ländern, die die gesamte Europäische Union bilden (alle zusammen: 27 Länder). Stand 2013 sind das:[1]

*Euro-17-Länder*

Belgien, Deutschland, Estland, Finnland, Frankreich, Griechenland, Irland, Italien, Luxemburg, Malta, Niederlande, Österreich, Portugal, Slowakei, Slowenien, Spanien, Zypern. Diese Länder benutzen de facto den Euro als gemeinsame Währung.

Die Länder der Eurozone

*Länder der Europäischen Union*

Alle zuvor genannten Euro-17-Länder plus Bulgarien, Dänemark, Lettland, Litauen, Polen, Rumänien, Schweden, Tschechien, Ungarn, Vereinigtes Königreich. Diese Länder, insgesamt also 27, bilden eine vertraglich geregelte, gemeinsame Wirtschaftsunion, aber eben nur ein Teil von ihnen (die „Euro-17-Länder“) verwendet den Euro als gemeinsame Währung. Alle anderen setzen weiterhin auf ihre landeseigenen Währungen – basierend entweder auf einer eigenen Entscheidung, den Euro nicht einführen zu wollen oder weil die wirtschaftlichen Rahmenbedingungen einen Beitritt zur Eurozone noch nicht ratsam erscheinen ließen.

Die Länder der Europäischen Union

Damit geht es also schon los: Von Beginn an steht mit der „Eurokrise" eine Begrifflichkeit im Raum, die den Problemzusammenhang missverständlich beschreibt und damit den einen oder anderen unter uns vielleicht auf eine falsche Fährte lockt. In allen Diskussionen wurde und wird der Begriff aber wie selbstverständlich verwendet, ohne dass jemand hinterfragt, ob denn auch alle das Gleiche darunter verstehen.

Stärke und Schwäche sind beim EURO relativ

Bevor es hier gleich ans Eingemachte geht, also an die Eurokrise, vorab noch schnell ein kleiner Exkurs zum Euro an sich: Viele Menschen in unserem Land – vielleicht zählen Sie sich auch dazu – beschleicht ja mitunter ein sehr mulmiges Gefühl, wenn in den Medien mit zunehmender Intensität zum Beispiel vom „schwachen Euro" die Rede ist. Mit einem schwachen Euro ist dabei in erster Linie ein niedriges Wechselkursverhältnis unserer Euro-Währung im Vergleich zum US-amerikanischen Dollar gemeint, vielleicht sogar mit der Tendenz, dass sich dieses Kursverhältnis noch weiter zu verschlechtern droht. Ein schwacher Euro aber ist keine Eurokrise! Im Gegenteil: Rein wirtschaftlich betrachtet hat ein schwacher Euro zum Beispiel im Exportbereich nämlich viele Vorteile. Der Dollar ist bei schwachem Euro mehr wert und bietet dem Ausland damit mehr Kaufkraft. Das heißt, ein schwacher Euro setzt im Ausland mehr Anreize für eine stärkere Nachfrage nach unseren inländischen Waren. Wenn wir dem Ausland nun mehr Waren verkaufen, nutzt uns das in unserem Land (mehr Einnahmen, mehr Warenproduktion, mehr Arbeitsplätze etc.). Das heißt, obwohl wir vielleicht von einem schwachen Euro reden, profitieren wir eigentlich davon. Konkreter: Diejenigen Branchen bei uns profitieren, die sehr stark exportorientiert wirtschaften. Und da oftmals die Rede davon ist, dass Deutschland seinen Wohlstand auf der starken Exportorientierung seiner Wirtschaft gründet, lässt sich hier nun folgender allgemeiner Zusammenhang vereinfacht darstellen: Schwacher Euro → mehr Exporte → insgesamt gut für die deutsche Wirtschaft.

Schwacher Eurokurs fördert Exporte

Gefühlt – seien wir ehrlich – geht es uns aber besser, wenn in den Nachrichten von einem „starken Euro" die Rede ist. „Stark" beziehungsweise „stärker" hört sich einfach besser an als „schwach". Betrachten Sie meine vorherigen Erläuterungen zum schwachen Euro, wird Ihnen schnell aufgehen, dass dann, wenn ein schwacher Euro gut für unsere exportorientierte Wirtschaft ist, ein „starker Euro" es vielleicht eher nicht ist. Und genau so ist es auch. Ein zu starker Euro bremst die ausländische Nachfrage nach unseren Waren, weil zum Beispiel der Dollar im Vergleich zum Euro nun weniger wert ist. Damit kann man im Ausland für seine Dollars weniger Waren bei uns kaufen, ergo: Unsere Exporte ins Ausland sinken tendenziell. Weniger Exporte bedeuten aber gleichzeitig weniger Produktion, weniger Absatz und damit weniger Einnahmen. Und im schlimmsten Fall in den betreffenden Branchen dann sogar auch Abbau von Arbeitsplätzen.

Schwacher Eurokurs bremst gleichzeitig Importe

Wenn aber die Exporte so mit dem Eurokurs verbandelt sind, dann gilt das natürlich umgekehrt auch für die Importe eines Landes. Und „umgekehrt" ist an dieser Stelle genau das wichtige Zauberwort. Während ein schwacher Euro die Exporte tendenziell steigen lässt, bedeutet es im gleichen Atemzug, dass die Importe eher sinken, weil die Waren für unser Land im Auslandseinkauf teurer sind. Auswirkungen hat das zum Beispiel im Energiebereich, wenn wir bedenken, dass fossile Energieträger wie Öl und Gas an den Weltbörsen zumeist noch in US-Dollar gehandelt werden. Sie müssen teurer eingekauft werden und wir merken das dann zum Beispiel an steigenden Energiepreisen. Bei einem starken Euro hingegen wäre die Kaufkraft im Ausland größer und somit ließen sich diese Energieträger günstiger einkaufen, also für einen bestimmten Preis mengenmäßig mehr davon importieren.

Auf Reisen mit dem Eurowechselkurs

Ganz unmittelbar und persönlich betrifft uns die Frage, ob wir gerade einen schwachen oder einen starken Euro haben, wenn wir verreisen. Wenn nun im oben geschilderten Zusammenhang ein schwacher Euro zwar gut für unsere Exportwirtschaft ist, so ist er es leider beim Umtauschen zum Beispiel in Dollar für Reisezwecke nicht. An der Stelle zeigt sich dann für uns tatsächlich seine Schwäche: Für einen „schwachen" Euro bekommen wir weniger Gegenwert in Dollar als im Falle eines starken Euros. Im Urlaubsfall haben wir für den Umtausch in Fremdwährungen also verständlicherweise eher ein persönliches Interesse an einem starken Euro gegenüber der betreffenden Fremdwährung.

Vermögensanlagen in Fremdwährung

Und auch wenn wir zum Beispiel Vermögensbildung in der Fremdwährung Dollar betreiben, ist die Schwäche/Stärke des Euros für uns von Relevanz: Der Anlagebetrag und eventuell dazu fällig werdende Gutschriftenzinsen verlieren an Wert, wenn der Euro stark ist. Im umgekehrten Fall profitiert unsere vermögensbildende Anlage in Fremdwährung dann, wenn der Euro etwas schwächer notiert. Würden wir den Anlagebetrag und/oder die Zinsen wieder in Euro zurücktauschen, könnten wir in dem Moment einen höheren Gegenwert realisieren als wenn der Euro gerade sehr stark wäre.[2]

Importe und Exporte, Vermögensanlagen in Fremdwährungen, Devisenumtausch für Reisezwecke – wir haben hier eine Reihe von Beispielen kennengelernt, die sich bei starkem oder schwachem Euro und je nach Sichtweise und Interessenlage der beteiligten Wirtschaftsakteure einmal mehr und einmal weniger als die „ideale" Kombination herausstellen.

Freies Spiel der Kräfte oder gesteuerte Einflussnahme?

Der Eurokurs unterliegt also Schwankungen, die von verschiedenen Faktoren in der Weltwirtschaft beeinflusst werden. Da können allgemeine wirtschaftliche Rahmenbedingungen und Krisen eine gewichtige Rolle spielen oder aber auch Staaten selbst, die über ihre Wirtschaftspolitik ein bestimmtes Eigeninteresse verfolgen, indem sie die eigene Währung gegenüber anderen Währungen bewusst abwerten lassen (also schwächen) wollen, um – wie schon etwas weiter oben angedeutet – so die Rahmenbedingungen für die eigene Exportwirtschaft zu verbessern oder aber zum Beispiel damit auch den Wert ihrer Staatsschulden sinken zu lassen. Währungsabwertung also als eine vermeintlich einfache Art und Weise, eigene Wirtschaftsprobleme in den Griff zu bekommen oder zumindest nach außen hin zu kaschieren. Mitunter lässt sich sogar ein regelrechter Abwertungswettbewerb zwischen Ländern beobachten. Im Verdacht hierbei stehen mit ihren fast schon traditionell hohen Verschuldungsquoten insbesondere die USA und Japan, aber mittlerweile auch nahezu die gesamte EU. Eine Geldpolitik mit ausgedehnten Niedrigzinsphasen und somit übermäßig „billigem Geld" für Geschäftsbanken in den genannten Ländern beziehungsweise der EU, drückt tendenziell die Wechselkurse der eigenen Währungen zu anderen Währungen. Beobachter sprechen unterdessen sogar von einem „Währungskrieg" zwischen den Ländern. Und auch wenn dieses Wort als solches ziemlich martialisch anmutet, lässt es uns aber dennoch erahnen, dass in dem Zusammenhang vermutlich mehr Dinge eine Rolle spielen, wenn von schwankenden Eurokursen die Rede ist, als man bei einer oberflächlichen Betrachtung gemeinhin annehmen würde.[3]

WÄHRUNGSKRIEG – wie Staaten ihre Interessen auch noch verfolgen

Inzwischen fast nicht mehr getrennt voneinander zu betrachten: Wirtschaft und Psychologie

Zweifelsohne spielt aber auch Psychologie eine wichtige Rolle bei den Kursschwankungen. Das ersehen wir dann daran, dass sich mittlerweile Reaktionen des Eurokurses in einen direkten Zusammenhang mit Meldungen aus den Tagesnachrichten bringen lassen. Ob das dann immer sinnvoll ist, sei dahingestellt, aber es passiert. Exemplarisch seien hierfür die Aussagen des Präsidenten der Europäischen Zentralbank (EZB) Mario Draghi im Februar 2013 angeführt. Weil der Eurokurs zuvor wochenlang eine leichte Aufwertungstendenz (in Richtung „starker Euro“) erfahren und somit für die exportorientierte Wirtschaft in Europa ein eher unfreundliches Umfeld („sinkende Exporte“) geschaffen hatte, kündigte der EZB-Präsident an, den Wechselkurs von nun an noch genauer beobachten zu wollen. Allein in Reaktion dieser Aussage rutschte dann der Eurokurs von 1,36 auf unter 1,34 Dollar – der stärkste Kursrückgang seit über einem halben Jahr. Beobachter dieses Vorgangs sprachen dabei von einer „verbalen Intervention gegen einen zu starken Euro-Wechselkurs“[4]. Ob hier nun tatsächlich eine versuchte konkrete Einflussnahme seitens des EZB-Präsidenten auf den Euro-Wechselkurs zu Gunsten der exportorientierten Wirtschaft beabsichtigt war, weiß am Ende wohl nur der EZB-Präsident selbst. Aber es zeigt, mit welcher Empfindlichkeit bestimmte Wirtschaftsindikatoren auf Aussagen und Handlungen bestimmter Wirtschaftsteilnehmer reagieren können. Und letztlich spiegelt sich das dann unter anderem auch in Schwankungen des Euro-Wechselkurses wider. Es macht uns zudem bewusst, dass Einflussnahme von außen nicht nur theoretischer Natur, sondern – wenn gewollt – durchaus auch praktisch umzusetzen ist. Ganz grundsätzlich betrachtet müssen uns Schwankungen des Eurokurses aber nicht beunruhigen. Sie gehören gewissermaßen ein Stück weit mit „zum Geschäft“. Nicht immer ganz eindeutig jedoch sind die genauen Hintergründe dieser Schwankungen – ergeben sich die Wechselkursveränderungen nun aus dem freien Spiel der Marktkräfte oder stecken hier bewusst herbeigeführte Manipulationen von relevanten Finanzakteuren (wie zum Beispiel Politik, EZB, Unternehmen etc.) dahinter? Hier lohnt es sich mitunter, jeden Einzelfall genauer zu betrachten und sich die Motivationslage und Interessen der jeweils Beteiligten vor Augen zu führen.[5]

Um es abschließend noch mal zusammenzufassen: Ein eher schwacher oder starker Eurokurs ist noch keine unmittelbare Krise der Währung Euro, hat aber gewisse Auswirkungen auf die Wirtschaft selbst. Eine gewisse Einflussnahme von außen (Staaten, EZB, Nachrichten etc.) ist je nach Interessenlage zumindest nicht auszuschließen oder sogar anzunehmen. Dass der Euro selbst in eine Krise gerät und bedroht ist, ist natürlich auch nicht völlig auszuschließen. Um das festzustellen, bedarf es aber anderer Einflusskriterien. Nach Stand heute würde man nicht von einer Krise der Währung „Euro" selbst sprechen. Allenfalls, so Theorien, trägt der Euro beziehungsweise seine Konzeption stark dazu bei, die Eurokrise zu verstärken. Aber das ist schon die nächste Erklärungsebene, der wir uns etwas später widmen wollen.

Lassen wir uns also nicht sofort verunsichern, wenn in den Medien von einem schwachem oder starkem Euro die Rede ist, und halten wir kurz fest: Eurokrise meint nicht Krise der Eurowährung, sondern eine Krise in den Ländern der Europäischen Union. Was es mit der Krise in den Ländern der Europäischen Union auf sich hat, werden wir in den folgenden Kapiteln ergründen.

# 4 Was genau bedeutet »die Eurokrise«?

Hinter dem Begriff „Eurokrise" verbergen sich genau genommen einzelne Verschuldungskrisen von Mitgliedsstaaten der Euro-17-Zone. Staaten wie zum Beispiel Griechenland, Portugal, Irland und Zypern können dabei ohne die Inanspruchnahme finanzieller Hilfen anderer Staaten ihren durch Verschuldung entstandenen Zahlungsverpflichtungen nicht mehr oder nicht in ausreichendem Maße nachkommen. Weitere Staaten wie Spanien, Italien und Slowenien sind akut gefährdet, in Zahlungsnot zu geraten und somit die Problematik in der Eurozone noch zusätzlich zu verschlimmern.

*Staatsschuldenkrise* in Europa

Im Grunde genommen müsste man bei der Eurokrise also eigentlich von einer „Staatsschuldenkrise" jeweils einzelner Staaten in Europa sprechen.[6]

Von Relevanz für die Wirtschaft ist so eine Eurokrise in mehrerlei Hinsicht. Zunächst einmal, weil für die davon betroffenen europäischen Völker bei einer Staatspleite vor allem Wohlstand auf dem Spiel steht: Sozialsicherungssysteme, öffentliche Altersvorsorge in Zinspapieren und gesparte Rücklagen geraten durch die Krise stark unter Druck und sind akut von Ausfall oder massivem Verlust bedroht. Zudem verengen die in solchen Zeiten prozentual stark wachsenden Ausgaben für Energie, Essen und Wohnen die finanziellen Spielräume der Menschen, speziell bei einkommensschwächeren Schichten.

Obendrein senden die von einer Verschuldungskrise betroffenen Staaten das fatale Signal aus, dass sie im Zweifelsfall ihre Schulden nicht werden zurückzahlen können und in letzter Konsequenz womöglich sogar den Weg einer sogenannten Staatsinsolvenz beschreiten müssen. Davon in erster Linie betroffen wären dann diejenigen, die diesen Staaten ihr Geld leihweise zur Verfügung gestellt haben und dieses im Falle eines Zahlungsausfalls nicht mehr zurückerhalten, also Verlustabschreibungen vorzunehmen hätten.

Das allein wäre schon schlimm genug. Eine ausgeprägte Zahlungsunfähigkeit vereinzelter Staaten der Eurozone wirft aber zusätzlich einen langen Schatten auf die Staaten der Eurozone insgesamt. Die wirtschaftlichen Verflechtungen untereinander sind mittlerweile so groß, dass die Pleite einzelner Eurostaaten nicht ohne Rückwirkungen auf die anderen Staaten bleiben würde. Nicht zurückgezahlte Schulden machen sich in den Bilanzen der Geld verleihenden Staaten negativ als Zahlungsausfall bemerkbar. Ihr Geld wäre einfach verloren oder wird zumindest nicht im vereinbarten Zeitraum und Umfang zurückgezahlt.

Darüber hinaus erleidet die gesamte Eurozone einen großen Imageschaden und Vertrauensverlust bei ihren Wirtschaftspartnern, wenn diese zum einen wahrnehmen, dass innerhalb der Währungsgemeinschaft starke strukturelle Verschuldungsprobleme existieren und zum anderen Verschuldungspolitik immer weiter vorangetrieben wird, um der Staatsschuldenproblematik in den einzelnen Krisenstaaten beizukommen.

An dieser Stelle kommt neben den harten Wirtschaftsdaten meistens auch noch Psychologie mit ins Spiel. Die Börsen weltweit reagieren „nervös", heißt es dann immer so schön. Jede Aktion, jede Meldung aus den Krisenstaaten beziehungsweise dem Krisenraum Eurozone wird mit Argwohn beäugt. Und an den Börsen wird fleißig auf Erfolg oder Misserfolg des weiteren Fortgangs in den betreffenden Staaten der Eurozone gewettet, was die Rahmenbedingungen zur Lösung der Probleme insgesamt weiter verschlechtert.

Staatsschuldenkrise als Begriff zu harmlos/zu wenig ursachenorientiert

Grundsätzliche Kritik lässt sich nun aber am Begriff „Staatsschuldenkrise" festmachen. Einerseits umgrenzt und erklärt er die uns bedrohende Problemlage schon mal besser als der Begriff der Eurokrise. Wir verstehen also zumindest, was genau mit der Eurokrise gemeint ist, und bekommen eine konkretere Vorstellung von dem wirklichen Ausgangspunkt der Probleme. Andererseits verschleiert der Begriff „Staatsschuldenkrise" immer noch zu sehr die eigentlichen Ursachen, die zu dieser Krise überhaupt erst geführt haben. Führende Kritiker wie der Wirtschaftswissenschaftler Peter Bofinger sehen die Gründe nämlich in einer ausgemachten Krise der Finanzwirtschaft und der Banken. Äußerst riskante neue Produkte zur Vermögensanlage und unsolide Kreditfinanzierungen auf Seiten der Banken, gipfelnd in der sogenannten Finanzkrise 2007, seien hier als der wahre Ausgangspunkt der Staatsschuldenkrise anzusehen. Zumal keinem der erwähnten krisengebeutelten und finanzschwachen Eurozonenländer – mit Ausnahme Griechenlands – bis zum Zeitpunkt des Beginns der harten Krisenphase eine unsolide Haushalts- und Finanzpolitik vorgeworfen werden kann. Erst in Folge dieser Finanzkrise 2007 ist es in den Staaten vielfach zu signifikant erhöhter Verschuldung gekommen, weil man sich plötzlich gezwungen sah, Fehler bei den systemrelevanten Banken finanziell abzupuffern. Motto: Banken jetzt einfach pleite gehen zu lassen, würde die Gesellschaft insgesamt noch viel teurer kommen, weil dabei große Vermögenswerte von Anlegern und Sparern verloren gegangen wären. Man kann diese Herangehensweise „Banken sind in jedem Falle zu retten!" kritisieren oder auch nicht – eine abschließende Antwort, ob diese Entscheidung richtig oder falsch war, wird erst die Zeit weisen.

Der Begriff „Staatsschuldenkrise" verharmlost aber nach Auffassung der genannten Kritiker die dahinter stehenden Ursachen massiv und widmet ihnen beziehungsweise ihrer Lösung nicht genügend Aufmerksamkeit. Die daran anknüpfende Frage lautet dann, ob die eher einseitige Begriffsausrichtung demzufolge nicht auch nur zu einem eher einseitigen Nachdenken hinsichtlich der Lösungen – Korrekturansätze also nur im Fiskalbereich (Haushaltspolitik) der europäischen Staaten und weniger bei den Fehlentwicklungen im Finanz- und Bankensektor – führen könnte.[7]

Dass sich hierbei durch aktuelle politische Entscheidungen nun schon Einiges getan hat, das solchen im Raum stehenden Befürchtungen inzwischen auch etwas die Grundlage nimmt, darauf werden wir im Verlaufe dieses Buches noch weiter zu sprechen kommen.

Es deutet sich also schon an, dass für die Eurokrise eine breite Palette an möglichen erklärenden Ursachen in Betracht zu ziehen ist. Mir persönlich scheint aber der eben angeführte Kritiker-Hinweis zur Finanzkrise 2007 als vermeintliche Hauptursache für die Eurokrise ein wichtiger Beitrag zum Verständnis des Gesamthintergrunds zu sein. Aus diesem Grunde wollen wir damit im nächsten Kapitel auch beginnen.

# 5 Hauptursache der Eurokrise – die Finanzkrise 2007

Wenn Sie sich noch an den Teil der Erklärung des Begriffes „Eurokrise" erinnern, wo wir festgehalten haben, dass „Eurokrise" nicht einfach gleichbedeutend mit einer „Währungskrise des Euros" ist, so schwant Ihnen jetzt womöglich, dass es sich bei einer Finanzkrise auch nicht nur um eine Krise von Finanzen allgemein handelt. Und richtig: Wenn von der Finanzkrise 2007 die Rede ist, so meint das eine große Banken-, Finanz- und Wirtschaftskrise, die ihren Beginn eigentlich wiederum in einer Immobilienkrise in den USA hatte. Warum sich diese Immobilienkrise in den USA zu den großen Verwerfungen einer Eurokrise, wie wir sie inzwischen wahrnehmen, aufschaukeln konnte, auf diese Frage wollen wir in diesem Kapitel[8] versuchen, eine Antwort zu finden.

Wie eine Eurokrise letztlich außerhalb Europas begann

Anfang der 2000er Jahre sind in den USA zahlreiche Visionäre, die den Elan des aufstrebenden Mediums Internet für neue Wirtschaftsideen entdeckt hatten und deshalb viele neue junge Unternehmen gründeten, letztlich innerhalb kürzester Zeit grandios gescheitert. In dieser geplatzten sogenannten „Dotcom-Blase der New Economy" – wir kennen Ähnliches in Deutschland aus der Zeit – wurde viel Kapital von privaten Anlegern und anderen Investoren vernichtet. Die wirtschaftliche Stimmung danach war entsprechend am Boden.

*Billiges Geld* für die Geschäftsbanken

Ein beliebtes Mittel in solchen trüben Zeiten ist es dann, dass die Notenbanken „den Geldhahn aufdrehen", um die vom Niedergang bedrohte Wirtschaft zu stabilisieren und die insgesamt erlahmten Wirtschaftsprozesse wieder etwas zu stimulieren. Das bedeutete in den USA, dass die dortige Notenbank, kurz „Fed" genannt (abgeleitet von Federal Reserve System), infolge der schlechten Wirtschaftslage ihre Leitzins-Politik auf „sehr niedrig" ausgerichtet hat. Geschäftsbanken konnten also bei ihr Geld zu sehr günstigen Konditionen leihen und nahmen dieses verlockende Angebot auch reichlich in Anspruch. Dieses „billige Geld" wiederum haben die Geschäftsbanken in Form von günstigen Krediten an sehr viele ihrer Kunden und unabhängig von deren Sicherheiten weitergegeben.

Mit dieser Phase der länger anhaltenden Niedrigzinspolitik seitens der US-Notenbank wurde gewissermaßen der Grundstein für die US-Immobilienkrise gelegt. Dadurch nämlich, dass die Geschäftsbanken so lange Zeit über billiges Geld verfügen konnten, war nach einer gewissen Zeit und über ihre massiven Kreditvergabeaktivitäten auch entsprechend viel Geld im Markt unterwegs. Die Stimmung war also gut, die Liquidität der Banken vorhanden, so dass die Geschäftsbanken das Risiko – manch einer würde eher von Leichtsinn reden – weiter erhöhten und begannen, Geld auch großzügig an Kunden unterer Einkommensschichten und mit mäßiger Bonität mit Interesse am Bau eines Eigenheims zu verleihen. Der Leichtsinn fand sich aber auch auf Seiten der Kreditkunden wieder: Sie ließen sich irrationalerweise verstärkt auf Bankkredite mit variablem Zinssatz ein. Diesen Schuldnern war in dieser Situation zumeist selbst nicht wirklich bewusst, welches Risiko sie damit eingingen. Das Zinsniveau zu dem Zeitpunkt war schließlich attraktiv niedrig und die Zukunft weit weg. Also drehte sich das Kreditvergabe-Karussell weiter und weiter. Die stabil hohe Nachfrage nach Eigenheimen und entsprechenden Krediten mit günstigen Konditionen dafür ließen irgendwann auch die Preise auf dem US-Immobilienmarkt steigen. Getreu der bekannten Regel: Bei starker Nachfrage reagiert der Markt mit steigenden Preisen im Angebot (also hier: bei den Immobilien).

Unvorsichtige Bankkunden mit mäßiger bis schlechter Bonität schließen Kreditverträge mit variablem Zinssatz ab

Preislich hoch angesiedelte Immobilien aber wiederum hatten für die Banken den angenehmen Nebeneffekt, als attraktive Kreditsicherung zu dienen, so dass sie dazu übergingen, das Risiko – oder den Leichtsinn – weiter zu erhöhen. Nachdem sie einmal Blut geleckt hatten, wurden schon bestehenden Schuldnern auch noch Zusatzkredite verkauft und die Eigenheimzielgruppe für die Kreditvergabe zusätzlich nochmals erweitert – nun um Kunden mit schlechter Bonität.

Zwischenfazit: In einer ersten Stufe vergaben die US-Banken also Kredite an Kunden mit eher mäßiger Bonität und in einer zweiten Stufe dann auch noch an Kunden mit schlechter Bonität. Die Kredite waren in den meisten Fällen mit variablem Zinssatz ausgestattet und deshalb (noch) sehr günstig, weil aufgrund der Leitzinspolitik der US-Notenbank insgesamt eine Niedrigzinsphase vorlag. Gepaart mit einer weit verbreiteten Blauäugigkeit auf Seiten der Kreditnehmer hinsichtlich möglicher Veränderungen ihrer Kreditkonditionen in der Zukunft, waren damit gewissermaßen die Voraussetzungen für ein fatales Räderwerk geschaffen, das später in Gang gesetzt werden sollte.

Die Geldflut der Notenbank wirkt: US-Wirtschaft erlebt Zwischenhoch

Die US-Wirtschaft profitierte aber zunächst stark von der erhöhten Nachfrage nach Eigenheimen, befeuert durch die günstigen Kredite der Banken. Die Bauindustrie lief auf Hochtouren und die allgemeine Konsumnachfrage im Land zog deutlich an. So gesehen war also die Niedrigzinspolitik der US-Notenbank in ihrer beabsichtigten Wirkung letztlich erfolgreich – die Wirtschaft wurde entscheidend stimuliert und begann sich wieder ordentlich zu erholen.

Banken verbriefen Kreditforderungen

In einer dritten Stufe begannen die US-Banken das Ganze dann auf die Spitze zu treiben: Um sich zusätzlichen Spielraum für weitere Kreditvergaben zu schaffen, wurden bestehende Kreditforderungen inklusive deren Risiken in größerem Stil einer sogenannten „Verbriefung" unterzogen. Verbriefen bedeutet, dass die Banken eigentlich am Markt nicht handelbare Forderungen (in dem Fall die bestehenden Kreditforderungen gegenüber ihren Kunden) in handelsfähige Wertpapiere umgewandelt und sogleich interessierten Investoren (also anderen Banken, Versicherungen, Hedgefonds etc.) auf dem Weltkapitalmarkt zum Kauf angeboten haben. Oder einfach übersetzt: Die Banken, die diese Kredite einst vergaben, hielten sie jetzt nicht mehr selbst in ihren eigenen Büchern, sondern verkauften sie und das damit verbundene Ausfallrisiko an andere Investoren.[9]

Der Verkauf solcher verbrieften Kredite hatte für die Banken dabei den rechtlichen Vorteil, dass dadurch weniger Reserven zur Ausfallsicherung vorgehalten werden mussten und die damit frei gewordenen Eigenkapitalreserven wiederum für die Vergabe neuer Kredite genutzt wurden – Kredite natürlich tendenziell wieder an Kunden mit zweifelhafter Bonität und unsicheren Einkommensverhältnissen.[10]

Kennt man nun diese Hintergründe, lässt sich besser verstehen, was sich dann im Folgenden abspielte: Bis circa 2005 schwächte sich die US-Konjunktur wieder ab und drückte die allgemeinen Wachstumsraten. Die US-Notenbank hatte zwischenzeitlich auch Abstand von ihrer Niedrigzinspolitik genommen und bis Mitte 2006 ihre Leitzinsen bis auf 5,25 Prozent erhöht, um so gegen aufkommende inflationäre Tendenzen anzugehen. Die Folge davon war, dass das allgemeine Zins

Beginn der Abwärtsspirale: Steigendes Zinsniveau

niveau in der Zeit anstieg – und damit natürlich auch die variablen Zinsen in den von den Geschäftsbanken an ihre Kunden verkauften Kreditverträgen. Das bedeutete plötzlich und unerwartet erhöhte Kosten durch erhöhte Kreditzinsraten für die vielen Kreditnehmer – ein Risiko, das sie damals bei Abschluss der günstigen Kreditverträge nur allzu gerne verdrängt hatten. Und da es sich hier leider in der Mehrzahl um Immobilienkredite an Einkommensschichten mit mäßiger oder sogar schlechter Bonität handelte – bei Baufinanzierungen mit geringer solider finanzieller Substanz spricht man in den USA auch von sogenannten „Subprime-Krediten" –, kann man sich gut vorstellen, dass nun jene einkommensschwachen Schuldner den finanziellen Belastungen durch erhöhten Zinsraten ihrer Baukredite nicht mehr gewachsen waren.

Sie konnten also ziemlich bald ihre Schulden gegenüber der Bank nicht mehr bedienen und waren im Zweifel sogar gezwungen, ihre neuen Eigenheime sogleich wieder zu verkaufen. Da sich die Banken – leichtsinnigerweise, wie man erst jetzt bemerkte – seinerzeit bei ihrer Kreditvergabe zu stark auf viele tendenziell einkommensschwache Kreditnehmer verlegt hatten, entstand jetzt regelrecht eine Art Not- beziehungsweise Zwangsverkaufswelle bei Immobilien. Mit der Folge, dass plötzlich sehr viele Immobilien auf dem Markt angeboten wurden und damit die Preise dementsprechend drastisch in den Keller fielen.

Das schöne Konstrukt aber, auf das die Banken einst setzten, nämlich, dass eine damals starke Nachfrage nach Immobilien erhöhte Immobilienpreise am Markt nach sich zog und gleichzeitig die hochpreisigen Eigenheime für die Banken eine hochwertige Kreditabsicherung darstellten, brach damit wie ein Kartenhaus in sich zusammen. Die US-Banken hatten in erheblichem Umfang mit Zahlungsausfällen und Verlusten aus nicht mehr bedienten Immobilienkrediten zu kämpfen. Darüber hinaus traf es natürlich all jene Investitionen, die seinerzeit als Anlage in Form der verbrieften Wertpapiere der maroden Immobiliengeschäfte der US-Banken getätigt worden waren. Diese Wertpapiere verloren massiv an Wert und belasteten damit in kurzfristig nicht vorherzusehender Weise die Bilanzen der betreffenden Banken. Um nun überhaupt noch die gesetzlichen Auflagen bezüglich der Eigenkapitalreserven erfüllen zu können, mussten Banken entweder neues Eigenkapital beschaffen (was in Krisenzeiten nicht die allerleichteste Aufgabe ist) oder versuchen, am Verhältnis „Eigenkapital zu ausstehenden Forderungen" etwas zu ändern. Damit sie die für sie vorgeschriebene Eigenkapitalquote wieder ins Lot bringen konnten, mussten die Banken nun andere eigene Vermögenswerte veräußern, die ein Vielfaches der offenen und immer wertloser werdenden Forderungen aus faulen Immobilienpapieren wert waren. Derlei Notverkäufe banklicher Vermögenswerte aber erzielten in solchen Momenten natürlich nicht den besten Marktpreis.

*Deleveraging*: Notmaßnahmen für die Eigenkapitalauflagen

Diesen Vorgang – also den Ausgleich von Wertverlusten bei offenen Forderungen durch Verkauf von sonstigen Vermögenswerten, um gesetzliche Vorgaben zur Eigenkapitalquote zu erfüllen – nennt man auch „Deleveraging". Diese Notmaßnahmen aus Deleveraging aber waren in der Hochphase der Finanzkrise 2007 für sehr viele Banken der letzte Sargnagel, um endgültig in Schieflage zu geraten, und kulminierte schließlich auch in der Insolvenz der berühmt-berüchtigten Investmentbank Lehman Brothers im Herbst 2008.

Was hat eine Finanz- und Immobilienkrise in den USA mit der Eurokrise zu tun?

Warum verursacht nun aber eine Immobilienkrise in den USA die Eurokrise? Was genau war der „Sündenfall" beziehungsweise wo war das Verbindungsscharnier, das dafür sorgte, dass sich die wirtschaftlichen Probleme der USA auf Europa übertrugen? Die Erklärung hierfür liegt in den zuvor beschriebenen „Verbriefungen von Krediten" durch die Banken. Das, was die amerikanischen Banken seinerzeit als erfolgreiches Geschäftsmodell betrieben, nämlich Kundenkredite inklusive der dazugehörigen Zahlungsausfallrisiken als Wertpapiere an Investoren zu verkaufen, war zu einem lukrativen Geschäft geworden, auf das die europäischen Banken neidvoll blickten. Man wollte hier gerne mitspielen und ebenso gute Geschäfte machen, hatte allerdings den zeitigen Einstieg in diesen Markt verschlafen. Dieser Rückstand beim Verbriefungsgeschäft – die europäischen Banken hatten keine so guten Zugangsvoraussetzungen auf dem US-amerikanischen Kreditmarkt für Immobilien –, sollte durch ein entsprechend ambitioniertes und forciertes Wachstum aufgeholt werden. Also begnügten sich europäische Banken an der Stelle nicht nur mit einfachen Verbriefungen, sondern setzten beim Investment gleich auf sogenannte Wiederverbriefungen, das heißt Verbriefungen ganzer Portfolios – sprich: Zusammenstellungen schon mal verbriefter Immobilienkredite –, die nun, jetzt als noch größere Pakete geschnürt, einer neuerlichen Verbriefung unterzogen wurden. Mit guten Ratings der Ratingagenturen ausgestattet – wir gehen etwas später noch ausführlicher auf die zweifelhafte Rolle dieser Bewertungsunternehmen ein – und mit attraktiven Renditen oberhalb der Renditen von Staatsanleihen versehen, schien das ein gewinnträchtiges Geschäftsfeld zu sein. Entscheidender Nachteil: Diese Wiederverbriefungsportfolios wurden von ihren jeweiligen Anbietern immer wieder neu gebündelt und strukturiert, so dass am Ende die Käufer die damit verbundenen erhöhten Risiken überhaupt nicht mehr überblicken konnten. Investoren, (europäischen) Banken, Hedgefonds etc., die nun diese Papiere kauften, bescherte das beim Niedergang des US-Immobilienmarktes Verluste in Milliardenhöhe.[11]

„Too big to fail" – das Mantra der Bankenretter in der Finanz- und Eurokrise

Die Konsequenzen dieser Milliardenverluste europäischer Banken sind uns allen schmerzlich bewusst und führen uns direkt zur Eurokrise: Die europäischen Staaten sahen sich gezwungen, taumelnden Banken unter die Arme zu greifen. Da Banken gemeinhin als „systemrelevant" für die Wirtschaft angesehen werden, fallen sie somit in die Kategorie „Too big to fail", sprich: Banken sind zu groß und zu wichtig, als dass man sie einfach so pleitegehen lassen könnte, weil das am Ende mehr gesamtgesellschaftliche Kosten verursachen würde als sie mit finanziellen Staatshilfen zu retten. Also ergriffen die europäischen Staaten Maßnahmen, um die Banken finanziell zu stabilisieren und zeitgleich über flankierende Konjunkturprogramme dem eigenen Wirtschaftsraum neue Wachstumsimpulse zu geben. Infolgedessen erhöhten die Staaten ihre eigene Verschuldung, um Geld in ausreichendem Maße für die genannten Rettungsmaßnahmen zur Verfügung stellen zu können. Einige europäische Länder sind bei diesen Neuverschuldungsaktivitäten finanziell an ihre Grenzen gestoßen. Hinzu kam: Während ein Staat wie Deutschland aufgrund seiner guten Bonität und einer insgesamt relativ stabilen Wirtschaftslage Kredite weiterhin zu guten Konditionen am Kapitalmarkt aufnehmen konnte (zum Beispiel über Bundesanleihen), mussten andere europäische Staaten (wie zum Beispiel Griechenland, Portugal, Spanien, Italien etc.) mangels ausreichenden Vertrauens in ihre Bonität deutliche Risikoaufschläge hinnehmen. Was bedeutete: Wenn diese Länder für ihre Maßnahmen Geld am Kapitalmarkt liehen, konnten sie das nur zu sehr viel teureren Konditionen als zum Beispiel im Vergleich dazu ein Land wie Deutschland.

Bankenrettung überfordert einige europäische Staaten

*Negative Zinsen*: Absurdität am Kapitalmarkt

Anfang 2012 gab es dann eine Phase, in der diese ungleichen Vertrauensvoraussetzungen am Kapitalmarkt in Europa richtig absurde Stilblüten trieben. Ein vermeintlich sicheres Anlageland wie Deutschland konnte es sich tatsächlich erlauben, den auf der Suche nach sicheren, vertrauenswürdigen Geldanlagen in Europa befindlichen Investoren einen Teil seiner Staatsanleihen zu quasi „negativen Zinsen" am Kapitalmarkt anzubieten. Hierbei handelte es sich formell gesehen zwar schon um Anlagepapiere, auf die der deutsche Staat reguläre Zinszahlungen zu leisten hatte, doch die aufgrund der besonderen Marktsituation zu dieser Zeit sehr hohen Aufschläge zum Nennwert bedeuteten für die Anleger de facto, dass sich über die Laufzeit dieser Papiere kalkulatorisch zunächst negative Renditen ergaben – trotzdem aber wurde in diese deutschen Papiere investiert. In einem auf Gewinnerzielung ausgerichteten Wirtschaftssystem ein eigentlich undenkbarer Vorgang, und so kommt dann schnell die Frage auf, warum sich Anleger ökonomisch dermaßen irrational und gegen ihre eigenen Interessen verhalten. Warum also investieren Anleger Geld in Papiere, die ihnen zunächst Verluste bescheren? Der Grund ist letztlich so simpel wie einleuchtend und zugleich weit weg von ökonomischer Irrationalität: In wenig vertrauenswürdigen Zeiten orientieren sich Anleger lieber an der Devise: „Return of money" ist wichtiger als „Return on money"[12].

Vor diesem Hintergrund sind dann stabile deutsche Anlagepapiere, die einem zunächst leichte Verluste (anstatt Zinserträge) bescheren, immer noch attraktiver als entsprechende Anleihen von krisenbehafteten europäischen „Wackelkandidaten", die im Zweifelsfall von einem Totalverlust bedroht sind. Gleichzeitig aber spekulierten die Anleger darauf, dass sich die deutschen Anlagepapiere zu einem etwas späteren Zeitpunkt positiv entwickeln würden und in einer sich mithin wieder stabilisierenden Marktsituation (steigende Kurse!) mit ausreichendem Gewinn veräußern ließen. So gesehen ist dieses – auf den ersten Blick irrational anmutende – Anlegerverhalten, Geld in Anleihen mit einer negativen Rendite zu investieren, ökonomisch gar nicht so irrational. Zugleich ersehen wir daran aber auch den übergroßen Vertrauensbonus, den ein Land wie Deutschland im Vergleich zu anderen Ländern am Kapitalmarkt (noch) genießt.

Diese Vertrauensschieflage am europäischen Kapitalmarkt in Kombination mit strukturellen Wirtschaftsungleichgewichten in Gesamteuropa führte am Ende zu einer Überforderung vereinzelter europäischer Länder. Sie konnten ihre eigenen Hilfsmaßnahmen am Kapitalmarkt nicht mehr zu normalen Konditionen finanzieren, hatten (und haben) mit starken eigenen wirtschaftlichen Problemen zu kämpfen und mussten nun ihrerseits Hilfsmaßnahmen zur eigenen Stabilisierung erbitten, worauf wir etwas später beim Thema „Euro-Rettungsschirm" noch genauer eingehen werden.[13]

An dieser Stelle schließt sich aber zunächst erst einmal der Kreis: Ausgehend von einer Immobilienkrise in den USA entwickelte sich anschließend eine Finanz- und Bankenkrise. Die dazu eingeleiteten Rettungsmaßnahmen führten zu starken finanziellen Belastungen in Europa. Gepaart mit ohnehin schwierigen wirtschaftlichen Rahmenbedingungen in einigen europäischen Ländern ergab das am Ende die „Staatsschuldenkrise" in Europa oder – wie wir sie alle inzwischen allgemein nur noch nennen – die Eurokrise.

# 6 Weitere Ursachen der Eurokrise

Wir haben nun erfahren, warum die Finanzkrise 2007 – genauer: die US-Immobilienkrise – sehr stark verantwortlich zeichnet, dass es überhaupt zur Eurokrise kam. Wir haben mitbekommen, welche Rolle Banken dabei spielten, und auch andeutungsweise, welche abstrusen Möglichkeiten es im Investmentbereich gab, um große wirtschaftliche Blasen zu erzeugen, deren Platzen unweigerlich zu Verwerfungen in der Wirtschaft führen musste. Und auch wenn hiermit nun vermeintlich eine der Hauptursachen benannt ist, lässt sich mit Fug und Recht behaupten, dass es weitere Ursachen gibt, die in den Gesamtkomplex Eurokrise mit hineinspielten und sie beförderten.[14]

1. *Der Euro und die Leistungsbilanzkrise*
   In einer Volkswirtschaft werden die Güterströme zwischen Inland und Ausland in einer sogenannten Leistungsbilanz erfasst. Dabei werden, vereinfacht gesagt, Im- und Exporte einander gegenübergestellt und es wird geschaut, ob das eine das andere übersteigt oder umgekehrt. Kommt man dabei am Ende beispielsweise zu dem Ergebnis, dass mehr Waren ins Ausland exportiert als vom Ausland importiert wurden, so spricht man von einem positiven Außenbeitrag oder einem Leistungsbilanzüberschuss. Im umgekehrten Falle handelt es sich um einen negativen Außenbeitrag oder ein Leistungsbilanzdefizit – die Volkswirtschaft hat also mehr Waren vom Ausland importiert als dorthin exportiert. Problematisch werden Leistungsbilanzdefizite für Länder gemeinhin dann, wenn sie in Kombination mit Haushaltsdefiziten auftreten. Man spricht in solchen Fällen auch gerne von einem sogenannten „Doppeldefizit". Mit derlei Doppeldefiziten aber hatten es vor der Eurokrise auch einige südliche Länder der Eurozone zu tun. Ein Grund dafür war tatsächlich die Einführung des Euros in diesen Ländern. Denn mit dem Eintritt in den Euro-Währungsverbund sank in den südlichen Euroländern das allgemeine Zinsniveau in der fälschlichen Annahme, der neu geschaffene Euroraum sei gleichbedeutend mit einem allgemein niedrigen Anlagerisiko. Die Südländer nutzten diese Gunst der Stunde (Niedrigzinsphase), um sich am Kapitalmarkt reichlich mit Geld zu günstigen Konditionen einzudecken, und befeuerten damit das Wirt-

*Doppeldefizite*: Südliche Krisenländer häufig betroffen

schaftswachstum in ihren eigenen Ländern. Als Folge davon stiegen die Löhne und Preise dort sehr viel schneller als in den anderen Eurostaaten, was in diesen Südländern zu einem starken Import von Waren und Dienstleistungen aus anderen Ländern führte, weil Waren im Ausland vergleichsweise günstiger zu erwerben waren. Die eigenen Exporte hingegen schrumpften, weil die Waren für das Ausland aufgrund der hohen Preise zu unattraktiv waren. Demzufolge ergaben sich Leistungsbilanzdefizite in diesen Ländern, gepaart mit Haushaltsdefiziten durch die Verschuldung am Kapitalmarkt – also ein vorliegendes Doppeldefizit. In diesem Moment, als die auf Pump finanzierten „Wirtschaftsblasen" in den Südländern zu platzen begannen, wurde das zu einer strukturellen Belastung der Wirtschaft im gesamten Euroraum und damit auch zu einem Beitrag zur Eurokrise. Problematisch in dem Zusammenhang: Ließ sich früher noch durch eine nationale Notenbankpolitik der Überhitzung einer Volkswirtschaft durch Erhöhung der Leitzinsen und damit perspektivisch der Erhöhung des Zinsniveaus allgemein etwas abkühlend entgegen wirken, so ist das im Euroraum durch die einheitliche Zinspolitik für alle Euroländer nicht mehr so ohne weiteres möglich. Die von der Europäischen Zentralbank (EZB) festgelegten Zinsen gelten nun einmal einheitlich für alle Euroländer. Das heißt, wenn die EZB niedrige Zinsen für den gesamten Euroraum beschlossen hat und dieser Politik für einen gewissen Zeitraum treu bleibt, so ist das in einem Teil der Eurozone gut für das Wirtschaftswachstum. Bei den Südländern verschärften in dem Moment jene Wachstumsimpulse aber genau die oben beschriebene Problematik (Leistungsbilanzdefizite und Haushaltsdefizite), weil für die Länder weiterhin Anreize vorhanden waren, sich „günstig zu verschulden". Hier machen viele einen systematischen Fehler im EU-Währungskonstrukt aus, weil die politisch unabhängig agierende EZB mit ihrer Zinspolitik zwar für die gesamte Eurozone verantwortlich ist, jedoch individuelle wirtschaftliche Problemlagen in einzelnen Eurozonenländern nicht sehr trennscharf „behandeln" beziehungsweise keinen steuernden Einfluss darauf nehmen kann. In Zeiten nationaler Notenbankverantwortlichkeiten – also vor Einführung des Euros – waren die Steuerungsmöglichkeiten viel wirksamer.[15]

Nationale Notenbanken nur noch begrenzt handlungsfähig

2. *Uneinheitliche Umsetzung der Nichtbeistandsklausel*
Im Rahmen der Verträge zur Europäischen Wirtschafts- und Währungsunion wurde zwischen den beteiligten Ländern eine sogenannte „Nichtbeistandsklausel" (auch „No-Bailout-Klausel" genannt) vereinbart. Mit dieser Klausel sollte vertraglich die Haftung der Europäischen Union wie auch einzelner Mitgliedsstaaten für etwaige Schulden anderer Mitgliedsstaaten ausgeschlossen sein. Die Anreizsystematik dieser Klausel ist so angelegt, alle am EU-Vertrag beteiligten EU-Staaten zu eigenverantwortlicher Haushaltsdisziplin anzuhalten. Es sollte also bei jedem EU-Staat von vornherein jegliche Hoffnung im Keim erstickt werden, bei unsolider Haushaltsführung womöglich später auf die Hilfe anderer EU-Staaten bei der Schuldentilgung setzen zu können. Auch im Notfall nicht. Die Frage aber lautet, wie ernst es den EU-Staaten „im Fall der Fälle" damit wirklich wäre. Würde man tatsächlich einen ganzen Staat, zumal als vertraglichen EU-Partner, sehenden Auges zu Grunde gehen lassen, wenn er – selbst durch teilweise eigenes Verschulden – in eine wirtschaftliche Schieflage geraten ist? Wie konsequent wäre die Europäische Union an dieser Stelle tatsächlich? Wäre es hier nicht vielleicht sogar geradezu geboten, das durch die Nichtbeistandsklausel verordnete Solidaritätsverbot untereinander durch ein Argument wie „ein ‚Too big to fail!' gilt auch für Staaten!" aufzuweichen? Solche Überlegungen und Ängste, dass die aus einer Staatsinsolvenz erwachsenden Kosten für alle anderen Staaten so hoch sein könnten, dass man doch lieber die harte Linie der vereinbarten Nichtbeistandsklausel verlässt und einem angeschlagenen Staat zur Seite steht, verbreiteten sich in der EU schnell. Es gab Überlegungen, ob man sich in solch heiklen Krisensituationen nicht doch auch gegenseitig unter die Arme greifen sollte. Damit verbreitete sich aber auch automatisch eine allgemeine Unsicherheit über die konsequente Auslegung der Nichtbeistandsklausel innerhalb der EU. Man könnte auch sagen, es kamen insgeheim Hoffnungen auf, dass eine mögliche Staatsinsolvenz eben doch kein Risiko wäre, weil andere Länder den Krisenstaat schon irgendwie auffangen würden.[16] Solche Spekulationen führten dann dazu, dass Anleihen, mit denen sich Krisenstaaten (oder auch Banken!) am Kapitalmarkt verschulden, plötzlich wieder mit einem geringeren Risiko bewertet werden, als es die Wirtschaftskraft und die Sicherheitenlage solcher Staa-

*No-Bailout-Klausel*: Kein Staat haftet für die Schulden anderer Staaten

ten bei rationaler Überlegung eigentlich gebieten müssten.[17] Und: „Der Glaube, dass jedes Land im Zweifel von den anderen herausgepaukt wird, lässt Anleger die Risiken vergessen und fördert übermäßige Kreditaufnahme durch die nationalen Regierungen."[18] Der Schluss aus dieser auf potenziellen Missbrauch angelegten *„Uns wird schon irgendwie geholfen werden"-Haltung* ist, dass fehlende oder unzulängliche Insolvenzregelungen für Staaten (und Banken) und vor allem deren mangelnde konsequente Umsetzung offenkundig zu einer Senkung der Risikowahrnehmung führen.[19] Kann man es vor einem solchen Hintergrund aber dann noch gutheißen, wenn diesen Krisenstaaten bei einer derartigen Ausgangslage hinsichtlich der tatsächlichen Anwendung der Nichtbeistandsregel im EU-Raum auch weiterhin der verlockende und einfache Weg der Kreditaufnahme offen steht? Man muss befürchten, dass darüber weiterhin strukturelle Beiträge zur Manifestierung der Eurokrise aufgehäuft werden. Zumindest aber bleibt festzuhalten, dass solche Auslegungsspielräume nicht förderlich für die Lösung der Eurokrise sind. Und die Europäische Union muss sich überlegen, ob sie solchen „Beistandshoffnungen" künftig weiter Tür und Tor öffnen möchte, indem sie allein schon das Nachdenken über ein mögliches Aufweichen der Klausel zulässt oder ob sie sich nicht doch dazu durchringen müsste, hier allen Missbrauchsüberlegungen rechtzeitig einen konsequenten Riegel vorzuschieben.

Werteverfall, fehlende Moral und Sündenfälle

Ganz grundsätzlich ließe sich hier sicherlich auch von einem allgemeinen Werteverfall im EU-Raum sprechen. Wie soll man gegenüber jenen Krisenländern strikt einzuhaltende Auflagen zu ihrer eigenen Gesundung und damit einhergehend die Verweigerung eines zum Beispiel „bequemen" Schuldenbeistandes durch andere Länder glaubhaft als den einzig richtigen Weg kommunizieren, wenn allen Ländern in der EU bekannt ist, dass es zuvor schon viele andere Sündenfälle gab? Waren da vermeintlich positive Vorbilder wie Deutschland und Frankreich wirklich immer so tugendhaft, was das Einhalten von Regeln anging? Natürlich nicht; und das macht es umso schwerer, hier auf der moralischen Ebene zu argumentieren. Das heißt, in einem Punkt müssen alle EU-Länder unbedingt wieder mehr Einigkeit erzielen und praktizieren: Regeln, die man sich zum gemeinsamen Miteinander auferlegt hat, sind von allen gleichermaßen zu befolgen. Fängt einer an, seine Extrawürste zu braten, braucht sich niemand zu wundern oder zu beschweren, wenn andere das später auch wollen.

3. *Nichteinhaltung der EU-Konvergenzkriterien („Maastricht-Kriterien")*

Im Vertrag von Maastricht (1992) haben sich die EU-Mitgliedsstaaten auf sogenannte Konvergenzkriterien geeinigt. Diese Kriterien sollten helfen, die teilweise doch sehr unterschiedlichen wirtschaftlichen Niveaus der einzelnen EU-Staaten perspektivisch stärker anzugleichen und somit für stärkere Stabilität im gemeinsamen EU-Wirtschaftsraum zu sorgen. Wenn möglich, sollten dadurch natürlich Krisen vermieden werden. Die Regelungen der Konvergenzkriterien sehen dabei Richtlinien in den wichtigen Punkten

- Preisstabilität/Inflationsrate
- Wechselkursstabilität
- Langfristig stabile Zinssätze
- Öffentliche Finanzen in den Staaten

vor. Speziell bei letzterem Punkt, den öffentlichen Finanzen, sind die einzelnen EU-Staaten angehalten,

1. den staatlichen Schuldenstand nicht über 60 Prozent des Bruttoinlandsprodukts und
2. das jährliche Haushaltsdefizit nicht über drei Prozent des Bruttoinlandsprodukts

ansteigen zu lassen.

Verzweifelt gesucht: Vorbildliches Verhalten

Leider ist es so, dass sich Staaten in der EU nicht immer an diesen Kriterien orientiert haben, weder vor der Aufnahme in die Währungsunion noch während ihrer Mitgliedschaft. Zumeist waren es politische Gründe, die eine Umgehung der Konvergenzkriterien erforderten oder ermöglichten – je nachdem, aus welchem Blickwinkel man es betrachten mag. Möglich waren diese Regelbrüche, weil keine automatischen Sanktionsmechanismen beim Verstoß gegen die Maastricht-Kriterien vereinbart wurden und daher keine gravierenden Konsequenzen zu befürchten waren. Unter diesen Bedingungen konnten sich finanzielle und wirtschaftspolitische Fehlentwicklungen zum Beispiel in Griechenland über einen längeren Zeitraum hinweg strukturell verfestigen. Selbst Deutschland hat zu Zeiten der Schröder-Regierung Kratzer an seinem Musterschüler-Image erhalten, weil auch hier über einige Jahre die vereinbarten Konvergenzkriterien nicht eingehalten wurden – im Sinne nationaler Wirtschaftsinteressen vielleicht sogar ganz bewusst gebeugt wurden? Wie auch immer, es wird allgemein deutlich, dass die besten Konvergenzkriterien nichts nützen, wenn sie nicht auch eingehalten werden (müssen). Dem Ziel einer EU-weiten Stabilisierung des gemeinsamen Wirtschaftsraumes läuft dieses Verhalten vereinzelter Staaten jedenfalls zuwider und in Zeiten der Eurokrise wirkt eine solche Diskrepanz naturgemäß eher noch krisenverstärkend.[20]

4. *Landesbezogene Einflussfaktoren*
   Zu den zahlreichen bislang erwähnten Ursachen gibt es noch weitere begünstigende Einflussfaktoren[21] für die Eurokrise, die eher im Zusammenhang mit den einzelnen Ländern selbst zu sehen sind:

   So bilden beispielsweise *ineffiziente und aufgeblähte Verwaltungsstrukturen, Vetternwirtschaft, Korruption, Schwarzarbeit und niedrige Steuermoral* den explosiven Mix aus Einflussfaktoren, der speziell in Griechenland der nationalen Schuldenkrise den Weg bereitete und die Ausmaße der Eurokrise verstärkte.

   Ein grundsätzlich *mangelndes Vertrauen des Kapitalmarktes* gegenüber Griechenland und Italien – zwei Ländern, die traditionell im Vergleich zu ihrer eigentlichen Wirtschaftskraft mit hohen Verschuldungsquoten arbeiten – bedeutet für diese Länder seit jeher erhöhte Risikoaufschläge bei der Kapitalaufnahme. Dass Griechenland im Jahr 2009 offen zugegeben hat, bei seinen Verschuldungszahlen nicht die Wahrheit gesagt zu haben, ließ das Vertrauen in dieses Land am Kapitalmarkt weiter schwinden. Die Bedingungen, um sich Geld auf den Weltfinanzplätzen zu günstigen Konditionen zu leihen, waren und sind daher für beide Länder alles andere als optimal. Zumindest solange, bis hinsichtlich einer möglichen Aufweichung der „Nichtbeistandsklausel" und den damit verbundenen Spekulationen nicht alle Dämme brechen. Im Fall Zypern hingegen bewirkte einfach nur die *enge wirtschaftliche Verflechtung* (in der Hauptsache das zyprische Bankensystem) mit Griechenland einen Ansteckungseffekt, der das Land mit in die Eurokrise zog.

Vorsicht mit allzu schnellen Vorurteilen

Interessant ist aber auch – und das soll an dieser Stelle ruhig auch noch einmal besondere Erwähnung finden –, dass Länder wie Spanien, Irland, Slowenien und Portugal nicht per se und von Beginn an mit hohen Staatsverschuldungsquoten in Europa negativ auffielen, sondern erst durch die aufgrund der Finanzkrise eingeleiteten Maßnahmen zur Bankenrettung in ihren eigenen Ländern stark unter Druck gerieten.

# 7 Symptome der Eurokrise

Wir haben jetzt viel über die Ursachen, die zur Eurokrise geführt haben, erfahren. Die eine große und die vielen kleinen, die alle im Zusammenspiel das ausgelöst haben, was für uns in letzter Zeit zu einem sehr bestimmenden Thema geworden ist. Wie aber schon angedeutet, ist es für den einzelnen mitunter gar nicht so leicht zu erkennen, dass wir gerade eine Eurokrise haben. Jeder erlebt diese Zeit unter seinen eigenen Lebensumständen und viele kommen dabei für sich zu dem Schluss, dass sie nicht unmittelbar unter der Eurokrise leiden. Andere hingegen arbeiten vielleicht in Branchen, die von der Krise indirekt oder sogar direkt betroffen sind, so dass sie sie demzufolge schon sehr viel deutlicher wahrnehmen. Wiederum andere verspüren Ängste angesichts der Krise, die vielleicht auch schon wieder ins Irrationale abzugleiten drohen. Woran kann man denn nun erkennen, dass wir eine Eurokrise haben? Anhand welcher Symptome lässt sich das feststellen oder zumindest nachvollziehen? Dazu wollen wir im Folgenden ein paar dieser Symptome einmal etwas genauer unter die Lupe nehmen.

*Auswirkungen im Finanzsektor*

Banken untereinander misstrauen sich und lösen *Kreditklemme* aus

Schlagworte in diesem Zusammenhang sind: „Vertrauenskrise im Bankensektor" und „Kapitalflucht". In direkter Folge der Finanzkrise 2007 und später der Staatsschuldenkrise hatten auch diverse europäische Banken mit Anlagen-Altlasten in ihren Bilanzen zu kämpfen. Diejenigen Institute, Investoren, Fonds oder von den Banken ausgelagerten Zweckgesellschaften, die daran noch nicht direkt zu Grunde gegangen waren, plagten sich aber zumindest weiterhin damit herum. Man saß auf Papieren, die man nicht loswurde und die die eigene Bilanz belasteten. Dabei kam es zu der bizarren Situation, dass sich Banken gegenseitig nicht mehr über den Weg trauten. Banken, die sonst untereinander in regem Geldhandel standen, waren verunsichert, ob die Bank, der sie kurzfristig Geld zur Verfügung stellen wollten, perspektivisch überleben und demzufolge das geliehene Geld überhaupt wieder würde zurückzahlen können. Dieses Misstrauen zwischen den Banken – man spricht hier auch von der Vertrauenskrise auf dem Interbankenmarkt – führte zeitweise dazu, dass die Geldinstitute ihr Geld sicherheitshalber lieber als Einlage bei der zentralen Notenbank zu niedrigeren Konditionen parkten als das Risiko einzugehen, es bei einer anderen Bank womöglich komplett zu verlieren. Infolgedessen kam der Interbankenmarkt – genauer gesagt: der ganz normale und sonst alltägliche bankwirtschaftliche Prozess, in dem sich Banken untereinander und bei Bedarf Liquidität zu bestimmten Konditionen zur Verfügung stellen – für eine gewisse Zeit nahezu komplett zum Erliegen. Da aufgrund dieser Lage nun die Banken kurzfristige Liquiditätsengpässe nicht mehr überbrücken konnten, mussten sie eine ihrer Grundaufgaben, nämlich Geld in den Wirtschaftskreislauf einzubringen, zeitweise ebenso nahezu vollständig einstellen. Das traf vor allem viele Unternehmen, die im normalen Wirtschaftsalltag zur Finanzierung von Unternehmensvorhaben auf die Kreditvergabe durch die Banken zurückgreifen. Sie erhielten nun aber keine Kredite mehr, konnten damit ihre geplanten Vorhaben nicht finanzieren und somit auch nicht durchführen. Das führte zu Störungen im Produktionsablauf und im schlimmsten Fall zu Arbeitsplatzverlusten, also zu direkten negativen Auswirkungen auf die Wirtschaftsprozesse in einem betroffenen Land. Darunter hatten sehr viele Unternehmen zu leiden, die auf diese Art von Liquidität angewiesen waren. Man spricht hier auch von der „Kreditklemme", ursächlich ausgelöst durch das Misstrauen der Banken untereinander.[22]

Kapitalflucht und Liquiditätsengpässe

Zu diesem Misstrauen der Banken untereinander gesellte sich dann noch eine Kapitalfluchtwelle in den Krisenländern. Die Eurokrise führte nämlich zum Beispiel in den südeuropäischen Ländern zu großer Unsicherheit über ihren Verbleib in der Eurozone. Die damit einhergehende verbreitete Angst der Anleger um ihre Spareinlagen hatte zur Konsequenz, dass viele Anleger ihr Geld zur Rettung lieber ins Ausland transferierten. Vor dem Hintergrund der ohnehin sehr angespannten Lage bei den inländischen Banken jener Länder bedeutete diese Kapitalflucht eine zusätzliche Verschärfung des Liquiditätsproblems: Ziehen Anleger ihr Geld von inländischen Finanzmärkten ab, steht den dortigen Banken – welche schon mit Liquiditätsproblemen aufgrund der Vertrauenskrise am Interbankenmarkt zu kämpfen hatten – nun noch weniger Kapital zur Kreditvergabe an inländische Unternehmen zur Verfügung. Das Problem nicht mehr vergebener Kredite an Unternehmen („Kreditklemme") erfährt eine abermalige Zuspitzung und schlägt sich zusätzlich negativ auf die Unternehmensaktivitäten nieder, letztlich wiederum mit insgesamt negativen Auswirkungen auf die Wirtschaft des Landes.[23]

Brisant ist bei Bankenvertrauenskrise und Kapitalflucht, dass es sich hierbei nicht nur um sichtbare Auswirkungen der Eurokrise handelt, sondern dass beide während der Krise mehr oder weniger zeitgleich auftraten und damit eine Verstärkung der Krisendynamik insgesamt zur Folge hatten.

*Auswirkungen im Staatssektor*

Europas Staaten versinken in starker Verschuldung

Sichtbarste Auswirkung der Eurokrise im Staatssektor sind in nahezu allen Ländern die signifikant angestiegenen Staatsverschuldungsquoten. Viele Staaten haben enorme finanzielle Mittel zur Bankenrettung und für Konjunkturprogramme mobilisiert, um zur Stabilisierung der Gesamtlage beizutragen. Mit der Konsequenz, dass in einigen ohnehin besonders gefährdeten Ländern wiederum die Risikoaufschläge (Zinsen) für die Refinanzierung am Kapitalmarkt so stark angestiegen sind, dass diese Länder in die Zahlungsunfähigkeit oder zumindest in die Nähe davon geraten sind.

Es gibt allerdings auch Kritiker, die bezweifeln, dass erhöhte Zinsen tatsächlich eine Auswirkung der Eurokrise gewesen seien. Vielmehr seien die Zinsen vor dem Eurobeitritt in diesen Ländern schon hoch gewesen und nach dem Eurobeitritt – in Erwartung eines allgemein soliden und sicheren Finanzierungsniveaus in der Eurozone – auch für diese anfälligen Länder zunächst erst einmal gesunken. Diese niedrigen Zinsen aber seien es schließlich erst gewesen, die in den südeuropäischen Ländern den starken Anreiz zur billigen Neuverschuldung gesetzt hätten, anstatt eine Politik des Sparens und der Haushaltskonsolidierung zu befördern.[24]

*Auswirkungen in der Wirtschaft*

Die Eurokrise hat nicht nur Einfluss auf den Banken-, Finanz- und Staatssektor, sondern auch auf die allgemeine Wirtschaftslage. Aufgrund der beschriebenen Kriseneffekte kam es zeitweise dazu, dass die Industrieproduktionen sanken und sich die Auftragseingänge in vielen Unternehmen spürbar verringerten. Hinzu kam, dass Industrie, Dienstleister, Handel, Baubranche und Endverbraucher von der allgemeinen Eurokrisenstimmung erfasst wurden.

Unter dem Eindruck der Eurokrise: Wirtschaft und Arbeitsmarkt

Nicht zuletzt machte sich die Eurokrise dann auch auf dem Arbeitsmarkt bemerkbar, wiederum vergleichsweise stärker in den krisengeschüttelten südeuropäischen Ländern als in den zunächst noch relativ robust auf die Eurokrise reagierenden Restländern der Eurozone. Zu besonders heftigen Ausschlägen nach oben kam es bei der Jugendarbeitslosigkeit. Sehr viele Jugendliche in Spanien, Portugal und Griechenland standen und stehen vor der wirtschaftlichen Perspektivlosigkeit im eigenen Land und wählen aus Verzweiflung (manche vielleicht auch aus Hoffnung) den Ausweg in Richtung europäisches Ausland. Inwieweit das wiederum zur Verschärfung auf den Arbeitsmärkten in den noch nicht so krisengeschüttelten Ländern beiträgt, wird abzuwarten bleiben.[25]

*Auswirkungen rund um den Euro*

Euro während der Krise erstaunlich stabil

Die nächste naheliegende Frage lautet natürlich: Was macht die Eurokrise mit unserer Währung, dem Euro? Sehr vereinfacht geantwortet: eigentlich nicht viel. Bei allen Krisendiskussionen bleibt festzuhalten, dass sich der Kurs des Euros in diesen Zeiten eigentlich relativ stabil verhalten hat. Natürlich gab es auch immer wieder kurzfristige Ausschläge nach oben und nach unten, zumeist in Reaktion auf positive oder negative Tagesmeldungen in den Wirtschaftsnachrichten, also mehr psychologisch bedingt als auf fundamentalen Wirtschaftsdaten fußend. Der Euro als Währung machte demzufolge während der Krise also gar nicht mal eine so schlechte Figur, sondern war hier quasi mehr als kurzfristiges Stimmungsbarometer anzusehen.

Schweizer Franken werden zur *Fluchtwährung* für Anleger in Europa

Interessante Aspekte liefert die Eurokrise aber im Zusammenspiel des Euros mit anderen Währungen. Beispiel: der Schweizer Franken. Der aufgrund der Staatsverschuldungskrise im Euroraum entstandene Druck hat zum Beispiel den Schweizer Franken gegenüber dem Euro stark an Wert gewinnen (aufwerten) lassen, weil der Franken nun sehr stark als sichere und attraktive Anlagewährung ins Visier von Anlegern geriet. Folge davon war, dass der Schweiz dadurch ernste wirtschaftliche Probleme wie Produktionsrückgang, Arbeitsplatzverluste etc. drohten, weil ihre für das Ausland zu teuer gewordenen Warenexporte zu sinken begannen. Die Schweizer Notenbank hat dann, weil die Sorgen über diese negativen wirtschaftlichen Auswirkungen zu groß wurden, im Sommer 2011 beschlossen, den Schweizer Franken mit einem Festkurs von mindestens 1,20 Franken an den Euro zu koppeln. Zuvor lag der Kurs bei zeitweise 1,12 Franken pro Euro, was bedeutete, dass es für Eurozonenländer mitunter empfindlich teuer war, in der Schweiz einzukaufen (also Waren von dort zu importieren). Das führte letztlich dazu, dass die Schweizer Exporte sanken, weil die Eurozonenländer ihre Einkäufe tendenziell woanders tätigten. In der Notenbankkommunikation nach außen wurde weiterhin die Losung ausgegeben, im Notfall auch „unbegrenzt“ Devisen zu kaufen, um damit den eigenen Schweizer Franken gegenüber dem Euro bewusst abzuschwächen – also Kurse um besagte 1,20 Franken herum oder höher sicherzustellen. Damit konnte die Schweizer Exportwirtschaft entlastet und für das Ausland preislich wieder etwas attraktiver gestaltet werden. Solche Stabilisierungsmaßnahmen finden dann am Ende aber natürlich auch ihren belastenden Niederschlag in der Bilanz der Schweizer Notenbank.[26]

Weiterhin auffällig sind aber auch Abwertungstendenzen des Euros gegenüber Währungen wie zum Beispiel der Norwegischen Krone oder dem Kanadischen beziehungsweise dem Australischen Dollar. Alle drei Währungen laufen auch unter der Bezeichnung „Rohstoffwährungen“ und die Eurokrise sorgt hier dafür, dass ein vergleichsweise schwacher Euro den Einkauf von Rohstoffen (Öl, Metalle etc.) tendenziell verteuert. Den Ländern, die diese Rohstoffe gerne exportieren möchten, brechen also die Absatzmärkte im Euroraum etwas weg, und die Länder der Eurozone, die diese Rohstoffe für ihre industrielle Produktion eigentlich benötigen, müssen entweder in den sauren Apfel beißen und sie deutlich teurer einkaufen oder sich entsprechend in der einzukaufenden Menge einschränken.

EURO im Zusammenspiel mit den *Rohstoffwährungen*

Andererseits wurde auch schon darauf verwiesen, dass es der Euro selbst ist, von dem eine Bedrohung innerhalb der Eurokrise ausgeht. Nämlich, indem er innerhalb der Eurozone auf trügerische Art und Weise scheinbare „Gleichheit wirtschaftlicher Verhältnisse“ unter allen Ländern vorspiegelt und damit letztlich in den Krisenstaaten zu Fehlanreizen im wirtschaftlichen Verhalten führt.

Gleichheit der Verhältnisse oder Vorspiegelung falscher Tatsachen

Inflation während der Krise relativ stabil

Wenn wir aber mal weiter die Auswirkungen auf den Euro durchdenken, kommen wir unweigerlich auch auf das Thema „Inflation“ zu sprechen. Inflation bedeutet Geldentwertung durch steigende Preise, bedingt durch ein Zuviel an Geld, das von den Noten- und Geschäftsbanken durch ihre diversen Aktivitäten in den Geldkreislauf eingebracht wird. Und Geld, das weniger wert ist, bedeutet gleichzeitig weniger Kaufkraft. Dieses Phänomen können wir zurzeit in Europa noch nicht beobachten – zumindest in keinem größeren, bedrohlichen Ausmaß. Die Inflation bewegte sich, wenn man es zunächst einmal nur in einem größeren wirtschaftspolitischen Rahmen betrachtet, für Eurokrisenverhältnisse noch in einem durchaus akzeptablen Bereich, zumal, wenn man bedenkt, dass sie sich auch relativ stabil entwickelt hat und bislang nicht zu gravierenden Ausschlägen neigte. Gemeinhin, so der Eindruck, werden aus wirtschaftspolitischer Sicht also mittlerweile Inflationsraten zwischen zwei und vier Prozent zumindest „irgendwie toleriert“ und nicht per se als bedrohlich angesehen. Was aber zum Beispiel die Reallohnentwicklung anbelangt, bleiben aus Sicht des betroffenen Normalbürgers, der um jede Minilohnerhöhung hart kämpfen muss, natürlich auch solche „niedrigen“ Inflationsraten trotzdem ein Ärgernis, wenn durch sie die Lohnerhöhungen sofort wieder zunichtegemacht oder gar ins Negative verkehrt werden – von Arbeitnehmern, die gar keine Lohnerhöhungen erhalten, mal ganz zu schweigen. Insofern ließe sich immer noch trefflich darüber streiten, was im Zusammenhang mit Inflation „akzeptabel“ ist und was nicht. Aus diesem Grund aber sind nun die Notenbanken, so auch die Europäische Zentralbank (EZB), zur Geldwertstabilität verpflichtet, das heißt, sie müssen diese Entwicklungen jederzeit im Auge behalten und im Zweifelsfall – zum Beispiel mit ihrer Leitzinspolitik – gegensteuern. Brisant wird es allerdings dann, wenn es die Zentralbank selbst ist, die Öl ins Feuer gießt, wie jetzt in Zeiten der Eurokrise: Um kriselnden Staaten unter die Arme zu greifen, hat die EZB nämlich größere Teile von Staatsanleihen aus diesen Ländern aufgekauft und damit viel Geld in Umlauf gebracht – mit dem Risiko, dass ihr Verhalten auch die Inflation befördern könnte. Deshalb wird ein Szenario erhöhter und dann auch tatsächlich bedrohlicher Inflation von einigen Kritikern mittelfristig als durchaus gegeben angesehen.[27]

Andere Stimmen hingegen befürchten eher eine Deflation, also wirtschaftliche Rahmenbedingungen, geprägt von einem weitflächigen Preis- und Wertverfall im Bereich von Produkten, Dienstleistungen, Löhnen und kreditfinanzierten Vermögenskonstellationen. Im ersten Moment hört sich das vielleicht sogar positiv an, bei näherem Hinsehen ist es das aber nicht, denn die Ursachen für Deflation liegen in einem massiv verschlechterten Konsum- und Investitionsklima. Oder einfacher gesagt: Die Preise fallen in so einem Szenario zwar, aber trotzdem kauft niemand mehr ein oder investiert im größerem Stil, aus Angst, dass bald vielleicht noch viel schlechtere Zeiten bevorstehen könnten. Diese Zurückhaltung aber führt wiederum dazu, dass sich die Wirtschaftslage womöglich noch weiter verschlechtert.

Wenn sinkende Preise, schlechtes Konsumklima und Investitionszurückhaltung die Krise nur noch verschlimmern

Wer bei den Aktivitäten der EZB in Zeiten der Eurokrise und den möglichen Auswirkungen auf den Euro also nur an Inflation denke, verkenne dabei, dass Inflation eben nicht nur – wie klassischerweise unterstellt wird – allein von der Geldmenge (und deren Umlaufgeschwindigkeit) abhänge, sondern von verschiedenen anderen Faktoren, als da wären: „[...]die gesamtwirtschaftliche Nachfrage, die Entwicklung an Rohstoffmärkten, Arbeitslosigkeit, die Lücke zwischen Auslastung der Industrie und ihrer Kapazität sowie die Entwicklung von Krediten und anderen Finanzindikatoren.“[28] Fast alle dieser genannten „anderen Faktoren“ deuten aber perspektivisch mehr auf eine deflationäre, denn auf eine inflationäre Entwicklung hin, weil sich aufgrund der Eurokrise verstärkt rezessive Tendenzen in der Eurozonen-Wirtschaft zu verfestigen drohen.[29]

Was also, wenn es aufgrund der Eurokrise EU-weit nun wirklich zu einer Deflation kommen sollte? Weil sich die Eurokrise dergestalt wie Mehltau über die Wirtschaftsprozesse legt, dass Unternehmen krisenbedingt starke Probleme bekommen und ihre Investitionen zurückfahren. Oder weil sich Verbraucher aufgrund ihrer Krisenverunsicherung stark in Konsumzurückhaltung üben, ihr Geld nicht mehr verausgaben und es lieber auf den Sparkonten horten. Wird man in einem solchen Zusammenhang dann noch ernsthaft von Inflationsgefahr reden können? Oder wäre es dann nicht geradezu ein Gebot für die Europäische Zentralbank, derlei negativen Deflationstendenzen entgegenzuwirken und durch vermehrte Geldeinbringung in den Wirtschaftskreislauf wirtschaftliche Prozesse wieder mehr zu stimulieren und, ja, damit für

Inflation versus Deflation

eine gewisse Zeit Inflation vielleicht sogar aktiv herbeizuführen und auch zu tolerieren?

Die Diskussionen gehen da hin und her. Während einige in der Geldpolitik der EZB (durch zum Beispiel die massiven Anleihenkäufe) eher ein Inflation begünstigendes Verhalten sehen, zweifeln andere inzwischen schon offen an, ob diese Geldpolitik ausreichen würde, um überhaupt noch so viel Inflation zu erzeugen, dass man drohenden deflationären Tendenzen effektiv begegnen kann. Das Gefährliche an der Deflation ist dabei, dass sie sich oftmals – und dann eben leider auch recht hartnäckig – im Gefolge wirtschaftlicher Phasen des Abschwungs oder genau in Krisenzeiten auszubreiten droht und die bestehende Gesamtproblematik nur noch weiter verschärft. Ein wie oben beschriebenes Szenario eines gehemmten Konsum- und Investitionsklimas bei den Bürgern und Unternehmen wäre dann sichtbarer Ausdruck dessen. Wie soll sich aber in einem solchen negativen Umfeld dringend benötigtes Wirtschaftswachstum herbeiführen lassen? Und was ist, wenn sich solche Szenarien unter Umständen noch weiter aufschaukeln? Gerät eine Volkswirtschaft dann vielleicht sogar in eine drohende „Deflationsspirale“?[30]

So schlimm ist es aktuell alles zum Glück noch nicht. Es wird jedoch deutlich, dass es hier durchaus unterschiedliche Auffassungen im erweiterten Zusammenhang mit Inflation und den Auswirkungen rund um den Euro gibt. Wie so oft in der Wirtschaft geht es auch hierbei um sich abzeichnende oder zu erwartende Tendenzen: Bestimmte Indikatoren im Bereich der gesamtwirtschaftlichen Nachfrage und eine Zurückhaltung bei Investitionen etwa könnten es vielleicht empfehlenswert erscheinen lassen, für die Zukunft den Denkraum auch über eine rein „Inflationsangst“-orientierte Betrachtung der Wirtschaftsprobleme hinaus zu erweitern. So der Tenor einiger Kritiker.

Die unmittelbaren Auswirkungen der Eurokrise auf den Euro also allein an Begriffen wie Inflation oder Deflation festzumachen, scheint nun etwas schwierig zu sein. Zum einen betrifft es viele von uns ohnehin auf recht unterschiedliche Weise. Zum anderen sind Inflation und Deflation keine Zustände an nur einem Tag X, sondern Phänomene, die sich so richtig erst feststellen lassen, wenn sie sich über einen länger anhaltenden Zeitraum in einer Wirtschaft strukturell zu verfestigen beginnen (dann allerdings ist es meist auch schon zu spät, um noch kurzfristig wirtschaftspolitisch dagegen aktiv werden zu können). Vor diesem Hintergrund versteht man dann vielleicht auch besser, warum Wirtschaftspolitik in der Regel bestrebt ist, mittel- bis längerfristig stabile und verlässliche Rahmenbedingungen für die Wirtschaftsteilnehmer zu schaffen. Idealerweise entstehen dann besorgniserregende negative wirtschaftliche Begleitumstände wie Inflation/Deflation überhaupt erst gar nicht. Berücksichtigt man dieses, so lassen sich Inflation und Deflation gewissermaßen als zwei Seiten einer Medaille betrachten. Denn verringert sich während einer Krise die Inflation, ist die Gefahr groß, dass die Deflation in Richtung „Extrem" ausschlägt. Und umgekehrt. Hierbei gilt es für die Wirtschaftspolitik also – zumal in besonderer Verantwortung einer krisengebeutelten Wirtschaft – irgendwie zu versuchen, den goldenen Mittelweg zu finden. Dass das gewiss nicht immer gelingt und von vielen anderen Faktoren abhängt, lässt sich erahnen.

Stabile wirtschaftliche Rahmenbedingungen oder die Suche nach dem *goldenen Mittelweg*

Nachdem wir jetzt viel über die Ursachen der Eurokrise und ihre für uns sichtbaren Auswirkungen erfahren haben, können wir uns an das nächste wichtige Thema wagen: Gibt es denn Lösungsansätze, mit denen man der Krise begegnen kann, und, wenn ja, wie sahen oder sehen diese aus? Was lernen wir aus den Ursachen der Krise, damit uns so etwas in Zukunft möglichst nicht wieder passiert?

# 8 Lösungswege aus der Eurokrise

Wir wissen jetzt, dass wir es bei der Eurokrise mit einer Art Doppelkrise zu tun haben: der Finanz- und Bankenkrise 2007 und der europaweiten Staatsschuldenkrise. Zwei Krisen, die unmittelbar aufeinander folgten, von denen die eine die andere stark bedingte und mit deren weitreichenden, parallel auftretenden Folgen wir uns noch längere Zeit auseinanderzusetzen haben werden. Aufgrund der Gleichzeitigkeit und der gegenseitigen Beziehung beider Krisen zueinander wird in Wirtschaftskreisen auch von einer „Zwillingskrise" gesprochen. Und irgendwie scheinen es wirtschaftliche Problemlagen ja so an sich zu haben, dass sie gerne im Doppelpack auftreten – denken wir nur an die Ausführungen zum Thema „Doppeldefizite" (Leistungsbilanz- und Haushaltsdefizit) zurück.

Vielfach unerfahren und unwissend: Politiker in der Eurokrise

Wenn es also darum geht, sich mit den Lösungsstrategien zu befassen, lohnt es sich vielleicht auch kurz, sich einmal in die Lage der handelnden Politiker zu versetzen. Das Szenario ist beziehungsweise war folgendes: Es braute sich eine gewaltige Finanzkrise zusammen, deren Auswirkungen in den Euroraum hinein schwappten. Politiker wurden damit gewissermaßen von null auf hundert konfrontiert und zeigten sich oft entsprechend überfordert. Welche Maßnahmen waren kurzfristig notwendig? Was musste mittel- und langfristig unternommen werden? Was war „systemrelevant", also das berühmte „Too big to fail", und musste unbedingt gerettet werden? Und das alles vor dem Hintergrund, dass viele dieser Politiker zum damaligen Zeitpunkt vermutlich fast genauso ahnungslos waren wie wir. Wir hingegen haben jetzt immerhin den Vorteil, dass wir uns ganz in Ruhe anschauen können, welche Maßnahmen ergriffen wurden (oder demnächst noch geplant sind), nach dem Motto: Nachher ist man immer schlauer.

Die Lösungsansätze, die gewählt wurden, um der Finanzkrise und der Eurokrise beizukommen, bestehen aus einem vielfältigen Mix an Maßnahmen. Und längst nicht jeder von uns ist überzeugt, dass die gewählten Maßnahmen auch wirklich halfen oder helfen werden. Wir wollen uns im Folgenden zunächst einmal einen möglichst sachlichen Überblick dazu verschaffen.

Wie schon angedeutet, ging es zunächst um kurzfristige Notmaßnahmen, um zu verhindern, dass die Situation völlig aus dem Ruder lief. Dazu gehörten als Erstes alle Maßnahmen, die der Bankenrettung, der Beseitigung der Liquiditätsengpässe auf den Finanzmärkten und der Wiederbelebung der erlahmten Konjunktur galten.

Mittel- und langfristig hatte man sich mit grundsätzlichen Reformüberlegungen zum Finanz- und Bankensektor auseinanderzusetzen.

## Kurzfristige Maßnahmen in der Finanzkrise

1. *Maßnahmen gegen die Vertrauenskrise am Interbankenmarkt und die Kreditklemme*
   Auf dem Höhepunkt der Finanzkrise gab es einen massiven Vertrauenseinbruch der Banken untereinander mit der Folge, dass sich Banken gegenseitig kein Geld mehr anvertrauten. Damit brach die Liquidität auf dem Geldmarkt so massiv ein, dass Banken kaum oder schlimmstenfalls gar keine Kredite mehr an Unternehmen vergeben konnten, also nicht mehr ihrer Grundaufgabe nachkamen, der Wirtschaft in ausreichendem Maße Kredit und damit Geld zur Verfügung zu stellen („Kreditklemme").

Zentralbanken greifen den Banken helfend unter die Arme

Aus diesem Grunde gab es eine Vielzahl von koordinierten Maßnahmen seitens der Zentralbanken, um die Prozesse der Geldversorgung unserer Wirtschaft wieder in Gang zu bringen. Zum Beispiel bot die Europäische Zentralbank den Banken der Eurozone wiederholt Kredite zu sehr günstigen Zinssätzen an. Andere Zentralbanken verfuhren ähnlich. Die Leitzinspolitik wurde flankierend auf „niedrig" ausgerichtet und gab damit den Banken für einen absehbaren Zeitraum die Aussicht auf „billiges Geld" als planbare Größe vor. Zudem gab es einige abgestimmte Maßnahmen der Zentralbanken untereinander, um den Geschäftsbanken die Wechselkursrisiken bei internationalen Geschäften zu nehmen. Das alles geschah in der Hoffnung, den Geschäftsbanken damit wieder mehr Spielraum zu verschaffen und die bestehende Vertrauenskrise unter den Banken aufzulösen. Denn diverse Banken kämpften seit der Finanzkrise mit starken Verlusten in ihren Bilanzen, mussten zudem eigene Schulden bedienen, aber gleichzeitig auch Geld für die Wirtschaft in Umlauf bringen. Die beschriebenen Maßnahmen ermöglichten ihnen das wieder.[31]

2. *Maßnahmen gegen Tendenzen der wirtschaftlichen Abschwächung*
   Die Finanzkrise hatte negative Auswirkungen auf die Wirtschaft. Diverse Handelsprozesse kühlten sich merklich ab, alle agierten viel vorsichtiger und zurückhaltender. Konsumenten waren verunsichert und neigten dazu, ihr Geld zu sparen. Um diesen Tendenzen möglichst rasch zu begegnen, wurden in vielen Ländern Finanzmarktstabilisierungsgesetze zur Sicherstellung der Zahlungsfähigkeit von Finanzinstituten sowie sogenannte Konjunkturpakete beschlossen. Also staatliche Programme in Milliardenhöhe, die den Zweck verfolgten, ins Wanken geratene Finanzinstitute zu retten und laufende wirtschaftliche Prozesse zu stützen oder wieder stärker zu stimulieren. In Deutschland gab es zwei Konjunkturpakete: Das Konjunkturpaket I (50 Milliarden Euro) und das Konjunkturpaket II (14 Milliarden Euro). Bekannteste Maßnahme des Konjunkturpaketes II war die sogenannte „Umweltprämie" (auch „Abwrackprämie" genannt), die Interessenten unter bestimmten Bedingungen einen staatlichen Zuschuss in Höhe von 2.500 Euro gewährte, wenn sie ihr altes Auto verschrotten ließen und dafür einen (vermeintlich umweltfreundlicheren) Neuwagen oder Jahreswagen kauften.[32]

Staaten schnüren Konjunkturpakete

3. *Maßnahmen gegen die Destabilisierung des Bankensystems*
   Banken sind nicht nur Hauptverursacher der Finanzkrise, sondern auch selbst Betroffene. Einige der betroffenen Finanzinstitute sind durch ihre Aktivitäten in so extreme Schieflage geraten, dass das Schlimmste drohte, nämlich eine Bankenpleite. Mit einer untergehenden Bank würden aber fast alle Vermögenswerte der Anleger untergehen, was weit über die eigentliche Bankenpleite hinausgehende Schäden verursacht hätte. Aus diesen volkswirtschaftlichen Erwägungen heraus und auch, weil man in der Politik die berühmte „Systemrelevanz" der Banken für unsere Wirtschaft unterstellt, wurden in einigen Ländern Gesetze erlassen, die es im Krisenfall erlaubten,

- bei Banken (temporäre) Notverstaatlichungen durchzuführen,
- sogenannte „Bad Banks“ zu gründen,
- Bankschuldverschreibungen staatlich zu garantieren.

Erste deutsche Notverstaatlichung: HYPO REAL ESTATE

Alle diese Maßnahmen[33] sollten helfen, ins Trudeln geratene Banken vor dem Aus zu retten und damit eine noch viel schlimmere Schlagseite der Gesamtwirtschaft zu vermeiden. Von der Rettung der bedrohten Anlegervermögen mal ganz abgesehen. Bekanntestes Beispiel für eine über diese neuen gesetzlichen Vorgaben *notverstaatlichte* Bank in Deutschland ist die Hypo Real Estate, die im Zuge der Finanzkrise zu kollabieren drohte und 2009 mit finanziellen Unterstützungsmaßnahmen gerettet werden musste. Im Gegenzug dafür musste sie ihre Eigenständigkeit aufgeben und wurde unter staatliche Aufsicht gestellt.[34]

*Bad Bank*: Auslagerung finanzieller Altlasten

Das *Bad Bank*-Konzept sieht vor, „faule Papiere“ von in Zahlungsschwierigkeiten geratenen Emittenten, notleidende Kredite sanierungsbedürftiger Banken oder auch ganze defizitäre Geschäftsbereiche einer Bank in ein separates Kreditinstitut zu überführen. Dieses Kreditinstitut muss dabei keine Bank im klassischen Sinne sein. Hierbei kann es sich auch um eine Art Abwicklungsgesellschaft handeln, die speziell zu diesem Zwecke gegründet wurde. Ziel ist auch hier, der in Not befindlichen Bank Entlastung zu verschaffen und sie letztlich vor der Insolvenz zu retten, indem ihr die verlustreichen Papiere aus der eigenen Bilanz abgenommen werden. Die mit den „faulen Papieren“ verbundenen möglichen Ausfallrisiken aber werden auf Dritte übertragen, die im Zweifelsfall die Haftung dafür übernehmen müssen. In der Regel handelt es sich bei den Dritten um den Staat, die Zentralbank oder andere Bankengruppen.[35]

Wie so oft Retter in der Not: *Vater Staat*

Beim Aspekt *Bankschuldverschreibungen* geht es letztlich um staatlich garantierte Ausfallbürgschaften für Zahlungsverpflichtungen der Banken gegenüber ihren Schuldnern, denen die Banken krisenbedingt nicht mehr nachkommen können.

## Mittel- und langfristige Maßnahmen in der Finanzkrise

Dass so etwas wie die Finanzkrise überhaupt entstehen konnte, war für viele ein Schock oder löste zumindest starkes Unverständnis aus. Wie konnten sich Banken, die gemeinhin doch mit wirtschaftlicher Solidität, Vertrauen und Seriosität in Verbindung gebracht werden, in derlei risikobehaftete Geschäfte verstricken? Wo war da noch eine erkennbare Trennlinie zwischen normaler Geschäfts- und zockender Investmentbank? Und waren die Verbraucher, also die Bankkunden, noch ausreichend geschützt? Oder waren die von den Banken entwickelten Finanzprodukte mittlerweile so kompliziert geworden, dass keiner mehr den richtigen Durchblick hatte? Die Diskussionen darüber verliefen (und verlaufen bis heute) entsprechend emotional.

Gemeinsame Krisenbewältigungsstrategien der wichtigsten Industrie- und Schwellenländer (G20)

Länderübergreifend hat man sich darüber auch im Rahmen der G20-Staaten Gedanken gemacht. Unter „G20" versteht man die Gruppe der 20 wichtigsten Industrie- und Schwellenländer, die sich seit 1999 auf mehr oder weniger informeller Arbeitsebene treffen. Genau genommen sind es Vertreter aus den nachfolgend genannten 19 Ländern plus einem Vertreter, der die Europäische Union repräsentiert (Reihenfolge nach Höhe des Bruttoinlandsproduktes, BIP): USA, China, Japan, Deutschland, Frankreich, Brasilien, Großbritannien, Italien, Russland, Kanada, Indien, Australien, Mexiko, Südkorea, Indonesien, Türkei, Saudi-Arabien, Argentinien, Südafrika und, wie gesagt, die Europäische Union. Für die gemeinsamen Beratungen über mögliche Konsequenzen aus der Finanzkrise wurden zusätzlich Spanien und die Niederlande hinzugezogen.[36]

Im Wesentlichen ging es bei den Gipfeln der G20-Länder in den Jahren 2008 und 2009 darum, über eine Reform der internationalen Finanzmärkte zu beraten mit dem Ziel, Maßnahmen zu beschließen und auch umzusetzen, die eine Wiederholung einer derartigen Finanzkrise ausschließen. Die Länder einigten sich dabei auf einen 50 Punkte umfassenden Maßnahmenkatalog, den die einzelnen Länder jeweils in nationales Recht zu überführen haben. Die wesentlichen Vereinbarungen aus diesen Treffen sind:[37]

- *Regulierung allgemein*: Regionen, Banken, Hedgefonds, Finanzinvestoren und ihre Produkte sollen künftig einer strengeren Regulierung beziehungsweise überhaupt einer Regulierung unterliegen.

- *Reform des Finanzsystems*: Es sollen nationale Finanzaufsichten entstehen, die die Banken und die Finanzbranche im eigenen Land regulieren, aber nach weltweit einheitlichen Standards und im Austausch mit anderen nationalen Finanzaufsichten agieren.

- *Manager-Boni*: Neue Belohnungssysteme bei den Managern sollen dafür sorgen, dass weniger der kurzfristige Geschäftserfolg um jeden Preis, sondern wieder mehr das auf Nachhaltigkeit und Stabilität ausgerichtete Geschäftsgebaren in der Finanzbranche Einzug hält.

- *Ratingagenturen*: Sie spielten während der Krise mit ihren Bewertungen eine zweifelhafte Rolle. Einerseits waren sie es, die Finanzprodukte und Solidität von Unternehmen – oftmals im Auftrag der Bewerteten selbst! – einstuften. Eine mehr als fragwürdige Auftragslage. Beim US-Immobilien-Boom haben sie auch sehr riskanten Anlagenprodukten Spitzennoten gegeben, was stark zur Krise beitrug beziehungsweise – was viel schlimmer ist – die Finanzkrise überhaupt erst maßgeblich mit angeschoben hat. Hier soll es also mehr Regulierung und vor allem Transparenz bei den Bewertungsmaßstäben der Ratingagenturen geben.

- *Eigenkapital-Vorsorge*: Banken sollen künftig mehr Eigenkapital vorhalten, um risikobehaftete Geldanlageprodukte besser abzusichern. Zum einen wären auftretende Krisen durch den erhöhten Eigenkapitalpuffer tatsächlich besser für die Banken verkraftbar, zum anderen aber senkt eine höhere Eigenkapitalbasis für risikobehaftete Finanzprodukte bei den Banken den Anreiz, überhaupt solche Produkte anzubieten. Denn ein erhöhter Eigenkapitaleinsatz schmälert die Rendite.

- *Institutionenreform*: Internationale Institutionen wie zum Beispiel der Internationale Währungsfonds (IWF) sollen neu strukturiert und ausgerichtet werden, damit sie in Zukunft besser als Frühwarnsystem für die Weltwirtschaft funktionieren können.

Vor dem Hintergrund eines allgemein gewachsenen Unbehagens aber, dass die G20 „immer häufiger hinter eigenen Ansprüchen zurückfällt und Versprechungen nicht oder nur unvollständig erfüllt“[38], treten Kritiker dieser G20-Zusammenkunft mittlerweile immer offener auf den Plan. Bemängelt wird, dass die Gipfelergebnisse immer dürftiger würden beziehungsweise die teils vagen und nicht messbaren Ziele zu viel Raum für Interpretationen ließen und damit wenig zu einer verbindlichen Umsetzung in den beteiligten Ländern beitragen würden. Insgesamt führe das zu einer Verminderung der G20-Glaubwürdigkeit. Um hier wieder mehr Effektivität und Legitimität hineinzubekommen, seien mehr Berechenbarkeit und Transparenz der Entscheidungsprozesse vonnöten sowie eine stärkere thematische Konzentration angeraten.[39]

Es ist also vielleicht nicht ganz verkehrt, die getroffenen Beschlüsse und Absichtserklärungen der G20-Staaten zur Lösung von Finanz- und Eurokrise mit einer gewissen Portion Skepsis zu begleiten. Welche der Vorhaben es am Ende in den einzelnen Ländern tatsächlich über den reinen Status der politischen Willensbekundung hinaus schaffen – also auch konkrete Umsetzung erfahren –, wird abzuwarten bleiben.

Europas Länder entwickeln eigenen Plan zur Krisenbewältigung

Nachdem nun die Finanzkrise 2007 in Europa fast nahtlos in eine Eurokrise mit hohen Staatsverschuldungen übergegangen war, mussten sich natürlich auch die Länder der Europäischen Union Gedanken machen, in welcher Form sie darauf ihrerseits zu reagieren hätten. Dabei wurden zahlreiche Maßnahmen diskutiert und auch umgesetzt. Auf sie wollen wir jetzt im Folgenden einen etwas tiefer gehenden Blick richten und stoßen dabei so langsam in jene Sphären vor, in denen uns viele bekannte Begriffe und Abkürzungen begegnen werden, die wir in der Hochphase der Berichterstattung zur Eurokrise kennengelernt haben.

## Allgemeine Maßnahmen in der Eurokrise

1. *Maßnahmen gegen drohende Staatsinsolvenzen von Eurostaaten: Der Euro-Rettungsschirm*
   Um zu verhindern, dass ganze Staaten pleitegehen, wurde von der Europäischen Union ein sogenannter Euro-Rettungsschirm konzipiert – ganz zweifelsohne die von ihrem Ausmaß und der angestrebten Wirkung her wichtigste Maßnahme zur Bekämpfung der Eurokrise. Der Begriff „Euro-Rettungsschirm" ist hierbei allerdings zunächst vorrangig umgangssprachlicher Natur. Rein technisch betrachtet befindet sich dahinter auch nur wieder ein Paket aus Einzelmaßnahmen, das die EU-Mitgliedsstaaten im Rahmen ihrer Rettungsaktivitäten geschnürt haben. Dabei stehen die Rettung der aufgrund akuter Zahlungsunfähigkeit von Staatsinsolvenz bedrohten Mitgliedsstaaten und die Wahrung einer allgemeinen Finanzstabilität im gesamten Euroraum im Vordergrund. Das Maßnahmenbündel des Euro-Rettungsschirms umfasst die folgenden vier Einzelbestandteile:[40]

   - bilaterale Kredite innerhalb der EU
   - Europäischer Finanzstabilisierungsmechanismus (EFSM) und Europäische Finanzstabilisierungsfazilität (EFSF)
   - Europäischer Stabilitätsmechanismus (ESM)
   - Europäischer Fiskalpakt

   Mit dem Instrument *bilateraler Kredite* haben die Mitglieder der Eurozone die Möglichkeit, außerhalb der eigentlich bestehenden rechtlichen Rahmenbedingungen der Europäischen Union, Hilfskredite für in Not geratene Länder gewähren zu können. Konkret waren das im Falle Griechenlands 80 Milliarden Euro. Normalerweise würde auch hier der rechtlich vereinbarte Grundsatz, dass alle Länder in der EU auf eigene Verantwortung zu wirtschaften und dementsprechend auch für ihre Schulden selbst einzustehen haben („Nichtbeistandsklausel"), gelten. Auf Basis völkerrechtlicher Vereinbarungen wird dieser Grundsatz an dieser Stelle aber gewissermaßen umgangen. Die Abkürzungen *EFSM, EFSF* und letztlich auch *ESM* nebst ihren dazugehörigen Wort-Ungeheuern in ausgeschriebener Form sind die uns allen mittlerweile aus den Nachrichten wohlbekannten Buchstabenkürzel, hinter denen sich das Jonglieren unserer Politiker mit den Rettungsmilliarden verbirgt, das uns allen so den Atem verschlägt und bei dem wir uns fragen, ob das alles noch mit rechten Dingen zugeht und ob es überhaupt etwas helfen wird. Oder ob es uns nicht sogar eher mit in den Abgrund reißt. Wir wollen hier den Versuch starten, mehr Licht hinter die Kürzel zu bringen, damit wir am Ende zumindest etwas besser verstehen können, worum es dabei genau geht.

Der *Europäische Finanzstabilisierungsmechanismus* (EFSM) ist gewissermaßen als eine erste Stufe anzusehen. Die EU hat sich in der Anfangsphase damit die grundsätzliche Befugnis geschaffen, auf Antrag Hilfskredite an in Not geratene Mitgliedsstaaten zu vergeben. Stufe 1: EFSM

Die *Europäische Finanzstabilisierungsfazilität* (EFSF) setzte als zweite Stufe darauf auf und diente allein dem Zweck, das Volumen der gewährten Hilfskredite aus der ersten Stufe nochmals zu erhöhen, weil man schnell feststellte, dass die Mittel der ersten Stufe unter Umständen gar nicht ausreichen würden. Bis zu 440 Milliarden Euro an Kreditausfallbürgschaften wurden darüber eingeräumt. Stufe 2: EFSF

Die dritte Stufe, der *Europäische Stabilitätsmechanismus* (ESM), löst die beiden zuvor genannten Stufen als „Hauptrettungsschirm" ab. Die ersten beiden Stufen stellen zwar ab dann keine neuerlichen Finanzmittel mehr zur Verfügung, bleiben aber zumindest noch so lange bestehen, bis die über sie beantragten Kreditmittel abgewickelt worden sind. Beim ESM nun geht es darum, eine Art dauerhaften Schutzmechanismus zu etablieren, der auch eine dauerhafte Stabilisierung im Euroraum gewährleisten soll. Sein Gesamtvolumen liegt am Ende bei circa 700 Milliarden Euro, wobei Deutschland daran im schlimmsten Fall (der aber nicht zwingenderweise eintreten muss) mit einer Haftung von bis zu 190 Milliarden Euro beteiligt ist. Wichtig ist hierbei zu wissen: Krisengebeutelte EU-Länder bekommen ESM-Mittel nicht einfach so auf Antrag, sondern nur unter strengen Auflagen[41] gewährt, nämlich wenn sie Stufe 3: ESM

Vergabe von ESM-Mitteln ist an Bedingungen geknüpft

a) den EU-Fiskalpakt unterzeichnet haben, in dem eindeutig geregelt ist, dass nationale Schuldenbremsen eingeführt werden, die ein strukturelles Defizit grundsätzlich auf 0,5 Prozent des Bruttoinlandsprodukts begrenzen,

b) im eigenen Land die Auflagen für ein wirtschafts- und finanzpolitisches Reform- und Anpassungsprogramm erfüllen, das einer regelmäßigen externen Kontrolle unterliegt,

c) eine grundsätzliche tiefgehende Analyse der strukturellen Staatsschuldensituation vornehmen beziehungsweise zulassen.

Die *Brandmauer* in der Krise – hohe Geldsummen zur Beruhigung der Märkte

Der unbeteiligte Beobachter fragt sich bei diesen Maßnahmen, warum hier eigentlich mit solch exorbitanten Summen hantiert wird. Die Antwort darauf muss einem ob der ihr zu Grunde liegende Banalität fast schon Sorge bereiten: Es geht mal wieder auch um Psychologie.

Natürlich geht es in erster Linie darum, die zur Verfügung gestellten Hilfsmittel im Zweifelsfalle den hilfsbedürftigen Ländern auch wirklich zugutekommen zu lassen, also reale Hilfe zu leisten. Da aber keiner der Beteiligten genau weiß, ob diese Hilfsmittel ausreichen oder ob sich die betroffenen Länder aufgrund eigener Anstrengungen (Sparmaßnahmen etc.) wieder erholen werden, besteht hier auch eine Situation von „Hoffen und Bangen". Oder, um es ins Börsen-Finanzdeutsch zu übersetzen: Hier kommt „Spekulation" mit ins Spiel. Spekulation darüber, ob es klappt oder nicht. Auf den Finanzmärkten wirkt sich so etwas dann dergestalt aus, dass bei erheblichen Zweifeln am Erfolg der Rettungsmission sofort wieder extra Risikoprämien aufgerufen werden, was für die ohnehin bedrohten Euroländer zu einer weiteren Bedrohung wird, weil sie sich dann Geld immer nur noch teurer am Finanzmarkt leihen können. Mit einem entsprechend umfangreich ausgestatteten Euro-Rettungsschirm aber signalisiert man den Finanzmärkten sinngemäß: „Wir werden die Krisenländer retten, alle Anlagen sind sicher, bitte beruhigt Euch wieder!" Bisher scheint diese Beruhigungsstrategie auch aufzugehen. Die Finanzausstattung im ESM ist anscheinend groß genug, dass die Finanzmärkte derzeit davon ausgehen, dass diese Brandmauer halten wird und es sich nicht lohnt, auf einen möglichen Misserfolg zu spekulieren. Traurig, aber wahr, dass hier existenzielle Notsituationen von krisengebeutelten Staaten dem kühl kalkulierenden Finanzroulette der Märkte ausgeliefert sind. Andererseits scheint es aber auch genau dieser Druck zu sein, der die (europäische) Politik zum aktiven Handeln bewegt (hat). Man versucht jedenfalls Lösungen zu finden und umzusetzen und die Problematik nicht weiter auf die lange Bank zu schieben.

Verschiedene europäische Länder (Griechenland, Irland, Portugal, Spanien und Zypern) haben inzwischen Finanzhilfen in Form von Hilfskrediten aus dem Europäischen Rettungsschirm (hier vorrangig EFSF) in Anspruch genommen. Slowenien wird als möglicher weiterer Kandidat für Hilfskredite aus dem Rettungsfonds gehandelt.[42]

Dramatik im Frühjahr 2013: die Zypern-Rettung

In vielerlei Hinsicht bemerkenswert hingegen sind zu Beginn des Jahres 2013 die Entwicklungen um neuerliche Finanzhilfen (nun aus ESM-Mitteln) für Zypern. Die beiden größten Banken des Landes – die Bank of Cyprus und die Laiki Bank – sind aufgrund massiver Belastungen durch griechische Staatsanleihen in extreme Schieflage geraten und haben damit den Staat Zypern selbst an seine Belastungsgrenzen geführt. Zypern äußerte deshalb schon seit längerem den Wunsch nach einem Euro-Rettungspaket im Gesamtumfang von 17,5 Milliarden Euro. Auf einem EU-Gipfel Mitte März 2013 wurde mit Zypern schließlich eine Rahmenvereinbarung für die Hilfen erzielt, wonach sich ein neues Unterstützungspaket für das Land aus den folgenden Bestandteilen zusammensetzen sollte: Erstens aus zehn Milliarden Euro Kredit aus dem Euro-Rettungsschirm ESM, zweitens aus einem ergänzenden Hilfsbeitrag des Internationalen Währungsfonds (IWF) und drittens aus einem von Zypern zu erbringenden Eigenanteil in Höhe von circa sieben Milliarden Euro. Von der Gesamtgrößenordnung hätte das in etwa dem entsprochen, was sich Zypern ursprünglich an Finanzhilfe vorgestellt hatte.

Nachdem klar wurde, dass der Gesetzesentwurf der zyprischen Regierung eine sehr umstrittene, weil als zu unsozial empfundene, (einmalige) Abgabenregelung auf alle Guthabenkonten in Zypern enthalten würde, entbrannte ein Sturm der Entrüstung in der zyprischen Bevölkerung, und auch in Europa gab es teilweise Kritik, weil mit diesem Vorgehen – einem allgemeinen Empfinden nach – auch plötzlich die garantierte Einlagensicherung für Guthaben bis 100.000 Euro generell in Frage gestellt schien. Das zyprische Parlament lehnte den Gesetzesentwurf prompt ab und damit verbunden auch das mit der EU vereinbarte Euro-Rettungspaket. Hintergrund in Zypern war unter anderem, dass man sich durch die mit dem EU-Hilfspaket verbundenen Auflagen einem Frontalangriff auf das eigene „erfolgreiche" (eigentlich müsste man wohl traurigerweise eher sagen: „einzige") Geschäftsmodell ausgesetzt sah. Zypern hatte sich bis dato einen internationalen Ruf als attraktiver europäischer Finanzanlageplatz für größere (aber auch durchaus zweifelhafte) Vermögen erarbeitet. Der zum Steuerparadies gewordenen Mittelmeerinsel drohten also nun Auflagen wie beispielsweise: eine Überprüfung auf Einhaltung von Anti-Geldwäsche-Maßnahmen im Land, die Forderung nach Anhebung der Körperschaftssteuer von 10 auf 12,5 Prozent, die Privatisierung von Staatsunternehmen und die Verkleinerung des ansässigen Bankensektors.[43]

Antideutsche Stimmungen

Die Diskussion war daher stark von antieuropäischen und nicht zuletzt auch antideutschen Anfeindungen überlagert. Der EU wurde von zyprischer Seite der Schwarze Peter zugeschoben, weil diese sich die unsoziale Idee der allgemeinen Abgabe auf alle zyprischen Guthabenkonten ausgedacht habe. Aber auch Deutschland geriet stark ins Visier der zyprischen Kritik, weil von dort bereits im Vorfeld einer möglichen EU-Vereinbarung mit Zypern Forderungen nach den zuvor genannten strikten Auflagen als Gegenleistung für zu gewährende EU-Hilfen laut wurden. Das wurde in Zypern als Einmischung in innere Angelegenheiten wahrgenommen und als eine Art Bevormundung empfunden.

Die Vereinbarung mit der EU kam also erst einmal nicht zustande, und Zypern nahm Verhandlungen mit Russland auf, in der Hoffnung, von dort die gewünschten Rettungsmilliarden zu erhalten, weil schließlich viele russische Anleger ihr Geld bei zyprischen Banken angelegt haben (darunter aber eben auch mutmaßlich auf vielen Schwarzgeldkonten) und somit Russland ein diesbezügliches Rettungsinteresse unterstellt wurde. Die Verhandlungen scheiterten jedoch ziemlich schnell, woraufhin Zypern begann einen Plan B auszuarbeiten, der als Hauptbestandteil zur Gewährleistung des von Zypern geforderten Eigenanteils unter anderem einen sogenannten Solidaritätsfonds mit Geldern aus den Rentenkassen und der orthodoxen Kirche das Landes enthalten sollte. Dieser neue Plan B stieß bei der begutachtenden EU-Troika (bestehend aus Vertretern der EU-Kommission, EZB und IWF) aber auf Vorbehalte, weil man darin weiterhin keine strukturelle Schuldentragfähigkeit ausmachen konnte, die als wichtiges Kriterium für eine nachhaltige Entschuldungsstrategie des Landes gilt. Unabhängig davon bestanden erhebliche Zweifel, ob über den Solidaritätsfonds tatsächlich die Eigenmittel im benötigten Umfang bereit gestellt werden könnten.

Die Verhandlungssituation spitzte sich zu als die EZB ankündigte, nur noch bis zu einem Stichtag Notversorgungskredite (sogenannte Emergency Liquidity Assistance, ELA) für Zyperns Banken zur Verfügung stellen zu wollen, wenn es nicht zu einer Einigung über ein Hilfspaket käme. Das erhöhte den Druck auf die zyprische Regierung. Eine Woche vor Ostern 2013 kam es in einer nächtlichen Marathonsitzung in Brüssel dann tatsächlich zu einer Verständigung über einen Rettungsplan zwischen Euro-Gruppe und Zypern, womit der Staatsbankrott einstweilen verhindert werden konnte. Zehn Milliarden Euro Kredit aus ESM-Mitteln und die Hilfsmittel vom IWF werden Zypern als Finanzhilfe gewährt. Im Gegenzug dazu muss das Land Einschnitte in seinem Finanzsektor vornehmen, was vornehmlich die beiden größten Banken betrifft. So wird zum Beispiel die Laiki Bank vollständig abgewickelt, was bedeutet, dass der noch funktionierende Teil inklusive aller Guthaben unter 100.000 Euro abgespalten und auf die Bank of Cyprus übertragen wird. Der marode Teil wird in eine Bad Bank ausgegliedert. Die Bank of Cyprus soll erhalten bleiben, muss allerdings selbst auch Umstrukturierungen hinnehmen. Zudem müssen dort die Inhaber von Bankkonten mit über 100.000 Euro Guthaben eine einmalige Zwangsabgabe von bis zu 40 Prozent als „Beteiligung an den Rettungsmaßnahmen“ in Kauf nehmen. Man spricht hierbei von einem sogenannten „bail-in“ – Bankkunden werden in eine Mithaftung genommen, obwohl

Zwangsabgabe von Bankkunden mit über 100.000 Euro Guthaben

sie selbst zunächst keine unmittelbare Schuld an der Gesamtlage tragen. Bis Ende April 2013 soll eine endgültige Fassung der Vereinbarung ausgearbeitet sein, der noch die Parlamente in Finnland, den Niederlanden und Deutschland zustimmen müssen. Da das zyprische Parlament bereits vor der letzten entscheidenden Verhandlung mit der Euro-Gruppe den Umbau seiner zwei insolventen Großbanken beschlossen hatte, muss dieses im Nachgang hierzu nicht noch einmal extra befragt werden.[44]

Das Image eines starken, selbstheilungsfähigen Europas beschädigt

Am Ende bleibt nun sehr viel Aufregung um ein EU-Hilfspaket, dessen Größe und Wirkung – gemessen an den noch zu erwartenden, vermeintlich viel größeren Problemfällen in Europa – eigentlich fast vernachlässigbar gering scheint. Wieder einmal wurde in Europa bis auf den „allerletzten Drücker" verhandelt und die Welt schaut irritiert auf Europa und seine Staaten. Wie selbstheilungsfähig ist dieses Europa denn wirklich, wenn sich schon Verhandlungen mit einem recht kleinen Staat wie Zypern so schwierig gestalten und es gewissermaßen obendrein noch fast zu einem politischen Affront kommt, weil Zypern zwischenzeitlich offen mit Lösungsmöglichkeiten über einen Nicht-EU-Staat (Russland) liebäugelte? Zurück bleibt das Gefühl, dass dieses vergleichsweise eher kleine Rettungspaket eigentlich mehr Verlierer als Gewinner produziert hat.

Erste kleine positive Ansätze: Europäische Länder sagen *Steueroasen* den Kampf an

Dabei muss sich in allererster Linie Zypern selbstkritisch hinterfragen, ob es während dieser Verhandlungen zum Schutz seines zweifelhaften Finanzplatz-Geschäftsmodells am Ende nicht den berühmten Schritt zu weit gegangen ist und damit einerseits die harte Haltung der EU-Verhandler förmlich heraufbeschworen, andererseits aber auch zur extrem aufgeladenen Stimmung im eigenen Land maßgeblich beigetragen hat. Die EU-Seite indes darf sich fragen lassen, ob denn dieser plötzliche Elan, mit harter Hand gegen Steueroasen in Europa vorzugehen, künftig beispielgebend auch für andere, vielleicht näher liegende europäische Länder (siehe zum Beispiel Luxemburg) sein wird. Oder ob der Fall Zypern am Ende nur ein Strohfeuer bleibt.

Jederzeit zum Spuk bereit: Das *Gespenst* Eurokrise

Nun ist Zypern allerdings nur ein vergleichsweise kleines Land in der Eurozone. Trotzdem vermittelt die spezielle Situation um die EU-Hilfen für dieses Land jedoch ziemlich gut, wie schnell man sich mittlerweile im schwierigen Euro-Interessengeflecht verheddern kann. Zudem verdeutlicht dieses Beispiel sehr gut, mit welcher Wucht sich die Eurokrise jederzeit zurückmelden kann, egal wie groß ein Euro-Land ist. Fast war es doch so, dass vor der Diskussion über die Zypernhilfe Anfang 2013 die Eurokrise vom allgemeinen Wahrnehmungsradar schon verschwunden schien. Mit einem Mal aber waren sie wieder da, die vielen Meldungen in den Tagesnachrichten und mit ihnen all die verdrängten Zweifel und Unsicherheiten.

Kehren wir nun jedoch zurück an den Punkt, der uns als Einstieg der zuvor etwas ausführlicher dargestellten Finanzhilfe für Zypern diente, dem Euro-Rettungsschirm.

Ein wenig unheimlich mutet es ja schon an, wenn dermaßen viele Rettungsmilliarden mobilisiert werden, um krisengebeutelten Ländern zu helfen oder am Ende vielleicht auch einfach nur die Finanzmärkte zu beruhigen. Es lässt sich jedoch nüchtern festhalten, dass Politik während der Eurokrise immer wieder massiv in Bedrängnis geriet und regelrecht zur Getriebenen der Finanzmärkte wurde. EFSM, EFSF und ESM sind nun also die politische Antwort auf die Probleme in der Europäischen Union und stellen im Rahmen der Staatsschuldenkrise das in chronologischer Abfolge gewachsene, gemeinsam konzipierte Finanzpolster der EU-Staaten zur Rettung bedrohter Krisenstaaten innerhalb der Gemeinschaft dar.

Abgestimmte Haushaltspolitik in Europa: der *Fiskalpakt*

Abschließend soll hier noch auf den vierten Bestandteil des Euro-Rettungsschirms eingegangen werden: den *Europäischen Fiskalpakt.* Dieser spielte ja schon im Abschnitt über die Auflagen zur Gewährung von Mitteln im Rahmen des Europäischen Stabilitätsmechanismus (ESM) eine Rolle.

Die Idee des gemeinsamen Fiskalpaktes ist es, nationale Befugnisse in Sachen Fiskalpolitik stärker auf die europäische Ebene zu verlagern, um so eine einheitlichere Fiskalpolitik in den Ländern zu bewirken. Ein bekanntes Stichwort hierbei ist die „Schuldenbremse“. Vereinfacht gesagt: Staaten sollen sich vertraglich verpflichten, nicht mehr über ihre Verhältnisse zu leben, sondern verantwortlich zu wirtschaften.

Europa will auf die Schuldenbremse treten

Dabei müssen bestimmte Verschuldungsgrenzen eingehalten werden (ein strukturelles Defizit darf 0,5 Prozent des Bruttoinlandsprodukts nicht überschreiten). Die Einhaltung dieser Verschuldungsgrenzen wird auf EU-Ebene kontrolliert und im schlimmsten Falle auch sanktioniert werden müssen, wenn ein Land dagegen verstößt. Der Fiskalpakt ist im Prinzip der späte Versuch, die durch die Aufweichung der einstigen Maastricht-Kriterien im EU-Raum entstandenen Systemmängel in der EU-weiten Stabilitäts- und Wirtschaftspolitik nachträglich zu heilen. Er soll eine Art harmonisierte Wirtschaftspolitik in Europa herbeiführen, indem für alle Mitgliedsländer gleichermaßen geltende und einzuhaltende Regeln zur Verschuldungs- und Haushaltspolitik eingeführt werden. Mit einem solchen wirtschaftspolitischen Rahmen erhöhen sich die Chancen, dass sich die unterschiedlichen wirtschaftlichen Verhältnisse der einzelnen Länder auf lange Sicht gesehen vielleicht wieder stärker angleichen können. Das wäre eine wichtige Voraussetzung, damit in den Euro-Wirtschaftsraum auf Dauer Stabilität einkehren kann. Wie wir nämlich weiter vorne bereits festgestellt haben, sind es genau die jetzigen ungleichen Bedingungen (und zwar speziell zwischen Nord und Süd in der EU), die einen Großteil der Verantwortung für die Verwerfungen in der Eurokrise tragen. Kann man also irgendwann diesem Problem beikommen, stehen auch die Chancen gut, dass die grundsätzliche Anfälligkeit der EU beziehungsweise der Eurozonen-Länder für Eurokrisen der jetzigen Art stark sinkt. Beim Fiskalpakt müssen die EU-Länder gegebenenfalls zukünftig auch nationale Rechte abtreten, was insbesondere beim Aspekt der Verschuldungspolitik von Relevanz ist.

Kritik am Euro-Rettungsschirm

Die Maßnahmen des europäischen Rettungsschirms stoßen allerdings auch auf allgemeine Kritik. Generell wird in Frage gestellt, ob sie nicht dazu beitragen, das Prinzip der Eigenverantwortlichkeit der europäischen Staaten für ihr Handeln – also die „Nichtbeistandsklausel“ – zu unterlaufen, und damit letztlich doch eine

Art Schuldenunion herbeiführen. Über die Finanzmittel im ESM ist es am Ende ja doch irgendwie so, dass alle beteiligten Länder Finanzmittel dort hinein begeben, die dann für diejenigen Länder bereitstehen, die auf Antrag Geld für die Beseitigung ihrer Probleme haben möchten. Mit fraglichem Ausgang allerdings. Kann man wissen, ob die Problemländer das Geld am Ende tatsächlich werden zurückzahlen können? Hier herrschen verbreitete Zweifel und Ungewissheit.

ESM macht Währungsunion nicht zur Transferunion

Im Zusammenhang mit dem Streit um den Euro-Rettungsschirm und insbesondere den ESM ist in Deutschland auch oft der Begriff „Transferunion" zu hören. Kritiker befürchten, dass durch den ESM indirekt die Umwandlung der Europäischen Währungsunion in eine Art Transferunion erfolgen könnte, zum Beispiel nach dem Vorbild des deutschen Länderfinanzausgleichs. In Deutschland wird der Länderfinanzausgleich von vielen negativ gesehen, weil ihm falsche Anreize beim Defizitabbau in einzelnen Bundesländern nachgesagt werden – bedürftige Länder bekämen quasi einfach Geld von den starken Bundesländern geschenkt. Ähnliches wird beim Rettungsschirm ESM befürchtet. Befürworter des Rettungsschirms halten dem entgegen, dass es sich eben nicht um das Prinzip des deutschen Länderfinanzausgleichs handele, weil keine Transfers vorgenommen, sondern Kredite vergeben würden, die auch zurückgezahlt werden müssten.[45]

Demokratie? Nein Danke!?

Für den Demokratieprozess in den europäischen Ländern und der Europäischen Union insgesamt ist die Eurokrise zudem zu einer echten Belastungsprobe geworden. Aufgrund der Dringlichkeit bestimmter Rettungsschirmmaßnahmen wurden die geplanten Konzepte ohne großen zeitlichen Vorlauf und ohne solide Informationsgrundlage in den Staaten teilweise durch die nationalen Parlamente durchgepeitscht. Eine ernsthafte und tiefer gehende Diskussion über die Wirksamkeit der geplanten Maßnahmen war da gar nicht möglich und alle Beteiligten bleiben mehr oder weniger mit dem unguten Gefühl zurück, sich auf ein Experiment mit sehr ungewissem Ausgang eingelassen zu haben.

Finanzhilfen und ihre Auswirkungen auf das Gefühl nationaler Souveränität

Schließlich stehen Befürchtungen im Raum, ob man sich den Staaten, denen man zur Hilfe immer mehr Geld überlasse, nicht letztlich auch ein Stück weit ausliefere. Verhandlungstaktisch sei es nämlich kaum mehr möglich, im weiteren Prozess irgendwann die Notbremse zu ziehen, da mit immer mehr überlassenem Geld auch die Systemrelevanz dieser Staaten steige. Oder anders formuliert: Je mehr Geld man ihnen gebe, desto größer werde das Risiko, dass Zahlungsausfälle auch in den Geberländern stärker negativ zu Buche schlagen würden. Das hieße, man bereitet die „Too big to fail!"-Maxime durch das Bereitstellen von massiven Geldmitteln eigentlich selbst mit vor. In dem Wissen um diese Gefahr wiederum seien die Geberländer von den Nehmerländern in Verhandlungen über mehr Geld also im Prinzip auch noch erpressbar. Einem Gefühl nationaler Souveränität in den Geberstaaten sei das dann – diplomatisch formuliert – aber nicht unbedingt sehr zuträglich.

2. *Maßnahmen gegen zu hohe Zins- und Tilgungslasten: Der Schuldenschnitt*

Aus den zuvor beschriebenen Zusammenhängen sollte mittlerweile erkennbar geworden sein, dass in Not geratene Staaten sich oft in einer regelrechten Abwärtsspirale befinden, aus der sie sich nur schwerlich bis gar nicht aus eigenen Kräften befreien können. Hinzu kommen dann spekulierende Märkte, die die Lage obendrein verschärfen, indem sie aufgrund ihrer Zweifel am Gelingen der Rettungsmission die Finanzierungskonditionen für die ohnehin schon finanziell klammen Staaten durch Risikoaufschläge weiter erhöhen. Schuldenstaaten steht dann irgendwann das sprichwörtliche Wasser bis zum Hals. Oder gar höher. In solchen dramatischen Situationen, in denen Krisenstaaten aufgrund zu hoher Finanzierungskonditionen am Finanzmarkt, wegen eigener rigider Sparanstrengungen sowie durch Lasten aus der Bestandsschuldenbegleichung Gefahr laufen, in eine finanzielle Überforderungslage zu rutschen, kommt meist nur noch eine letzte Maßnahme in Betracht: der Schuldenschnitt. Im Fachjargon findet für diese Form des Schuldenerlasses auch der englische Begriff „Haircut" Verwendung.

Weniger ein trendiger Haarschnitt: der *Haircut*

Dabei wird zur Rettung des Krisenstaates vereinbart, dass Gläubiger teilweise oder sogar komplett auf die Rückzahlung der Schulden durch den Krisenstaat verzichten. Gläubiger werden einer solchen Maßnahme sinnvollerweise aber nur dann zustimmen, wenn der Krisenstaat seinerseits Zusicherungen abgibt, dass er alle Anstrengungen unternimmt, um wieder auf die Beine zu kommen, und sich damit in die Lage versetzt, andere bestehende Schulden zu einem späteren Zeitpunkt wieder regulär und vereinbarungsgemäß zu bedienen.

Der Schuldenschnitt wurde als Maßnahme bisher nur im Falle Griechenlands angewendet, da hier die Situation ganz offensichtlich insgesamt sehr prekär war. Gläubiger haben dabei in etwa auf 75 Prozent ihrer offenen Forderungen an das Land verzichtet. Es gibt aber auch Meinungen, die davon ausgehen, dass in dem Land eigentlich ein 100-prozentiger Schuldenschnitt notwendig wäre, um es überhaupt noch zu retten.[46]

Die TROIKA – unbeliebtes und gefürchtetes Kontrolldreigestirn im Auftrag der Euro-Rettung

Nach dem ersten Schuldenschnitt und weiteren Prüfungen durch die sogenannte „Troika" (bestehend aus Vertretern von Europäischer Kommission, Europäischer Zentralbank (EZB) und Internationalem Währungsfond (IWF)) gibt es weitergehende Überlegungen, ob für das Land nicht sogar ein abermaliger Schuldenschnitt notwendig wäre. Griechenland selbst bittet um mehr Zeit für seine Reformbemühungen, die allgemeine Wirtschaftslage in dem Land allerdings entwickelt sich weiterhin leider nur unter eher schlechten Vorzeichen, so dass ernste Zweifel bestehen, ob dem Land perspektivisch ein eigenständiger und nachhaltiger Schuldenabbau überhaupt wird gelingen können. Wie die längerfristige Perspektive des Landes sein wird, muss also auch zunächst weiter abgewartet werden. Deutlich wird aber schon jetzt, an welch seidenem Faden das gesamte griechische Rettungskonstrukt hängt.

Warum nicht einfach alle Schulden erlassen?

Inzwischen werden die Rufe nach ganz radikalen Schuldenschnitten – vorzugsweise von Globalisierungskritikern und Anhängern der *Occupy-Bewegung* – immer lauter. Viele Krisenländer kämen mit ihren Schulden und ihren Entschuldungsstrategien ohnehin nicht mehr zurecht, so die Argumentation. So würden zum Beispiel die griechischen Schulden Europa doch bereits „gehören“, wenn das Geld, das man dem Land als Rettungsmaßnahme zur Verfügung stelle, quasi im selben Atemzug von Griechenland als Zinstilgungsleistung gleich wieder zurück überwiesen würde. Zudem würden Beispiele aus der Vergangenheit, wie etwa der Fall Argentinien, zeigen, dass es Ländern nach einem radikalen Schuldenerlass sofort besser gehe und die Gesamtwirkungen auf die Wirtschaft also eher positiv seien. Wirtschaftswissenschaftler sind da jedoch skeptischer. Nach ihrer Ansicht hätten richtig radikale Schuldenschnitte folgende absehbare Konsequenzen:[47]

a) Banken, die vielfach Staatspapiere in ihren eigenen Bilanzen stehen haben, würden sofort unter Druck geraten, einige vielleicht sogar so stark, dass sie pleitegehen. Man hätte also eine weitere Bankenkrise.

b) Otto Normalverbraucher träfe es im Bemühen um die eigene Altersvorsorge, weil Pensionskassen ihre Gelder zum Teil in Staatspapieren investiert haben. Fallen diese Staatspapiere aus, fallen am Ende auch die Renten aus den Pensionskassen aus. Dafür müssten zum Ausgleich andere Sozialsysteme finanziell belastet werden.

c) Ein radikaler Schuldenschnitt senke das Vertrauen am Markt. Gesunkenes Vertrauen bedeutet automatisch höhere Risikoprämien für Staatsanleihen in der Zukunft, das heißt, der Preis beziehungsweise das Zinsniveau würde steigen. Der Staat kann sich in dem Fall nur sehr teuer refinanzieren und müsste entsprechend zurückhaltend am Markt agieren. Damit hätte er aber auch weniger liquide Spielräume mit der Folge, dass von ihm weniger positive Impulse für das Wirtschaftswachstum ausgingen.

d) Und in letzter Konsequenz: Schuldenstaaten neigen anscheinend zur Wiederholungstäterschaft in ihrem Verschuldungsverhalten. Vor dem Hintergrund stellt sich also ernsthaft die Frage, ob das Positiverlebnis eines (regelmäßig in Aussicht gestellten) Schuldenerlasses ein geeigneter Anreiz zu nachhaltigen Verhaltensänderungen sein könne.

Krisenstaaten kaufen ‚günstig' ihre eigenen Schulden zurück

Als eine weitere Form des Schuldenschnitts, die inzwischen im Falle Griechenlands auch schon praktiziert wurde, lässt sich noch der *Schuldenrückkauf* ansehen. Prinzip hierbei: Der griechische Staat bot den aktuellen Haltern griechischer Staatsanleihen zum Rückkauf einen Preis von 30–40 Prozent des eigentlichen Nennwerts der Staatspapiere. Die Gläubiger verzichten bei dem Verkauf somit auf 60–70 Prozent des normalen Rückzahlbetrags, lassen sich auf ein solches Verlustgeschäft aber deshalb ein, weil das Risiko eines totalen Rückzahlungsausfalls – vor dem Hintergrund der griechischen Gesamtlage – weiterhin sehr hoch ist. Zum besseren Verständnis des Verhaltens dieser Gläubiger ließe sich an dieser Stelle vielleicht das bekannte Sprichwort „Besser den Spatz in der Hand als die Taube auf dem Dach" bemühen. Für den griechischen Staat hingegen gilt in dieser prekären Situation ein anderes Sprichwort, nämlich: „Aus der Not eine Tugend gemacht" zu haben. Mit einem Betrag von im konkreten Fall zehn Milliarden Euro konnte Griechenland im Dezember 2012 eigene Staatspapiere im eigentlichen Wert von knapp 30 Milliarden Euro vom Markt nehmen. Damit gelang es dem Land auf einen Schlag, seine Schulden um 20 Milliarden Euro zu reduzieren, was eine Voraussetzung dafür war, dass weitere Hilfen zur Bewältigung der Schuldenkrise gewährt werden.[48]

Verdienen an der Krise

Pikante Note am Rande: Hedgefonds, die zu einem Zeitpunkt in griechische Staatsanleihen investierten, als diese einen Werteverfallstiefpunkt von 20 Prozent ihres eigentlichen Nennwertes erreicht hatten, konnten beim griechischen Schuldenrückkaufprogramm sogar noch Gewinne erzielen. Mit 30–40 Prozent des Nennwerts der Papiere lag das Rückkaufangebot des griechischen Staates nämlich immer noch deutlich über dem Einstandspreis, den die Hedgefonds zum Zeitpunkt ihrer einstigen Investition bezahlt hatten.[49]

3. *Maßnahmen gegen ungezügelte Finanzmärkte und verantwortungslose Banken: Die neue europäische Finanzaufsicht*

Dass Banken für ein Wirtschaftssystem von sehr wichtiger Bedeutung sind, konnten wir anhand der Fehlentwicklungen der Finanzkrise 2007 und dessen, was danach alles nicht so gut funktionierte, bereits mit Erschrecken feststellen. Wenn man Banken nun aber einerseits als systemrelevant erachtet, andererseits aber auch nicht mehr das Vertrauen hat, dass sie von alleine in der Lage sind, den Verlockungen hoher Renditen aus risikoreichen Geschäftsaktivitäten zu widerstehen, braucht es hier konsequenterweise eine Regulierung durch Aufsichtsbehörden. Zu diesem Zweck wurde in Europa auf Druck des Europaparlaments das sogenannte „Europäische Finanzaufsichtssystem" ins Leben gerufen, das seit 2011 seiner Arbeit nachgeht. Sinn und Zweck dieses Aufsichtsgremiums ist es, basierend auf den Erfahrungen der Finanzkrise 2007 künftig die Regulierung auf den Finanzmärkten Europas stärker zu vereinheitlichen und nach für alle Beteiligten gültigen Grundsätzen auszurichten. Dieses neue europäische Finanzaufsichtssystem untergliedert sich in zwei Hauptbereiche:

- in den Europäischen Rat für Systemrisiken (ESRC) und
- in das Europäische System für die Finanzaufsicht (ESFS).

EBA, EIOPA und ESA

Letztgenanntes System (ESFS) wiederum untergliedert sich in drei eigene Unterbehörden: Die *Europäische Bankaufsichtsbehörde* („European Banking Authority"/EBA), die *Europäische Aufsichtsbehörde für das Versicherungswesen und die betriebliche Altersversorgung* („European Insurance and Occupational Pensions Authority"/EIOPA) und die *Europäische Wertpapieraufsichtsbehörde* („European Securities Authority"/ESA) – wobei eine solche Struktur auf den ersten Blick schon gleich wieder stark dazu angetan ist, den einen oder anderen von uns in seiner kritischen Grundhaltung bezüglich europäischer Bürokratisierungswut zu bestätigen. Andererseits: Wenn man überhaupt mal beginnen möchte, sich um die Auswüchse an den Finanzmärkten aktiv zu kümmern, und diese eben nicht nur (mit den uns nun doch hinlänglich bekannten Folgen) sich selbst überlassen möchte, dann braucht es wohl auch entsprechende Arbeitsstrukturen. Da das alles noch ziemlich neu und in der Aufbauphase ist, wird man zunächst mal abwarten und kritisch beobachten müssen, wie effektiv die Behörden dieser neuen Finanzaufsicht am Ende wirklich arbeiten. Im Zweifelsfall müsste es zu einem Stichtag vielleicht auch mal eine Evaluation geben und bei Bedarf vom Europarlament gegengesteuert werden, falls sich herausstellen sollte, dass in diesen Behördenstrukturen noch Optimierungspotenzial liegt.[50]

Fraglich bleibt hingegen, inwieweit dieses neue Finanzaufsichtssystem mit den auf EU-Ebene diskutierten und teilweise schon beschlossenen Ideen zu einer Bankenunion harmonieren wird. Abschließend bleibt noch die grundsätzliche Überlegung, ob es nur sinnvoll ist, in Richtung von mehr Finanzaufsicht zu denken oder ob es nicht vielmehr um eine qualitativ bessere Finanzaufsicht gehen müsste. Rein prinzipiell betrachtet gibt es ja durchaus schon diverse (nationale) Finanzaufsichten in den europäischen Ländern. Fraglich allerdings ist, wie effektiv diese in Zeiten der Krise eigentlich waren. Schauen wir uns die Probleme an, die derzeit vor uns liegen, kommen einem schon gewisse Zweifel beziehungsweise, will man hier etwas böse denken, wurde von diesen schon existierenden Aufsichtsbehörden bei den Banken in der Vergangenheit anscheinend das sprichwörtliche Auge wohl eher einmal mehr als weniger zugedrückt. Ansonsten hätte es diese ganzen Auswüchse im Bankensektor eigentlich gar nicht geben dürfen.

Forderung nach besserer, übergeordneter Finanzaufsicht

4. *Maßnahmen gegen starke Zinsdiskrepanzen am Anleihenmarkt des Euroraums:*
   *Die Rolle der Europäischen Zentralbank*
   Bei den bisher vorgestellten Maßnahmen handelte es sich weitestgehend um politische Maßnahmen, einerseits zur Lösung der Finanzkrise, andererseits zur Lösung der Staatsschuldenkrise. Wenn auch nationale Zentralbanken aktiv wurden, bezog sich deren Handeln zumeist auf die Auswirkungen der Finanzkrise 2007. Hier insbesondere hervorzuheben ist die Vergabe zinsgünstiger Kredite an den angeschlagenen Bankensektor und die stetige Absenkung des Niveaus für geforderte Einlage-Sicherheiten, die Banken bei den Zentralbanken einreichen und beleihen durften. All diese Maßnahmen der Zentralbanken hatten das Ziel, wieder ausreichend Liquidität in den Bankenmarkt zu bekommen und so die negativen Auswirkungen auf die Realwirtschaft („Kreditklemme") zu beseitigen, die durch die massive Vertrauenskrise der Banken untereinander ausgelöst worden waren. Auch der Europäischen Zentralbank fielen bei der Bekämpfung

der Finanzkrise ähnliche Aufgaben zu. Allerdings engagierte und engagiert sich die EZB – im Gegensatz zu den nationalen Zentralbanken – bei der Lösung der Eurokrise tatsächlich noch viel aktiver. Und das, obwohl es stark umstritten ist, ob sie das eigentlich überhaupt darf.

Ungleiche Bedingungen am Kapitalmarkt

Ein gravierendes Problem in der Eurokrise ist nämlich, dass die Krisenländer gegenüber den Nicht-Krisenländern vom starken Auseinanderdriften der Kreditkonditionen am Anleihenmarkt benachteiligt sind. Während in Deutschland Unternehmen beispielsweise Kredite mit drei bis fünf Jahren Laufzeit zu vier Prozent aufnehmen könnten, würden in den Euro-Krisenländern vergleichbare Kredite nur zu einem Zinsniveau von gut sechs Prozent angeboten. Man spricht hier auch von einer zunehmenden Fragmentierung auf dem Anleihenmarkt in Europa. Ein ähnliches Phänomen erleben wir auch bei Staatsanleihen beziehungsweise bei der Staatsfinanzierung über den Anleihenmarkt. Die Lasten aus Zins- und Tilgungsraten sind für Krisenländer ungleich höher als für Nicht-Krisenländer, weil sie Geld zur Eigenfinanzierung nur zu erhöhten Konditionen angeboten bekommen. Dahinter steckt ein vom Kapitalmarkt erwartetes erhöhtes Zahlungsausfallrisiko. Weil die Krisenländer sich aber nun einmal auf dem Weg der Kreditaufnahme finanzieren müssen, hat das zur Folge, dass dabei ihre Verschuldung in Relation stärker ansteigt.[51]

Die EZB hat deshalb beschlossen, regulierend einzugreifen, indem sie das Zinsniveau auf dem Anleihenmarkt durch den Kauf von Schuldtiteln und Anleihen finanzschwacher Euroländer beeinflusst. Ihre Hoffnung, dass dieser Plan aufgeht, begründet sie damit, dass dieses Aufkaufen in größerem Umfang – in der genauen Wortwahl des aktuellen EZB-Präsidenten Mario Draghi fiel auch hier wieder das Zauberwort „unbegrenzt" – zu einer allgemeinen Senkung des Marktzinsniveaus führt. Niedrigere Zinsen für die Krisenstaaten wären die Folge, so dass diese auf ihrem Weg zu einem hoffentlich nachhaltigen Umbau ihrer Staatshaushalte bei weiteren Verschuldungen eine Kostenentlastung erhielten und nicht zusätzlich in finanzielle Bedrängnis gerieten. Im ganz günstigsten Falle könnten sie sogar das so gesparte Geld zum Abbau bestehender Altschulden verwenden

Die Macht (und Ohnmacht) der Worte

Wir erkennen aber auch hier wieder sehr schön das Spiel mit der Psychologie an den Finanzmärkten: Der EZB-Präsident kündigt eine „unbegrenzte" Unterstützungsmaßnahme an, der Kapitalmarkt soll darin die Sinnlosigkeit für Spekulation erkennen, weil ein Scheitern der Krisenländer nun wohl ausgeschlossen ist, und es würde Sicherheit darüber einkehren, dass Schulden von den Krisenländern auch wieder zurückgezahlt werden könnten. Insgesamt hielte also Beruhigung in den Finanzmarkt Einzug – das Zinsniveau (als Ausdruck des angenommenen Risikos gegenüber den Krisenländern) sänke: EZB-Kalkül aufgegangen.

Die Diskussion über die angekündigte Vorgehensweise der EZB allerdings war lebhaft. Es gab Kritiker, darunter der aktuelle Bundesbankpräsident Jens Weidmann, die stark anzweifelten, ob diese EZB-Aktivitäten noch durch ihren eigenen Auftrag gedeckt seien. Grundsätzlich sähen die Richtlinien nämlich vor, dass die EZB nur der Geldpolitik – und hier insbesondere der Liquiditätsversorgung und der Wahrung von Preisstabilität im Euroraum – verpflichtet sei. Engagiert sich die EZB aber stärker im Aufkauf von Staatsanleihen, sehen viele hierin eher eine Art aktiver Fiskalpolitik, zu der die EZB eigentlich kein Mandat habe. Die EZB verteidigte ihre angestrebten Maßnahmen dabei mit den folgenden Argumenten:[52] Sie betreibe mit dem Ankauf von Staatsanleihen keine „Staatsfinanzierung durch die Notenpresse",

a. weil sie keine Staatsanleihen aus erster Hand (also von den Staaten selbst) kaufe – letzteres käme einer direkten Staatsfinanzierung durch eine Notenbank gleich und wäre ihr nach Artikel 123 des Vertrages über die Arbeitsweise in der Europäischen Union untersagt. Sie werde vielmehr nur am Sekundärmarkt tätig, kaufe also nur schon emittierte Papiere auf, die von Investoren gehalten und angeboten werden, und

b. weil ohnehin nur Staaten für diese Art von EZB-Interventionen in Frage kämen, die sich den Bedingungen des Stabilisierungsfonds ESM (siehe weiter oben, „Euro-Rettungsschirm") und einem entsprechenden makroökonomischen Anpassungsprogramm unterwürfen. Dieses Anpassungsprogramm müsse zudem durch alle Parlamente der Euro-17-Staaten beschlossen werden, womit sich auch eine hinreichende demokratische Legitimation ergäbe.

Undurchschaubare Anleihemärkte

Interessant ist aber, dass allein die EZB-Ankündigung schon Wirkung zeigte. Die Anleihemärkte haben sich danach sichtlich beruhigt, und Staaten wie Spanien und Italien konnten aufgrund der EZB-Ankündigung ihre Staatsanleihen am Markt gut verkaufen. Es gab für diese EZB-Maßnahme mutmaßlich auch Rückendeckung der deutschen Bundesregierung, die wohl für sich entschieden hat, dass dieses Anleihekaufprogramm der EZB am Ende doch mehr Vor- als Nachteile habe. Einerseits stärkte man zwar mit dieser Haltung dem eigenen Bundesbankchef nicht unbedingt den Rücken, andererseits würde ein Zusammenbrechen der Anleihemärkte in Spanien oder Italien für viel politische Unruhe sorgen und zu weiteren finanziellen Belastungen in Europa (und damit auch für Deutschland) führen. Dass nun allein die EZB-Ankündigung eine solche besänftigende Wirkung auf die Finanzmärkte hatte und man für die Problemlösung am Anleihemarkt ausnahmsweise nicht schon wieder weiteres Geld in die Hand nehmen musste, spielte der Politik ausnahmsweise in die Karten. Man hatte Zeit gewonnen und an einer wichtigen Baustelle etwas Handlungsdruck heraus nehmen können. Insbesondere Deutschland konnte sich gegenüber den weiteren anstehenden politischen Entscheidungsprozessen auf EU-Ebene erst einmal abwartend verhalten. Dadurch, dass zum Beispiel am Anleihemarkt relative Ruhe eingekehrt war, konnte man sich nun bei Themen wie Bankenunion und Bankenaufsicht mehr Zeit nehmen und musste hier Entscheidungen nicht übers Knie brechen.[53]

Mit den zuvor dargestellten Maßnahmenpaketen sind nun die wesentlichen von den europäischen Regierungen gewählten und auch noch weiterhin zu beschreitenden Lösungswege zur Behebung von Finanz- und Eurokrise vorgestellt und die insgesamt schwierige Lage der weiter vor uns liegenden Herausforderungen ausführlich beschrieben worden.

Guter Kenner der Materie: Bundespräsident a. D. Horst Köhler

In einer Rede Mitte November 2012 im Dom zu Speyer fasst Horst Köhler – Bundespräsident a. D. und maßgeblich mitbeteiligt an den Verhandlungen des Maastricht-Vertrages – die Gesamtsituation zur

Eurokrise und die vor uns liegenden Aufgaben noch einmal aus seiner Sicht zusammen:[54]

1. Die einzelnen Mitgliedsstaaten der Europäischen Union müssen kontinuierlich an der Verbesserung ihrer eigenen wirtschaftlichen Leistungsfähigkeit arbeiten.

2. Es müsse insgesamt wieder mehr Achtung vor dem europäischen Recht geben und dieses weitere Festigung erfahren, so dass zum Beispiel Verhaltensweisen wie das Umgehen der Maastrichter Konvergenzkriterien oder aber auch in Ansätzen der Nichtbeistandsklausel für europäische Staaten künftig überhaupt keiner ernsthaften Überlegung mehr wert seien.

3. Die europäischen Staaten müssen sich von der Abhängigkeit gegenüber Banken und Finanzmärkten befreien, die wie Mühlsteine an ihnen lasteten, wenn die durch ein „Too big to fail" unterstellte Systemrelevanz von Banken im Krisenfall die Staatsverschuldung aus dem Ruder laufen lasse.

Gefahr: soziale Flächenbrände

Der Lösung dieser drei wichtigen Herausforderungen müsse sich Europa stellen und zwar – wenn möglich – ohne dabei schon bestehende Probleme noch weiter zu verschlimmern: „Sparprogramme und Strukturreformen dürfen nicht zu sozialen Flächenbränden führen. Ein Schuldenschnitt für das eine Land darf nicht bei den Gläubigern eines anderen zur Panik führen. Strengere Auflagen für Banken sollen nicht deren Kreditvergabe austrocknen lassen, weil dann die Bürger/-innen und die Betriebe keine Darlehen mehr bekommen. Es geht also in vielen Bereichen um so etwas wie eine kontrollierte Bremsung. Das Tempo soll gedrosselt werden, aber ohne dass sich der Wagen überschlägt. Er soll lenkbar und spurtreu bleiben. Das verlangt recht hohe Ingenieurkunst und gute Nerven."[55]

Hoffen wir mal, dass wir gute Fahrer oder Fahrerinnen für diesen Wagen haben beziehungsweise zu einem späteren Zeitpunkt (zum Beispiel nach Wahlen) gute neue oder alte dafür gefunden haben werden.

# 9 Nicht verfolgte Maßnahmen

Wie immer, wenn sich viele an einer breit geführten Diskussion beteiligen, gibt es eine Menge Ideen und Vorschläge, die zur Lösung der Krise unterbreitet werden. Nicht alle diese Vorschläge werden tatsächlich umgesetzt, was nicht zuletzt bei einem so hochpolitischen Thema auch mit den jeweiligen Regierungskonstellationen zu tun hat. Dabei geht es nicht einmal um die Qualität der Vorschläge an sich, sondern meist um die damit verbundenen politischen und wirtschaftlichen Konsequenzen und darum, ob die Vorschläge in die Vorstellungswelt der Regierungsparteien und ihrer Anhängerschaft passen. Wir wollen uns solchen Vorschlägen im Folgenden noch einmal etwas ausführlicher widmen, weil es darunter vielleicht trotzdem den einen oder anderen interessanten Ansatz gibt und wir zumindest versuchen wollen zu verstehen, warum sie es bisher nicht in die engere Auswahl des angewendeten Lösungsbaukastens zur Bewältigung der Eurokrise geschafft haben.

Von Beginn an umstritten: *Eurobonds*

1. *Eurobonds*
   Das Thema „Eurobonds" oder auch „Euro-Staatsanleihen" ist ein sehr umstrittenes Thema. Bei den Eurobonds handelt es sich um ein Konstrukt, nach dem EU-Staaten am Finanzmarkt gemeinsam Schulden aufnehmen, das Geld untereinander aufteilen und gemeinsam für die Rückzahlung haften. Wie schon erläutert, stehen gerade krisengebeutelte Länder aufgrund ihrer schlechten Bonität vor dem Problem, dass sie Kredite nur mit sehr hohen Risikoaufschlägen aufnehmen können. Die gemeinsame Herausgabe von Euro-Staatsanleihen aller EU-Länder, jetzt inklusive der finanzstarken und mit guter Bonität versehenen Länder, so die Hoffnung, würde dazu führen, dass das Vertrauen des Finanzmarktes in puncto Rückzahlung deutlich größer wäre. Demzufolge würden die Risikoaufschläge (Zinskosten) für solche Anleihen viel niedriger ausfallen. Der Streit um dieses Instrument ist im Wesentlichen darum entbrannt, ob mit solchen Eurobonds und der damit verbundenen gemeinsamen Haftung aller europäischen Länder für die Rückzahlung dieser Schulden nicht abermals gegen die Nichtbeistandsklausel verstoßen werde. Denn bei Eurobonds wäre eben nicht mehr jeder Staat für seine eigenen Schulden selbst

verantwortlich. Auch wird die Anreizwirkung solcher Eurobonds auf mittlere und lange Sicht in Frage gestellt. Kritiker befürchten, dass Eurobonds den Krisenländern eine Art Ruhekissen böten und letztendlich nur dazu führten, dass diese Länder keine besonderen Anstrengungen mehr zur eigenen Haushaltkonsolidierung und damit zum Schuldenabbau unternehmen würden. Weiterhin befürchten die wirtschaftlich stärkeren EU-Staaten, dass sich durch eine Einführung von Eurobonds das allgemeine Zinsniveau erhöhen würde, woran diese aber naturgemäß kein Interesse haben.[56]

Ein nicht ganz unproblematisches Konzept: Nord- und Süd-Euro

2. *Nord- und Süd-Euro*

Bei der Ursachenanalyse und den beschriebenen Maßnahmenpaketen richtete sich der Fokus immer wieder stark auf die südlichen Krisenländer. Vor allem Griechenland, Spanien, Portugal und zu Teilen auch Italien fallen in diese Kategorie; einerseits wegen ihrer Leistungsbilanzkrise, also mangelnder Wettbewerbsfähigkeit gegenüber dem vermeintlich starken Rest der Eurozone; andererseits wegen der Verschleierung der wahren (Risiko-)Zustände in diesen Ländern durch die Zugehörigkeit zur Währungsunion. Wenn sich die Probleme aber anscheinend so leicht geografisch einordnen lassen, warum soll man nicht den naheliegenden Schluss daraus ziehen und die Krise durch eine Aufteilung in Nord und Süd lösen? An dieser Stelle setzt der Vorschlag eines „Nord- und Süd-Euros" an. Einer der Hauptmängel der jetzigen Währungsunion scheint ja zu sein, dass sich wirtschaftlich und fiskalpolitisch sehr unterschiedliche Länder unter einem gemeinsamem Währungsdach vereinen. Er ließe sich vielleicht dadurch beseitigen, indem man einfach zwei Währungsunionen durchführt, also getrennte Währungszusammenschlüsse, in denen sich jeweils diejenigen Länder zusammenfinden, die strukturell gut zueinander passen. Rein geografisch betrachtet wären das auf der einen Seite die nördlichen Länder der bisherigen Europäischen Union und auf der anderen die südlichen Länder. Prinzipiell betrachtet ließen sich damit ein paar der wesentlichen Probleme der Staatsschuldenkrise in den Griff bekommen. Oder besser gesagt: Sie ließen sich auf die tatsächlich betroffenen Länder eingrenzen. Ob zwei Währungsunionen wirklich der Weisheit letzter Schluss wären, sei hier mal dahin gestellt. In dem vom ehemaligen BDI-Präsidenten Hans-Olaf Henkel und später von Professor Dirk Meyer weiter ausgeführten Konzept wäre eine Aufteilung zunächst wie folgt vorgesehen:

*Nord-Euro-Raum*:
Deutschland, Niederlande, Belgien, Österreich, Finnland und Luxemburg

*Süd-Euro-Raum*:
Frankreich, Spanien, Italien, Griechenland und Portugal

Unstrittige Vorteile wären, dass sich jeder Währungsraum auf seine bevorzugten wirtschaftspolitischen Zielsetzungen konzentrieren könnte. Im Nord-Euro-Raum stünden sicherlich die Aspekte Geldwertstabilität und Inflationsvermeidung im Vordergrund. Die Staaten im Süd-Euro-Raum könnten von einem zu erwartenden schwächeren Wechselkurs ihrer Währung zu anderen Währungen profitieren, weil dadurch mehr Waren bei ihnen eingekauft würden (da diese für andere Länder vergleichsweise preiswert wären). Dadurch würden ihre Exporte steigen und die eigene Leistungsbilanz und die Gesamtwettbewerbsfähigkeit würden sich verbessern. Den vermeintlichen Vorteilen stehen allerdings auch einige Nachteile gegenüber. Der Zusammenschluss der starken Nordländer würde wohl gleichzeitig einen starken Nord-Euro bedeuten, der im Vergleich zum Süd-Euro also stark aufgewertet würde. In dem Maße, wie die Südländer davon profitieren, dass sie aufgrund dieser Wechselkurskonstellation mehr exportieren, würden die Nordländer vermutlich weniger exportieren. Und wie wir bereits wissen, gibt es einige Länder, deren Wirtschaftsleistung stark abhängig von guten Exportzahlen ist – zum Beispiel Deutschland. Das Sinken der Exportzahlen in Ländern wie Deutschland hätte aber wiederum auch Rückwirkungen auf die Wirtschaftskraft in den Nord-Ländern.

Großes Gefälle

Zudem würden Nord- und Süd-Euro die Probleme der Staatsschuldenkrise zwar geografisch begrenzen, aber in den Südländern bestünde der hohe Schuldenstand ja trotz Aufteilung in zwei Währungsunionen weiterhin fort. Das heißt, über einen aktiven Schuldenerlass müsste trotzdem weiter verhandelt werden. Und schließlich gibt es erhebliche Bedenken, ob die Aufspaltung des

Euros nicht letztlich auch wieder zu einer politischen Spaltung Europas führen würde.[57]

Ausstieg nur als allerletzte Option: Ziel der Währungsunion war und ist Gemeinschaftlichkeit

3. *Austritt aus der Währungsunion*
Ein Vorschlag, der immer wieder kursiert, ist das Ausscheiden einzelner Staaten aus der Europäischen Währungsunion mit dem Ziel, wieder die nationale Hoheit über die eigene Wirtschafts- und Finanzpolitik nebst eigener Währung zu erlangen. Der Vorteil eines solchen Szenarios wäre, dass sich einzelne Staaten in ihrer Wirtschaftspolitik so wieder unabhängiger von einer gesamteuropäischen Strategie aufstellen und damit ihre Wettbewerbsfähigkeit verbessern könnten.

Eine Operation „Austritt aus der Währungsunion" wäre aber ein durchaus heikles Unterfangen. Zum einen gibt es dafür keine Beispiele aus der Vergangenheit, an denen man sich bezüglich möglicher Auswirkungen orientieren könnte. Andererseits gehen die Überlegungen inzwischen dahin, dass ein solcher Ausstieg einzelner Länder plötzlich und ohne große Vorankündigung geschehen müsste. Sollte ein Ausstieg nämlich tatsächlich geplant sein und öffentlich darüber gesprochen werden, stünde zu befürchten, dass eine größere Kapitalflucht aus den von einem Ausstieg bedrohten Ländern einsetzt, weil die Menschen Angst hätten, dass ihre Spareinlagen beim Umtausch in eine neue, wahrscheinlich eher schwache Währung an Wert verlieren würden. Sie würden deshalb versuchen, ihr Geld ins Ausland zu retten. Diese Kapitalflucht könnte auch noch Ansteckungseffekte für andere Länder haben, die mit einem ähnlichen Bedrohungsszenario konfrontiert sind. Grundsätzlich bleibt aber festzuhalten, dass nach den bisherigen EU-Statuten zumindest ein zwangsweiser Ausschluss eines Landes aus der Eurozone nicht möglich ist und es bislang auch keine Indizien für einen freiwilligen Austrittswunsch bei den dafür in Frage kommenden Ländern gibt.[58] Wir werden uns zu einem späteren Zeitpunkt dem Thema eines Eurozonenaustritts noch einmal etwas ausführlicher zuwenden, weil es hierzu noch weitergehende Aspekte zu vertiefen gilt.

4. *Angleichung der Wettbewerbsfähigkeit*
Wir haben schon mehrfach festgestellt, dass wirtschaftliche Ungleichgewichte der Grund für viele Probleme innerhalb der Eurozone sind. Ein interessanter Ansatz, um zu ähnlicheren wirtschaftlichen Bedingungen in Europa zu kommen und somit den Verwerfungen der Eurokrise die wesentliche Grundlage zu entziehen, lautet: Stärkung der Binnennachfrage in den stark exportorientierten Ländern. Würde nämlich in einem exportorientierten Land wie zum Beispiel Deutschland die inländische Nachfrage stark wachsen, wäre zum einen die Abhängigkeit der Volkswirtschaft von der Exportkraft nicht mehr so stark. Zum anderen kann eine stärkere inländische Nachfrage auch eine Erhöhung des Warenimports verursachen – wovon wiederum die Krisenländer profitieren könnten, denn unsere Warenimporte wären ihre Warenexporte. Im Endeffekt hätte also eine stärkere Binnennachfrage auch positive Effekte auf die Wirtschaftskraft in den Krisenländern. Sie könnten ihre Wettbewerbsfähigkeit verbessern und gleichzeitig versuchen, ihre Schulden abzubauen. Fraglich bleibt allerdings, welcher Umstand in einem Land wie nun zum Beispiel Deutschland eine solche erhöhte Binnennachfrage auslösen sollte. Eine erhöhte Binnennachfrage entsteht ja nicht einfach, weil man sie gerade benötigt oder für wirtschaftspolitisch opportun hält. Man könnte an staatliche Konjunkturprogramme denken, aber hierbei muss man sich immer vor Augen führen, dass das Geld für solche Programme zumeist eben auch nur wieder über weitere Verschuldung zur Verfügung gestellt wird. Das belastet dann die Haushaltslage des Landes, das auf diesem Wege Anreize für eine stärkere Binnennachfrage zu setzen versucht. Unabhängige Einflussfaktoren aber, die eine spürbar erhöhte Binnennachfrage erzeugen könnten (zum Beispiel wachsende Bevölkerung oder durchschlagende Produktinnovationen), sind entweder nicht planbar oder aber auch nicht erwünscht (zum Beispiel Kriege). So gesehen ist der Vorschlag, die Binnennachfrage zur perspektivischen Angleichung der wirtschaftlichen Verhältnisse in Europa zu erhöhen, zwar vom Prinzip her gut und richtig gedacht, aber im Sinne einer aktiven wirtschaftspolitischen Maßnahme nur eher schwer zu verwirklichen.[59]

Guter, aber schwer umzusetzender Ansatz: *Binnennachfrage* stärken

5. *Einführung einer Vermögensabgabe*

Vollzugsdefizite in Steuersystemen

Auffällig ist in vielen verschuldeten Staaten, dass den hohen Staatsschulden ein hoher Anteil privater Vermögen gegenübersteht. Als mögliche Ursachen dafür kommen unter anderem Vollzugsdefizite in den nationalen Steuersystemen in Frage, gepaart mit hohen Anteilen (unbesteuerter) Schwarzarbeit beziehungsweise Schattenwirtschaft, aktiver Steuerhinterziehung und Kapitalflucht. Da liegt der Schluss nahe, auch private Großvermögen zu Zwecken der Staatsentschuldung stärker heranzuziehen. Ein positiver Nebeneffekt wäre zudem, dass sich die Ungleichheit in der Verteilung des Volksvermögens in dem Land verringern und sich damit auch das gesamtgesellschaftliche Gerechtigkeitsempfinden wieder deutlich verbessern würde.

Bei diesem Vorschlag dürfte aber schnell klar sein, dass er in nicht unerheblichem Maße von der politischen Stimmung und der Machtverteilung in einem Land abhängig ist. So gesehen verwundert es nicht, dass der Vorschlag stark polarisiert und aus Kreisen des linken Parteienspektrums häufiger zu hören ist als aus den Reihen der eher konservativen Parteien.[60]

Retten am Ende deutsche Durchschnittshaushalte griechische Superreiche?!

Auftrieb bekam die Diskussion um die Vermögensabgabe durch eine Anfang April 2013 veröffentliche EZB-Studie über die Vermögensverteilung in Europa. Im Anschluss an die Veröffentlichung der Studie forderten Wirtschaftswissenschaftler, dass Reiche in Europa viel stärker an der Euro-Rettung beteiligt werden müssten. Dies gelte allgemein, aber insbesondere auch für die südlichen Krisenstaaten, in denen die Regierungen eine stärkere Beteiligung von Besitzern größerer Vermögen in Betracht ziehen sollten, um auch hierüber einen Eigenanteil zur Rettung zu leisten. Schließlich sei die Vermögensabgabe ein besserer Weg als die Beteiligung von Sparern, wie dies beispielsweise im Rahmen der Zypern-Rettung der Fall ist. Bei der Sparerbeteiligungslösung müsse man berücksichtigen, dass findige Reiche aus Südeuropa immer Mittel und Wege fänden, ihre Vermögen zu Banken nach Nordeuropa zu transferieren und sich somit einem Zugriff zu entziehen versuchten.[61]

Immerhin sollte man dabei bedenken, dass eine Vermögensabgabe, so gerecht und notwendig sie einem – speziell aus Nichtvermögensbesitzersicht – im ersten Moment auch erscheinen mag, immer auch eine Form der Enteignung darstellt. Zudem wäre der Steuerertrag aus einer solchen Vermögenssteuer in Relation zum massiven Refinanzierungsbedarf in den Staatshaushalten wohl eher gering. Es bliebe die Überlegung, ob die Einführung einer solchen Steuer am Ende nicht eigentlich nur Symbolpolitik bedeuten würde. Ohne das hier vertiefend ausführen zu wollen, sei aber abschließend noch kurz hinterfragt, ob es für eine gerechtere Verteilung nicht sinnvoller wäre, die wirtschaftlichen Rahmenbedingungen von vornherein politisch so zu gestalten, dass solche Ungleichverteilungen von Vermögen gar nicht erst entstehen können. Dazu bedarf es natürlich williger Politik und eines grundsätzlichen Regelungsinteresses. Das schließt eine solche Steuer nicht prinzipiell aus, aber die Vermögenden allein werden das Problem Eurokrise vermutlich nicht lösen.

6. *Finanztransaktionssteuer*

In der Finanzkrise waren es die Banken, die durch leichtsinniges Handeln ein wirtschaftliches Erdbeben ausgelöst haben. Schnell in die Kritik geraten ist auch die Art und Weise, wie der Handel an den Weltbörsen inzwischen vonstattengeht, nämlich als computergestützter Hochfrequenzhandel und durch Leerverkäufe an den Börsen. Bei Leerverkäufen handelt es sich um den Verkauf von Waren oder Wertpapieren, über die der Verkäufer im Moment des Verkaufs gar nicht verfügt.[62] Diese Handelspraktiken verstärken aber ein ohnehin schon tief sitzendes Misstrauen gegenüber stark ausgeprägten spekulativen Tendenzen an den Finanzmärkten und Börsen dieser Welt. Spekulation ist ein für uns Normalbürger im Alltag nicht so greifbares Phänomen, das letztlich aber maßgeblich mit dafür verantwortlich war, dass sich Finanz- und Eurokrise so negativ auf die Wirtschaftsräume in Europa und in den USA auswirken konnten – Spekulation gewissermaßen als Ursache für Instabilität und Krisen insgesamt also. Eine Idee, um dieser Spekulation wieder stärker Herr zu werden, ist die sogenannte Finanztransaktionssteuer. Mit ihr sollen alle börslichen und außerbörslichen Finanztransaktionen künftig besteuert werden. Das Ziel ist, die Transaktionskosten jedes

Misstrauen gegenüber Hochfrequenzhandel und Leerverkäufen

einzelnen Handelsvorgangs zu verteuern, um damit Anreize an der Börse zu schaffen, den spekulativen und technischen Handel einzuschränken. Das Signal an die Marktteilnehmer der Börse soll lauten: „Führt gerne weiter Euren Handel durch, konzentriert Euch aber auf die wichtigen und sinnvollen Handelsaktivitäten, für die die Börsen einstmals geschaffen wurden, und nehmt Abstand von allen ‚auf Verdacht' durchgeführten Geschäften (= Spekulation)!"

Entschleunigung des zum finanziellen *Durchlauferhitzer* gewordenen Börsenhandels

Einfache Spekulationen im Millisekundenbereich, die im computergestützten Handel heute unkompliziert und ohne großen Kostenaufwand möglich sind, würden durch eine Finanztransaktionssteuer spürbar mehr kosten und damit, so die Hoffnung, deutlich an Attraktivität für die Marktteilnehmer verlieren. Sie müssen sich künftig überlegen, ob sie zum Beispiel Leerverkäufe weiter unbeschränkt und in großer Zahl durchführen, weil dabei durch die neue Steuer im schlechtesten Fall nur Kosten, aber keine Gewinne entstünden. Insgesamt, so die Idee, soll die Finanztransaktionssteuer also zu einer Beruhigung, Stabilisierung und Regulierung der Handelsaktivitäten an den Finanzmärkten beitragen.

Markteffektivität versus Krisenprävention

Die Diskussion über die Sinnhaftigkeit dieser Finanztransaktionssteuer ist aber weiter in vollem Gange. So wenden Vertreter der „reinen Marktlehre" kritisch ein, dass solche Transaktionskosten (aus einer zusätzlichen Finanztransaktionssteuer) die Effektivität eines Marktes beeinträchtigten. Sie könnten nämlich dazu führen, dass Geschäfte von dem dafür eigentlich vorgesehenen Markt weg verlagert und stattdessen über Handelsbeziehungen außerhalb des allgemeinen Marktes abgewickelt werden. Das führt zu weniger Transparenz und damit auch zu weniger Konkurrenz bei gleichzeitig erhöhtem Risiko, dass einige wenige ihr opportunistisches Handeln – weil kein funktionierender Markt – zu Ungunsten anderer Handelspartner durchsetzen können.

Weiterhin wird stark in Frage gestellt, wie effektiv eine solche Steuer tatsächlich sein kann, wenn sie, wie geplant, nur in einigen wenigen Ländern eingeführt wird und auf börsliche Handelsplätze ohne Finanztransaktionssteuer ausgewichen werden kann. Führen also zum Beispiel Frankreich und Deutschland eine solche Steuer ein, könnten sich viele Finanzgeschäfte nach England verlagern. Ob das im Interesse der Länder Deutschland und Frankreich ist? Bankenvertreter hingegen wenden ein, dass mit einer Finanztransaktionssteuer die Finanzkrise selbst weder verhindert noch positiv beeinflusst worden wäre. Die Auslöser für die Verwerfungen an den Märkten seien letztlich nicht kurzfristig orientierte Spekulanten mit ihrem computergestützten Hochfrequenzhandel gewesen, sondern vielmehr lägen die Ursachen im Bereich der bilanziellen Bewertung und der Ratings der vor und während der Finanzkrise von den Banken angebotenen und verkauften Finanzprodukte (siehe *Immobilienkrise* im Abschnitt „Hauptursache der Eurokrise – die Finanzkrise 2007). Auch die Banken befürchten durch die Steuer zusätzlich negative Effekte, was die eigentliche Marktpreisbildung anbelangt, und damit einhergehend Störungen in den wirtschaftlichen Investitionsprozessen.

Ungleiche Bedingungen europäischer Börsenplätze durch die *Finanztransaktionssteuer*?

Unstrittig positiv zu sehen bliebe aber wohl, dass Staaten, die eine solche Steuer bei sich etablierten und in denen starke Finanzmarktplätze ansässig seien, von einem massiv steigenden Steueraufkommen profitieren würden (sofern keine Abwanderungsbewegung der Finanzmarktgeschäfte einsetzt). Das wiederum könnte mehr Spielräume in den eigenen Staatshaushalten eröffnen oder aber Potenzial für zusätzliche wirtschaftspolitische Impulse bieten, indem man bei gestiegenem Einkommen aus Finanztransaktionssteuern im Gegenzug dann zum Beispiel Senkungen bei der Einkommensteuer durchsetzen und dadurch den Konsum und die Binnennachfrage stimulieren könnte. Ein beispielsweise über die Finanztransaktionssteuer finanziertes Konjunkturprogramm zum Befördern der landeseigenen Binnennachfrage (siehe auch Punkt 4 dieses Abschnitts *Angleichung der Wettbewerbsfähigkeit*) wäre dann sogar haushaltsneutral, würde also zunächst keine eigene Neuverschuldung bedeuten.[63]
Am 9. Oktober 2012 gaben im EU-Finanzministerrat tatsächlich elf EU-Länder (neun war ursprünglich als Mindestzahl für die Umsetzung dieser Steuer vereinbart) bekannt, dass sie sich an der Einführung einer Finanztransaktionssteuer beteiligen werden. Hierbei handelt es sich um Frankreich, Deutschland, Österreich, Belgien, Griechenland, Portugal, Slowenien, Italien, Spanien,

Neue Einnahmemöglichkeiten für Staaten

Estland und die Slowakei. Die Einführung der Steuer in den genannten EU-Ländern ist für den Beginn des Jahres 2014 geplant. Die EU-Länder, die sich der Einführung einer solchen Steuer verweigern, verweisen weiterhin auf die oben diskutierten Nachteile.

7. *Europäische Ratingagentur*
Wenn wir in den Nachrichten Meldungen hörten, die beunruhigend nach einer Verschärfung der Eurokrise klangen, so fiel in diesem Kontext oftmals ein Begriff, der uns zuvor nicht sehr geläufig war: Ratingagentur. „Die Ratingagentur XYZ hat die Staatsanleihen Griechenlands auf Ramschniveau herabgestuft", hieß es da beispielsweise – wir alle nahmen das fortwährend geduldig, aber doch mit gewissem Unbehagen zur Kenntnis. Es betraf nicht uns persönlich und auch nicht primär unsere Wirtschaft in Deutschland, aber irgendwie dämmerte uns dabei: Es kann auch nichts Gutes bedeuten. Zumal solche Meldungen in immer kürzeren Abständen aufeinander folgten, aus denen dann hervorging, dass eine Ratingagentur negative Bewertungen vornahm und sich andere Ratingagenturen kurzerhand anschlossen.

(Fast) in aller Munde: RATINGS

Ratingagenturen, um diese ominösen Institutionen nun auch begrifflich einzuordnen, sind letztlich nichts anderes als private, gewinnorientierte Unternehmen, deren Geschäftszweck es ist, die Kreditwürdigkeit (Bonität) von Unternehmen und von Staaten zu bewerten. Die Bewertungen drücken sich dabei über sogenannte „Ratings" aus, wie zum Beispiel „AAA" oder „Aaa" (für „beste Qualität" stehend) bis hin zu „D" (gleichbedeutend mit „zahlungsunfähig"). Bekannte Ratingagenturen sind Standard & Poor's (S&P), Moody's und Fitch. Dem einen oder anderen sind diese Namen aus den Nachrichten sicherlich bekannt. Was ist nun aber das Problem mit besagten Ratingagenturen?

Zum einen waren sie es, die die Finanzkrise maßgeblich überhaupt erst mit ausgelöst haben, weil sie die spekulativen Finanzprodukte in der US-Immobilienkrise augenscheinlich nicht so eingeschätzt („bewertet") haben, wie es der wirtschaftliche Sachstand geboten hätte. Demzufolge haben diese Produkte Eingang in einen breiten Handel gefunden, was am Ende zu den massiven Kreditausfällen bei den Banken führte. Zum anderen waren/sind es die Ratingagenturen, die in der darauf folgenden Eurokrise nun alle Fehler möglichst wieder gutmachen wollten und dazu übergingen, besonders strenge Bewertungen der Staatsanleihen von kriselnden Eurozonenländern und von Krisenstaaten vorzunehmen – mit der bekannten Folge, dass die ohnehin schwierigen Bedingungen in diesen Ländern weiter verschärft wurden. Für diejenigen europäischen Staaten, die unter größten Mühen versucht haben, alle Kräfte zu bündeln, um gemeinsam eine Lösung für die Eurokrise herbeizuführen, kamen solche Negativbewertungen jeweils zum denkbar ungünstigsten Zeitpunkt. Und neue schlechte Nachrichten tragen in angespannten Zeiten nun mal nicht wirklich zur Verbesserung der Stimmungslage bei. Manchmal kam es einem schon fast wie eine Verschwörung vor: Immer wenn man es (politisch) so gar nicht gebrauchen konnte, konnte man sich förmlich darauf verlassen, dass man über eine neuerliche Negativbewertung einer Ratingagentur gewissermaßen wieder am Nasenring durch die Krisenarena gezerrt würde.

Ratingagenturen nehmen Einfluss auf Psychologie der Eurokrise

Das führte insgesamt zu Verärgerung. Viele Politiker waren genervt von der teilweise selbstherrlich daherkommenden und zudem intransparenten Art der Ratingagenturen. Und sie fanden es nicht zuletzt auch reichlich unsensibel und verantwortungslos, wie Ratingagenturen mit ihren Veröffentlichungen plötzlich in schwierige europäische Verhandlungssituationen hineinplatzten. Daraus erwuchs schnell der Ansatz, die Ratingagenturen selbst auch einmal in Frage zu stellen. Woher nehmen diese eigentlich ihre Rechtfertigung, so massiven wirtschaftlichen und letztlich auch psychologischen Einfluss auf wichtige Krisengestaltungsprozesse in Europa zu nehmen? Und können die Bewertungen überhaupt richtig und objektiv sein, wenn wir es hier mit einem Bewertungsmarkt zu tun haben, auf dem nur drei bedeutende Ratingagenturen aktiv sind? Muss man da nicht eigentlich schon von einem Rating-Monopol sprechen? (Genau genommen handelte es sich dann um ein Oligopol.) Wie weit stehen die Ratingagenturen tatsächlich in Konkurrenz miteinander, so dass dort auch Wettbewerb untereinander herrscht, welcher letztlich zu vertrauenswürdigen anstatt zu vermeintlich eigeninteressegeleiteten Marktbewertungen führt? Der sich in solchen Fragestellungen widerspiegelnde Unmut führte schnell zu der Forderung nach

Gründung einer eigenen europäischen Ratingagentur, einerseits aus prinzipiellen Erwägungen heraus, andererseits aber auch mit dem Anspruch und der Hoffnung, ein Gegengewicht zu den US-amerikanischen Ratingagenturen bilden zu können und damit mehr Wettbewerb auf diesem unvollkommenen Markt der mangelhaften Bewertungen herzustellen.

Sehr wenige US-Ratingagenturen teilen sich den *Bewertungsmarkt*

Fraglich bleibt indessen, ob sich dieses Vorhaben so einfach umsetzen lässt und ob damit letztendlich der gewünschte Zweck erfüllt werden kann. Denn allen Anhängern der Idee einer europäischen Ratingagentur muss bewusst sein, dass sich eine solche neue Agentur erst einmal einen guten Ruf würde erarbeiten müssen, um von den Marktteilnehmern auch ernst genommen zu werden. Die Hürden dafür sind nicht zu unterschätzen. Es reicht ja nicht aus, in Europa einfach nur für die Krisengestaltung „günstigere Bewertungen" vorzunehmen, weil die Politik es sich so wünscht, wenn diejenigen, die ein Interesse an Informationen über die wahren Ausfallrisiken haben – zum Beispiel alle, die ihr Geld zur Verfügung stellen und investieren wollen –, solchen Bewertungen kein Vertrauen entgegenbringen. Solche Ratings sind schnell als politisch und interessengeleitet entlarvt mit der Folge, dass sie nicht ernst genommen werden. Es ist also sehr fraglich, ob eine europäische Ratingagentur die Diskussion um die Qualität der Ratings tatsächlich beenden würde.[64]

Schwierigkeiten für eine europäische Ratingagentur

Dennoch scheint in Deutschland die Gründung einer solchen europäischen Ratingagentur Realität zu werden. Eine Gruppe von Investoren um den Unternehmensberater Roland Berger hat sich zusammengefunden, um ein solches Projekt auf die Beine zu stellen. Von offizieller und politischer Seite äußert man eher Skepsis und vor allem den Hinweis, dass man aufgrund bestehender Zweifel am Erfolg einer solchen Institution keine staatlichen Gelder investieren wolle.[65]

Abschließend zum Thema „Ratingagenturen" noch eine interessante Information aus den USA: Mittlerweile ist bekannt geworden, dass die USA juristische Schritte gegen die Ratingagentur Standard & Poor's (S&P) planen. Das US-Justizministerium und einige Bundesstaaten wollen die Ratingagentur für ihre unrühmliche Rolle bei der Bewertung von zweifelhaften US-Hypothekenpapieren mit Bestnoten noch unmittelbar vor der Immobilien- und Finanzkrise 2007 in die Verantwortung nehmen. Zahlreiche Anleger seien damals in die Irre geführt worden, was letztlich die bekannten Krisenprozesse in den USA und in Europa ausgelöst hätte. Man darf gespannt sein, ob eine solche Klage Erfolg haben wird oder ob es nicht doch genügend rechtlichen Spielraum für Standard & Poor's geben wird, sich ihrerseits entsprechenden Entschädigungsforderungen erfolgreich entziehen zu können.[66]

8. *Staatsinsolvenz ermöglichen*

Alles hat ein Ende...?

Eine letzte bisher nicht umgesetzte Maßnahme wollen wir abschließend noch vorstellen. Es gibt tatsächlich Forderungen, eine Staatsinsolvenz zuzulassen, nach dem Motto: „Lieber ein Ende mit Schrecken als ein Schrecken ohne Ende." Speziell im Falle Griechenlands wird das als eine realistische Möglichkeit in Betracht gezogen, weil der Glaube nicht mehr sehr weit verbreitet ist, dass sich das Land – mit oder ohne europäische Krisenhilfen – aus seinem Schuldendilemma je wird befreien können. Eine solche „geordnete Insolvenz", wie sie eine Zeit lang in Deutschland zum Beispiel auch von der FDP zu Wahlkampfzwecken propagiert wurde, scheint den Vorteil eines klaren Schnittes mit dem weiteren damit verbundenen Vorteil eines Neuanfangs zu haben. Zudem käme ein solcher Schritt nicht mehr vollkommen überraschend für die übrigen europäischen Länder – man hätte sich in der Zwischenzeit schon darauf vorbereiten können. Zu hinterfragen bleiben indes

a) die verwendete Begrifflichkeit „geordnete Insolvenz" und
b) die tatsächlichen Auswirkungen einer Staatsinsolvenz.

Es gibt nämlich Stimmen, die behaupten, dass eine „geordnete Insolvenz" ein Widerspruch in sich sei. Zum einen existiere der Begriff so im Fachjargon überhaupt nicht, zum anderen kenne das Insolvenzrecht keinen Unterschied zwischen dem Chaos eines Konkurses und einer „kontrollierten Abwicklung". Insolvenz beschreibt letztlich das, was man alltagssprachlich unter „Konkurs", „Pleite" und „Bankrott" kennt, und kommt deshalb als Begrifflichkeit schon ziemlich verharmlosend daher. Zudem kann bei einer Insolvenz von Ordnung nicht mehr die Rede sein, weil in diesem Falle ein Hauen und Stechen der Gläubiger beginnt, die alle um ihr Geld fürchten. Man kann also eher von einem Chaos rund um den betroffenen Schuldner (in unserem Fall das betroffene Schuldnerland) ausgehen. Übertragen wir das tatsächlich mal auf Griechenland, das traditionell von Korruption, Streiks und auch von starken Ausschreitungen gegen die massive Sparpolitik der Regierung geprägt ist, wird man sich kaum vorstellen können, dass eine griechische Staatsinsolvenz in geordneten Bahnen würde verlaufen können.

Illusion einer geordneten *Staatsinsolvenz*

Abschließend bleibt auch die Frage nach den europaweiten Auswirkungen zu stellen. Es existieren bislang keine so richtig vergleichbaren Beispiele zu Staatsinsolvenzen wie sie uns womöglich in der vorliegenden Konstellation („Eurozone") drohen könnten. Schaut man in die Historie zurück, trifft man zwar durchaus auf kleinere Währungsunionen mit ähnlichen Problemen und auch auf diverse europäische „Fälle" mit auffällig häufiger Beteiligung Griechenlands und Spaniens. Lassen sich diese Erfahrungen aber nahtlos auf die aktuelle Zeit übertragen? Die heutige Verflechtung des europäischen Staaten- und Wirtschaftsraumes ist schon außerordentlich hoch, so dass ein Vergleich zunächst etwas schwierig anmutet. Fraglich bleibt auch, ob das uns bekannte Insolvenzrecht mit seinen im Unternehmensbereich etablierten Verfahren 1:1 auf Staaten angewendet werden kann. Und nicht zuletzt muss man sich darüber im Klaren sein, dass im konkreten Fall Griechenlands andere europäische Staaten durch eine Insolvenz mit in den Negativstrudel gerissen würden. So sind zum Beispiel französische Banken wirtschaftlich stark in Griechenland engagiert und hätten bei einem Zahlungsausfall mit massiven Verwerfungen zu kämpfen. Die Insolvenz eines Landes hätte somit unmittelbare Auswirkungen auf ein anderes Land, das selbst nicht von Insolvenz bedroht ist. Zu befürchten wäre weiterhin, dass eine griechische Staatspleite zum Sturm der Bürger/-innen auf die griechischen Geldinstitute führen würde, weil alle ihre Einlagen retten wollen. Allein das Reden über eine mögliche Staatspleite würde vermutlich schon im Vorfeld zu starker Kapitalflucht aus dem Land führen. Jedenfalls kann man sich vorstellen, dass die Zustände nach einer erklärten Staatspleite reinweg chaotisch wären – das Gegenteil also von dem, was man gemeinhin unter „Ordnung" verstehen würde.[67]

Über solche Auswirkungen aber machen sich dann zum Beispiel im deutschen Wahlkampf auftretende Politiker manchmal nicht ausreichend Gedanken, wenn sie ihre populistischen Aussagen in die Welt setzen.

Nachdem wir uns nun eingehend mit den Fragen nach den Ursachen, den Auswirkungen, den eingeschlagenen und den nicht beschrittenen Lösungswegen zur Eurokrise auseinandergesetzt haben, sollten wir jetzt bezüglich Finanz- und Eurokrise zumindest so weit in der Lage sein, grundlegende Zusammenhänge zu verstehen, gewisse politische Entscheidungen hierzu nachvollziehen und an der einen oder anderen Stelle vielleicht sogar auch eigene Bewertungen der Geschehnisse vornehmen zu können. Vielleicht nicht auf allerhöchstem wissenschaftlichen Niveau, aber zumindest so, dass wir beim Thema künftig etwas mitreden können, wenn uns andere mit ihren Fragen konfrontieren. Und wer weiß, welche politischen Entscheidungen künftig noch auf uns zukommen werden, wo wir als Steuerzahler gefragt sind und wo es durchaus ratsam sein kann, etwas mehr über die jeweiligen Hintergründe zu wissen, warum nun dieser Weg eingeschlagen wird und nicht ein anderer. Wo uns früher meist nur ein fast resignierendes Schulterzucken blieb, können wir heute mit dem Thema Eurokrise durchaus etwas selbstbewusster umgehen. Und wenn wir ganz tollkühn sind, erlauben wir uns auf der nächsten Party vielleicht sogar eine aktive Gesprächsbeteiligung, wenn unter den in der Küche versammelten Gästen die Diskussion mal wieder auf das Thema „Eurokrise" kommen sollte.

Setzen Sie sich in die Lage mitzureden

So weit – so gut. Dann sind wir doch jetzt mit dem Thema eigentlich erst mal durch oder?

Nicht ganz. Neben den ganz grundsätzlichen Erklärungszusammenhängen rund um die Finanz- und Eurokrise gibt es noch ein paar darüber hinausgehende Fragestellungen, auf die es sich vielleicht lohnt, einen zusätzlichen Blick zu werfen. Nennen wir es der Einfachheit halber und zur besseren Einordnung mal: den erweiterten Zusammenhang der Eurokrise. Was hat es zum Beispiel mit diesem ominösen

TARGET2 auf sich? Wohin entwickelt sich der Bankensektor? Wie ist es um unser liebes Geld bestellt und wie verändert die Eurokrise Europa beziehungsweise seine Politik? Diese und andere Fragen sind mir während meiner Arbeit über den Weg gelaufen und die Auseinandersetzung mit ihnen förderte teils naheliegende, teils vielleicht auch überraschende Erkenntnisse zu Tage.

Auf diese Fragen gehe ich in den folgenden Kapiteln nun etwas näher ein, und vielleicht sind für den einen oder anderen unter Ihnen ja auch noch ein paar spannende Aspekte dabei. Auf geht's.

# 10 Die TARGET2-Debatte

Womöglich haben Sie ihn in der öffentlichen Diskussion schon mal aufgeschnappt, den Begriff „TARGET2". Sollte dem so sein, ist Ihnen vermutlich auch die aufgeregt geführte Diskussion darum nicht verborgen geblieben – eine Diskussion unter Wirtschaftswissenschaftlern, die es in sich hat und teilweise fast schon Züge einer philosophischen Auseinandersetzung trägt, soweit sie nicht einfach nur als Streit daherkommt.

Zahlungsverkehrssystem in Europa

Der Begriff TARGET2 steht für ein mittlerweile EU-weit etabliertes Zahlungsverkehrssystem und bedeutet in schlichter Auflösung seiner Buchstabenfolge zunächst: „Trans-European Automated Real-time Gross Settlement Express Transfer System". Die „2" symbolisiert, dass es sich dabei um eine zweite, eine Nachfolgeversion zu einem lange Zeit verwendeten Vorgängersystem handelt. Allein die Auflösung der Buchstaben des TARGET2-Kürzels allerdings lässt uns bereits erahnen, dass es hier vielleicht etwas komplexer werden könnte – und in der Tat, das TARGET2-System und die Problematik darum ist nichts für „Genießer". Aber bitte Geduld, ich versuche im Folgenden etwas präziser auf TARGET2 und den Zusammenhang mit der Eurokrise einzugehen, so dass am Schluss hoffentlich auch klarer wird, weshalb die ganze Aufregung besteht. Und ob sie berechtigt ist oder nicht.

Nationale Zentralbanken wickeln europäischen Zahlungsverkehr ab

Das Bundesfinanzministerium[68] erklärt uns das Prinzip des europäischen Zahlungsverkehrssystems TARGET2 beispielhaft wie folgt: Ein deutsches Unternehmen liefert sein Produkt ins EU-Land Spanien. Das Unternehmen in Spanien weist über seine spanische Bank die Bezahlung nach Deutschland an. Die spanische Bank und die des Unternehmens in Deutschland stehen aber nicht in direktem Geschäftskontakt, sondern nur indirekt, über die jeweils zwischengeschalteten beiden nationalen zentralen Notenbanken Spaniens und Deutschlands, letztlich koordiniert durch die Europäische Zentralbank – sozusagen der „Spinne im Netz".

De facto führt die Bezahlung über die spanische Bank also zunächst zu einer Belastung bei der spanischen Notenbank, die diese wiederum an die Europäische Zentralbank weiterreicht. Die Europäische Zentralbank macht dann aus der geldlichen Belastung auf spanischer Seite im Gegenzug eine Gutschrift auf deutscher Seite, und zwar bei der dortigen deutschen Zentralnotenbank. Diese wiederum reicht die Gutschrift schließlich an die Geschäftsbank des deutschen Unternehmens weiter. Über dieses europäische Zahlungsverkehrssystem – das letztlich stellt TARGET2 nur dar – werden EU-weit alle innereuropäischen Wirtschafts- und Geschäftsaktivitäten zahlungstechnisch abgebildet und abgewickelt.[69] Dieses System, so kompliziert es sich zunächst auch anhören mag, ist sinnvoll und gut, vermeidet es doch den Wildwuchs abertausender nebeneinander her laufender Transaktionen im Euroraum. Um zu verdeutlichen, welche Bedeutung TARGET2 als europäisches Zahlungsverkehrssystem mittlerweile erlangt hat, werde ich an der Stelle ausnahmsweise einmal bewusst mit meinem Grundsatz „keine Zahlen und keine Statistiken" brechen:[70]

- Pro Tag laufen in Europa circa 350.000 Zahlungen im Wert von rund 2,5 Billionen Euro über dieses System. Dies entspricht in etwa dem deutschen Bruttoinlandsprodukt (für ein Jahr, wohlgemerkt!).

- Pro Jahr werden über TARGET2 circa 90 Millionen Zahlungen im Gesamtumfang von rund 600.000 Milliarden Euro abgewickelt.

Man bekommt eine Vorstellung davon, welche immensen wirtschaftlichen Verflechtungen es europaweit inzwischen gibt.

Gravierende Schieflage in der europäischen Zahlungsverkehrsbilanz

In diesem etablierten Zahlungsverkehrssystem gehen während der Eurokrise nun aber bemerkenswerte Dinge vor sich. Zum Beispiel hatte Deutschland zum Ende August 2012 über seine zentrale Notenbank (die Deutsche Bundesbank) einen positiven TARGET2-Saldo in Höhe von circa 750 Milliarden Euro bei der Europäischen Zentralbank (EZB). Was zunächst positiv klingt, heißt in der Übersetzung aber, dass Deutschland in diesem europäischen Zahlungsverkehrssystem einen massiven Überschuss an noch offenen Forderungen gegenüber der EZB beziehungsweise anderen europäischen Ländern hatte, vornehmlich gegenüber den südlichen Krisenländern Europas. Das rief

Kritiker wie den Wirtschaftsprofessor Hans-Werner Sinn auf den Plan. Sie führten hierzu aus:[71]

1. Es sei ungeheuerlich, dass überhaupt solch hohe offene Forderungsposten entstehen konnten – in den USA beispielsweise, wo ein ähnliches Verrechnungssystem wie TARGET2 Anwendung finde, müssten solche Posten bis zu einem bestimmten Stichtag erst einmal getilgt sein, bevor wieder neue aufgebaut werden dürften.

2. Man müsse solche hohen TARGET2-Überschüsse an offenen Forderungen mithin als eine Art verdeckte Kreditgewährung gegenüber den Krisenländern interpretieren. Nach dieser Lesart läge hier also schon wieder ein Verstoß gegen die zwischen den Euroländern vereinbarte Nichtbeistandsklausel vor.

3. Da ein Land oder, um wieder am konkreten Beispiel zu bleiben, da Deutschland über seine Bundesbank diese offenen Forderungen im TARGET2-System letztlich nur gegenüber der EZB, aber nicht direkt gegenüber anderen Ländern und deren Banken habe, würden in einem ‚Worst Case-Szenario' – also einem Ende des Euros als Währung, einem Ende der Eurozone insgesamt und damit auch einem Verschwinden der Europäischen Zentralbank – automatisch alle offenen Forderungen in diesem TARGET2-System verfallen. Es gäbe keinerlei rechtliche Ansprüche gegenüber den Ländern, zu denen man die offenen Forderungen habe, weil es von der Systematik her und tatsächlich juristisch nicht vorgesehen sei. Deutschland hätte im schlimmsten Fall also massive Zahlungsausfälle zu befürchten und immens hohe finanzielle Abschreibungen vorzunehmen, ohne letztlich etwas dagegen unternehmen zu können.

*Worst Case*: massive Zahlungsausfälle für Deutschland

Der zuletzt genannte, (zum Glück) bisher nur theoretische Aspekt sorgt in besonderem Maße für Irritation und Unbehagen, und vor diesem Hintergrund mag man die Aufregung in der Diskussion um die sehr hohen TARGET2-Salden bei der Deutschen Bundesbank sehr wohl verstehen. Wenn man zudem bedenkt, welche vielfältigen Kräfte in der Eurokrise ohnehin schon auf die einzelnen Staaten einwirken, braucht es ja tatsächlich nicht allzu viel Fantasie, um sich auszumalen, dass es genug Experten gibt, die unserer Euro-Währung kein allzu langes Leben mehr prognostizieren. Diese enormen Unwuchten im europäischen Zahlungsverrechnungssystem TARGET2 bringen nun weitere Brisanz in die angespannte Eurokrisenlage.

Die andere Seite der TARGET2-Medaille: *Kapitalflucht*

Andererseits gibt es auch Gegenkritiker, die zum Beispiel den von Hans-Werner Sinn angeführten Aspekt der „verdeckten Kreditgewährung" und die damit indirekt unterstellte Förderung eines „überschwänglichen Lebensstils in den Krisenländern Südeuropas" anzweifeln. Ihre Begründung: Untersuchungen zu den bisher aufgelaufenen TARGET2-Überschüssen hätten ergeben, dass diese eben nicht nur aus Leistungsbilanzgründen – also südliche Krisenländer kaufen/importieren viele Waren aus Deutschland auf Kreditbasis und leben damit „auf unsere Kosten" – entstanden seien, sondern in der übergroßen Mehrzahl der Fälle in einer starken Kapitalflucht von Süd- nach Nordeuropa begründet wären. Viele Menschen und Unternehmen aus eben jenen südlichen Krisenländern hätten, unter dem akuten Eindruck der Eurokrise und damit einhergehender Angst vor Vermögensverlust, ihre Vermögen aus den eigenen Ländern abgezogen und in andere Länder transferiert. Unsichere Länder wie zum Beispiel Griechenland, Spanien, Italien oder Irland hätten hierbei starke Kapitalabflüsse zu verzeichnen gehabt. Sicherere Länder wie zum Beispiel Deutschland und Luxemburg hätten umgekehrt von entsprechenden Kapitalzuflüssen profitiert.

Die Banken in den Krisenländern aber stellte das wiederum vor Schwierigkeiten, so die Gegner der Sinn-These. Durch den Kapitalabfluss in andere Länder wurde ihrem Kapitalmarkt „vor der eigenen Haustür" massiv Geld entzogen, also eine Liquiditätslücke bei der heimischen Geldversorgung erzeugt. Und bedenkt man, dass südliche Krisenländer ohnehin eher Schwierigkeiten haben, sich günstig mit Geld am Kapitalmarkt einzudecken, dann überrascht es nicht, wenn dieses Problem auch hier seine volle Wirkung entfaltet: Die Banken in den südlichen Krisenländern müssen den Liquiditätsengpass irgendwie ausgleichen und gegensteuern, können das aber nicht mehr am Kapitalmarkt tun (weil Konditionen zu teuer). Es bleibt als letzter Ausweg für diese Banken einzig der Weg über die Aufnahme von Krediten bei der EZB. Sie kommt dieser Notwendigkeit nach, muss sich ihrerseits das Geld für diese Kreditvergabe aber wiederum in anderen europäischen Staaten beziehungsweise bei deren Zentralbanken leihen. Das führte dann im konkreten Beispiel dazu, dass sich die Auslandskredit-Positionen der deutschen Zentralbank (also die Forderungen gegenüber anderen EU-Ländern) so massiv erhöhten. Genau aber diese geldlichen Wanderungsbewegungen aufgrund von Kapitalflucht in Europa würden die sehr hohen TARGET2-Saldenüberschüsse Deutschlands, aber eben zum Beispiel auch Luxemburgs, widerspiegeln, so die Sinn-Kritiker. Noch mal kurz zusammengefasst: Kapitalflucht aus Krisenländern führt dort zu Liquiditätsengpässen. Die EZB stellt Banken in Krisenländern Kredite bereit, um gegenzusteuern – muss sich diese aber selbst von europäischen Ländern (zum Beispiel Deutschland oder Luxemburg) leihen. Seinen Niederschlag findet das alles bilanziell in den TARGET2-Salden, mit deutlich erhöhten oder sogar sehr hohen Forderungssalden in den sicheren Ländern (wie Deutschland und Luxemburg) beziehungsweise erhöhten oder sehr hohen Verbindlichkeitssalden in den Krisenländern (wie Griechenland, Spanien oder aktuell dann wohl auch Zypern). Im Gegensatz zur These „verdeckter Kreditgewährung" und damit vermeintlich verbundener Finanzierung eines „überschwänglichen Lebenswandels in Krisenländern" von Hans-Werner Sinn werden hier also eher „Kapitalflucht und Behebung von Liquiditätsengpässen in Problemländern" als Ursache-Wirkungs-Komplex angesehen.[72] Im Endergebnis führen wir in Europa nun eine aufgeregte Diskussion über die Konsequenzen von TARGET2, aber auf Basis unterschiedlicher theoretischer Ansätze und Bewertungen durch unsere Wirtschaftswissenschaftler.

Risiken für Deutschland

Einig sind sich beide Theorien über das bestehende Risiko. Fiele der Euro als Währung wirklich weg, so wäre die Gefahr sehr real, dass Deutschland auf all seinen offenen Forderungen sitzen bliebe. Am Ende blieben hier nur noch Verhandlungen mit jenen Krisenländern, die Außenstände gegenüber Deutschland haben. Zur Rückzahlung verpflichtet wären diese Länder aber nicht, weil es dafür keine Rechtsgrundlage gibt. Das wird in beiden Argumentationslinien als Risiko so zumindest mal anerkannt und sollte demzufolge mahnend und warnend zur Kenntnis genommen werden. Solange es aber den Euro gibt und damit die EZB als Institution existiert, sind diese offenen Forderungen zunächst sicher und die TARGET2-Salden in dem Sinne kein Problem.[73]

Überlebt der EURO oder nicht?

Der Streit entzündet sich also letztlich an der alles entscheidenden Frage, wie stabil das Eurosystem in Gänze ist und ob der Euro als Währung überleben wird oder nicht. Und da unterscheiden sich beide Wissenschaftsschulen in der Diskussion eben erheblich. Während die eine Schule eher pessimistisch einem aus ihrer Sicht absehbaren Ende des Euros als Währung stark das Wort redet – und damit natürlich auch das große Zahlungsausfallrisiko für Deutschland deutlich höher hängt –, legt die andere Schule weniger Gewicht auf düstere Untergangsszenarien und setzt stärker auf eine lösungsorientierte Herangehensweise: Dass einige Euroländer unverkennbar Probleme hätten, sei unstrittig. Insgesamt wichtig sei doch aber, an den Ursachen dieser Probleme anzusetzen, also wieder mehr Gesamtvertrauen herzustellen und natürlich mehr gesundes Wachstum in diesen Problemländern zu erzeugen, damit es auf Sicht gelingen kann, die hohen TARGET2-Salden wieder auf ein Normalmaß zurückzuführen.[74]

Nun bleiben wir Unwissenden vielleicht etwas irritiert zurück. Welche Gefahren gehen denn nun wirklich von den hohen TARGET2-Salden aus und wie geht man damit um? Und was hat das letztlich mit der Eurokrise zu tun? Nun, eine ultimative Bewertung möchte ich mir hier nicht anmaßen. Fakt aber ist, dass diese TARGET2-Salden entstanden sind und real existieren. Das kann nun keiner ernsthaft bestreiten. Letztlich sind sie in die Kategorie „Auswirkung der Eurokrise" einzuordnen und der Grund, warum wir uns diesem Punkt in einem eigenen Kapitel zuwenden, ist letztlich der, dass es sich bei TARGET2 schon um ein sehr spezielles Thema handelt, zumal – was die betrachteten Geldvolumina anbelangt – um eines mit unter Umständen sehr großer Auswirkung.

Nicht ganz vorurteilsfrei – die Diskussion um TARGET2

Bemerkenswert hingegen ist, dass bei TARGET2 offenkundig nicht sehr zimperlich diskutiert wird. Je nach Überzeugung und persönlicher Haltung zur Eurokrise werden hier diskriminierende Klischees gegenüber den Krisenländern bedient oder aber auch etwas konstruktivere Ansätze verfolgt. Die Risiken der TARGET2-Salden für die einzelnen EU-Mitgliedsstaaten sollte man dabei nicht verharmlosen, weil keiner eine Garantie dafür abgeben kann, dass es den Euro als gemeinsame Währung für immer und ewig geben wird. Je nachdem, ob man die Zukunft nun eher optimistischer im Sinne einer „Chance für Europa" oder pessimistischer im Sinne von „Geht eh alles den Bach runter"

Optimisten gegen Pessimisten: der ewige Streit um die Deutungshoheit sieht, wird man auch mehr oder weniger Gelassenheit im Umgang mit den bestehenden TARGET2-Salden aufbringen.

Die viel interessantere Frage wird aber sein, wie man die Entwicklung der TARGET2-Salden in der Zukunft gestalten möchte. Jetzt darauf zu dringen, diese Salden sofort zurückzuführen, wäre sicherlich eher schädlich. Bedeutete es doch, die betroffenen Krisenländer weiter akut unter Druck zu setzen, weil sie sich dafür kurzfristig und wieder zu ungünstigen Bedingungen verschulden müssten. Und das ist ein Szenario, von dem man doch mittel- bis langfristig mal abkommen möchte, zumindest, wenn man es gut meint mit den Krisenländern.

Letztlich würde man mit der Forderung eines schnellstmöglichen Rückbaus der TARGET2-Salden vermutlich auch dem Untergang des Euros als Währung insgesamt Vorschub leisten. Will man am Euro festhalten, wäre es sicherlich sinnvoller, hier den Ansatz einer nachhaltigen wirtschaftlichen Entwicklung in den Krisenländern zu verfolgen und zu fördern. Dies wäre letztlich die Basis, um wieder mehr Vertrauen in den europäischen Krisenregionen herzustellen, Kapitalwanderungsbewegungen zu vermeiden beziehungsweise umzukehren und damit die bestehenden TARGET2-Salden wieder zu verringern und sie künftig vielleicht auch gar nicht erst entstehen zu lassen.

Salden-Hürde: Lösungsmöglichkeit gegen zu hohe TARGET2-Salden?

Grundsätzlich überdenkenswert wäre in diesem Zusammenhang noch, ob es nicht vielleicht sinnvoll wäre – wie im US-Banken-System – von vornherein eine Art „Salden-Hürde“ einzubauen. Das hieße, eine feste Grenze zu definieren, bis zu der solche Salden – negativ wie positiv – überhaupt nur entstehen dürfen. Auch hier ist es schwer abschätzbar, ob das eine geeignete Lösung wäre, und auch, ob der Vergleich mit den US-amerikanischen Verhältnissen ein geeigneter ist. Da Wirtschaft aber nun auch viel mit Psychologie zu tun hat, könnte ich mir an der Stelle vorstellen, dass eine definierte Grenze – und nichts anderes wäre eine solche feste „Salden-Hürde“ – vielleicht auch schnell wieder interessant für Spekulationen am Markt werden könnte. Und wir wissen ja nun inzwischen, welcher Druck unter Umständen durch Spekulanten und Spekulation ausgelöst werden und zu welchen (negativen) Folgen das mitunter führen kann.

Konkrete TARGET2-Zahlen (Ende 2012)

Im Übrigen ist der TARGET2-Überschuss der Deutschen Bundesbank gegenüber der EZB zum Ende des Monats Dezember 2012 um circa 95 Milliarden Euro gesunken. Ende August 2012 beispielsweise erreichte der Überschuss an offenen Forderungen, wie oben schon erwähnt, mit circa 750 Milliarden sein bisheriges Maximum, Ende Dezember 2012 waren es dann „nur" noch circa 655 Milliarden Euro. Ich weiß, für die meisten von uns bleibt das trotzdem eine unvorstellbare Geldsumme. Was ich damit nur zum Ausdruck bringen möchte, ist, dass TARGET2-Überschüsse nicht einem festen Gesetz des stetigen Anstiegs folgen müssen, sondern sich anscheinend auch wieder verringern können. Und im konkreten Fall 95 Milliarden Euro weniger an offenen TARGET2-Forderungen sind aus deutscher Sicht – gerade auch vor dem Hintergrund der in diesem Abschnitt dargestellten brisanten Zusammenhänge im europäischen Zahlungsverkehrssystem – ja auch nicht gerade eine zu verachtende Summe. Eine Garantie aber, dass das nun der zukünftige Trend sein wird, ist das natürlich auch nicht. Wünschenswert wäre es zwar, weil sich damit wenigstens ein paar der vielen Sorgenfalten auf der Stirn der vielen Eurokrisenmanager glätten würden, aber es bleibt weiter abzuwarten, ob sich hier aus deutscher Sicht in absehbarer Zeit wirklich Verbesserungen (sinkende TARGET-Überschüsse) einstellen werden und hängt sicherlich von der weiteren Bewältigung der Eurokrisenprozesse insgesamt ab.

Der rote Problemfaden in Europa: Keine harmonisierte Wirtschafts- und Sozialpolitik

Das schwelende, grundsätzliche Problem aber, das letztlich auch bei den TARGET2-Salden durchschimmert, ist weiterhin der widersprüchliche Zustand Europas: Zwar gibt es einen gemeinsamen Wirtschafts- und Währungsraum, aber er wird von zahlreichen nationalen Einzelinteressen „gelebt". Das ist die Grundkrankheit der EU. Konsequenterweise müsste dem Ziel einer gemeinschaftlichen Wirtschafts- und Währungsunion auch ein gemeinsam abgestimmtes politisches Handeln zu Grunde liegen, sonst funktioniert es nicht. Die EU-Staaten haben das im Zeichen der Eurokrise nun schon mal ansatzweise erkannt und der aufgestellte Maßnahmenkatalog zur Bewältigung der Krise spricht auch dafür, dass man da den richtigen Weg einzuschlagen gedenkt. Eine wirklich abgestimmte gemeinsame Wirtschafts- und Sozialpolitik aber ist leider immer noch Zukunftsmusik. Die derzeit existierende „Arbeitsteilung" in der EU – einige wenige Länder exportieren immer mehr, andere dafür immer weniger – wird erst einmal fortexistieren. Eine abgestimmte Politik wäre aber auch im Zusammenhang mit der

TARGET2-Problematik die Stoßrichtung, über die sich automatisch die bestehenden Unwuchten im europäischen Zahlungsverkehrsstrom nivellieren ließen. Die Frage wird bleiben, wie ernst es der EU am Ende ist, auch die (wirtschafts-)politische Integration noch stärker voranzutreiben und mit entsprechend demokratisch legitimierten Institutionen und Entscheidungsprozessen hierbei wirklich neue Akzente setzen zu wollen. Dies müsste vor allem so geschehen, dass den Menschen in der EU die Angst vor zunehmender Bürokratisierung und die gefühlte Ohnmacht gegenüber einer scheinbar unkontrollierbaren Überinstanz genommen werden.[75]

# 11 Quo vadis, Bankensystem?

Aus den vielen Erklärungssträngen zur Eurokrise dürfte deutlich geworden sein, dass der Rolle der Banken besondere Aufmerksamkeit gewidmet werden muss. Diese waren einerseits maßgeblicher Krisenauslöser und standen andererseits später stark im Fokus der Rettungsmaßnahmen, weil die Staaten in der Abwägung schnell erkannt haben, dass ein breites Bankensterben unüberschaubare Auswirkungen auf die Gesamtwirtschaftslage haben könnte.

Endlich weit oben auf der Agenda: *Bankenregulierung*

Interessanterweise bestanden die Sorgen bezüglich des Bankensektors aber durchaus schon weit vor der Eurokrise ab 2010 und auch vor der beginnenden Finanzkrise 2007. Wie sonst lässt es sich erklären, dass bereits 1988 Regulierungen zur adäquaten Eigenkapitalvorsorge bei Banken ergriffen wurden? Diese Vereinbarungen – auch bekannt unter der Bezeichnung „Basel I" – wurden vom sogenannten *Basler Ausschuss für Bankenaufsicht* (mit Sitz – man denkt es sich fast – in Basel) ausgearbeitet und aufgestellt. Dem Ausschuss gehören die Zentralbanken und Bankenaufsichtsbehörden der G10-Staaten – eine Gruppe aus den zehn führenden Industriestaaten (USA, Kanada, Großbritannien, Frankreich, Deutschland, Italien, Belgien, die Niederlande, Schweden und Japan) bestehend – an. Es gab weltweit Besorgnis darüber, dass die Eigenkapitalausstattung der wichtigsten Banken auf ein dramatisch niedriges Niveau gefallen war. Banken benötigen aber, neben dem Eigenkapitalstamm, den sie bei ihrer Gesellschaftsgründung von Hause aus mitbringen müssen, eine mit ihren Geschäftsaktivitäten mitwachsende Eigenkapitalausstattung, um im Falle von Verlusten solide aufgestellt zu sein und überhaupt in schwierigen Situationen zahlungsfähig sein zu können. Mit der Zeit stärker werdender Wettbewerb zwang die Banken nun zu Überlegungen, wie sie ihr Eigenkapital möglichst noch gewinnbringender nutzen konnten. Stetig sinkende Mindestreserveeinlagevorschriften bei den Zentralbanken ergaben zusätzliche Spielräume für die Banken und ermöglichten eine noch stärkere Eigenkapitalverwertung zu Geschäftszwecken. Mit gesetzlichen Reservevorschriften am untersten Limit, also gewissermaßen mit dem Segen der sie beaufsichtigenden Institutionen, setzten die Banken alles Eigenkapital, das ihnen zur Verfügung stand, am Markt für ihre Geschäftsaktivitäten ein. Während der Finanzkrise führte genau dieses riskante Verhalten, Geschäfte bei chronischer Unterdeckung durch entsprechendes Eigenkapital und nur noch minimal vorhandene Mindestreserveeinlagen bei den Zentralbanken auszuführen, letztlich zum K. o. einiger Banken. Aufgrund der dünnen Eigenkapitaldecke hatten die Banken den diversen Kreditausfällen am Ende nichts mehr entgegenzusetzen und wurden somit zur Belastung für Wirtschaft und Gesellschaft. Das Insolvenzrisiko von Banken stieg – und wie wir jetzt alle wissen, schrillen in diesen Momenten dann die Alarmglocken in der Wirtschaftspolitik.

BASEL I: Der Einstieg in Eigenkapitalauflagen für Banken

Ziel der Regelungen von „Basel I" war nun zunächst, eine angemessene Eigenkapitaldeckung im Bankenbereich per Auflagenkatalog sicherzustellen und die Banken dadurch wieder mehr zu ihrem eigenen Glück zu zwingen. Wobei man sich schon fragt, warum Banken in solch existenziellen Angelegenheiten nicht von selbst ein starkes Interesse entwickeln, sich und ihre Geschäftsaktivitäten gut abzusichern… Die vermeintlich simple Antwort darauf lautet, dass die Lust, mit dem Eigenkapital noch mehr Geld verdienen zu wollen, wohl einfach größer war. Ganz eigennützig gedacht also sollten mit den Basel-I-Regeln Bedrohungsszenarien für Banken beziehungsweise überhaupt Bankinsolvenzen künftig möglichst ausgeschlossen sein und damit weitreichende wirtschaftliche Verwerfungen vermieden werden. So der Plan.

An den Vereinbarungen von „Basel I" wurde jedoch kritisiert, dass in immer dynamischer werdenden Finanzsystemen die Risiken bei der Kreditvergabe durch die Banken nur sehr unzureichend und neue Finanzierungsformen gar nicht berücksichtigt worden seien.[76]

BASEL II: Weitere Verschärfung der Bankenauflagen

Auf Grundlage der Kritik an „Basel I" wurde daher ein neuer Regularienkatalog erarbeitet, der Anfang 2007 unter dem Namen „Basel II" für die Länder der Europäischen Union in Kraft trat. Basel II setzte auf den Basel-I-Regelungen auf. Es nahm ebenfalls die Eigenkapitalausstattung der Banken und die Schaffung einheitlicher Wettbewerbsbedingungen bezüglich des Kredithandels und der Kreditvergabe ins Visier. Zusätzlich fanden die an den Basel-I-Vereinbarungen kritisierten Punkte bei der Risikoberücksichtigung nun stärkeren Eingang. Würden alle Vorgaben aus Basel II konsequent umgesetzt, so die allgemeine Erwartung, wäre künftig eine risikofreudige Ausrichtung bei der Vergabe von Bankkrediten eher unwahrscheinlich.[77]

Im Jahre 2010 wurde dann eine weitere (vorläufige) Fassung für das Banken-Regularium nach „Basel III" vorgestellt, welches schrittweise ab 2013 in der Europäischen Union Anwendung finden und bei den speziellen neuen Bankenkapitalvorschriften stufenweise bis 2019 abgeschlossen sein soll. Diese neuen Richtlinien stellen nun tatsächlich eine Folgereaktion auf die Finanzkrise von 2007 dar und sollen unmittelbare Lerneffekte daraus realisieren. Für die Banken bedeutet das, dass sie nun noch strengeren Vorschriften bezüglich Eigenkapitalbildung und -vorhaltung sowie Liquidität unterliegen. Kurz zusammengefasst heißt das:[78]

BASEL III: Lernen aus den Fehlern der Finanzkrise

- Banken müssen mehr Eigenkapital in Form von Aktien oder anderen Anteilen und Gewinnrücklagen vorhalten.

- Banken müssen mehr Kapitalpuffer bilden, um zu verhindern, dass im Krisenfall Staats-/Steuergelder zur Rettung herangezogen werden müssen.

- Banken unterliegen einer strengeren Sanktionierungsmöglichkeit. Bis zu fünf Millionen Euro Strafe können fällig werden, wenn Banken gegen die neuen Kapital- oder Liquiditätsvorschriften verstoßen. Das ist das Zehnfache des bisher möglichen Strafmaßes.

Bei den Banken stießen die neuen Auflagen – diplomatisch formuliert – zunächst eher auf Zurückhaltung. Und nicht von ungefähr wurden zum Ende des Jahres 2012 aus europäischen Bankenkreisen die Rufe immer lauter, eine Umsetzung der Basel-III-Richtlinien zu verschieben. Vor allem, nachdem die USA zunächst erklärt hatten, von dem Regelwerk womöglich gänzlich Abstand nehmen zu wollen, hat der Bankensektor schnell begonnen, wieder Morgenluft zu wittern.[79] Kurz vor Ende des Jahres 2012 hat die US-amerikanische Notenbank Fed dann aber verlautbaren lassen, dass auch sie „mit strengeren Kapitalvorschriften für ausländische Banken ernst machen"[80] wolle. Gut zwei Dutzend Banken (darunter wahrscheinlich auch die Deutsche Bank und die britische Bank Barclays) mit bedeutenden weltweiten Bilanzsummen müssten sich ab voraussichtlich Juli 2015 den Stresstests in den USA stellen, die den Vorschriften aus Basel III gleich kämen, um für den Fall von schweren Wirtschaftskrisen gerüstet zu sein.[81]

Starke Bankenlobby wehrt sich gegen mehr Auflagen

Dass Banken nun von neuen strengeren und sie in ihrem Wirken stärker begrenzenden Vorschriften wenig begeistert sind, mag man ja noch irgendwie nachvollziehen, wenn man bedenkt, dass ihnen zuvor weitreichende Freiräume für ihre Geschäftsaktivitäten zur Verfügung standen. Ob man nun deswegen Mitleid mit Banken haben muss, sei dahingestellt. Selbstverständlich könnten Banken jetzt nur unter noch stärker eingeschränkten Rahmenbedingungen agieren. Auf der anderen Seite ist ja genau das Sinn und Zweck der neuen Regelungen und letztlich haben sich die Banken diese Suppe mit ihrer unrühmlichen Rolle in der Finanzkrise 2007 zu einem Gutteil eben auch selbst eingebrockt. Jetzt also schon wieder gegen die neuen Regelungen mobil zu machen, scheint von daher eher unangemessen. Der Umsetzungsprozess der Basel-III-Richtlinien in entsprechende Gesetzespakete bleibt aber weiterhin im Fluss und es wird spannend zu beobachten sein, ob die Europäische Union den für 2013 geplanten Umsetzungsfahrplan der neuen Bankenregeln wird einhalten können oder ob es hierbei nicht doch noch zu Verzögerungen kommen wird.[82]

Gewinne privatisieren, Verluste sozialisieren?

Wenn es denn aber tatsächlich verbreiteter Konsens ist, dass Banken dermaßen systemrelevant sind, dass wir nicht auf sie verzichten beziehungsweise das Risiko einer Insolvenz gesellschaftlich nicht tragen können oder wollen, dann ist es eben auch wichtig, dass Banken ihren Beitrag dazu leisten, wieder Vertrauen aufzubauen. Es darf und kann eben nicht sein, dass sich das Motto „Gewinne privatisieren, Verluste sozialisieren" womöglich zur neuen Leitmaxime in Sachen ordentlicher Wirtschaftsführung aufschwingt. Demzufolge wäre es nur recht und billig, wenn sich auch Banken wieder mehr auf ihre Kernaufgaben beschränkten. Die Verluste, die viele Anleger und Staaten durch die Finanz- und Bankenkrise erlitten haben, und die Auswirkungen, über die wir noch eine ganze Weile diskutieren werden, haben die Wirtschaftssysteme auf dieser Welt bis ins Mark erschüttert.

Letztlich ist hier aber die Politik gefordert. Gibt sie den Lobbyaktivitäten der Banken und der sie vertretenden Bankenverbände gegen die Basel-III-Bestimmungen nach oder zeigt sie an der Stelle Stärke und besteht auf Lerneffekte aus der Finanzkrise?

SPD-Thesenpapier zur Bankenregulierung im Bundestagswahlkampf

In diese Zeit der Diskussion um stärkere Bankenregulierung fiel dann auch ein von Peer Steinbrück (SPD) erarbeitetes Thesenpapier zur Bändigung des Bankensektors. Natürlich ist dieses Papier unter Wahlkampfaspekten zu betrachten, aber es hat durchaus allgemeinen Anklang in der Diskussion gefunden. Hauptmotivation seines Vorschlags war, „Risiken und Folgen von Bankenpleiten für die Wirtschaft zu begrenzen". Hier ein Überblick über einige Punkte des Steinbrück-Vorschlags:[83]

- Gesetzlich vorgeschriebene Trennung des regulären Geschäftsbereiches vom risikoreichen Investmentbereich bei Banken – um den Banken wieder ihr eigentliches Kerngeschäft so vor Augen zu führen und eine starke Verquickung von unterschiedlich ausgerichteten Bankaktivitäten mit unterschiedlichen Zielsetzungen und Kundenzielgruppen zu vermeiden. Oder einfacher gesagt: Wenn eine Bank also eine Zockerbude (Geschäftsbereich „Risiko-Investment") betreiben möchte, so soll sie das auf eigenes Risiko gerne tun. Dann aber bitte unabhängig vom normalen Privatbankgeschäft.

- Steinbrück fordert „angemessene risikoadäquate Vergütungsstrukturen" und stärkere Transparenz und zielt damit unmittelbar auf die Diskussion um die Managergehälter. Während die Krisenkosten nahezu 1:1 auf die Gesellschaft übertragen worden seien, seien bei Gewinnen, Dividenden und Managerboni in den Banken kaum Veränderungen herbeigeführt worden. Unter dem Aspekt der Gerechtigkeit betrachtet, zeugt das nicht gerade von überbordender Sensibilität auf Bankenseite. Neue Vergütungsmodelle sollen bei den handelnden Bankmanagern stärkere Anreize für mehr nachhaltige Finanzgeschäfte setzen und weniger das kurzfristige Profitstreben belohnen.

- Weiterhin werden ein Verbot von spekulativen Geschäften mit Kreditderivaten und Leerverkäufen und die Eindämmung des computergesteuerten Kaufs und Verkaufs von Wertpapieren innerhalb nur weniger Sekundenbruchteile (Hochfrequenzhandel) gefordert. In den Kontext fällt auch die Forderung nach einer Finanztransaktionssteuer – die, wie wir inzwischen wissen, nun mit Beginn des Jahres 2013 in elf EU-Ländern tatsächlich eingeführt werden soll – sowie der Wunsch nach einem Verbot von Spekulationen mit Nahrungsmitteln und Rohstoffen.

- Der Staat solle sich künftig weitestgehend aus Rettungsaktivitäten für Banken heraushalten. Kernthese: „Banken sollen auch scheitern dürfen" – hier rückt Steinbrück tatsächlich vom Leitsatz der Systemrelevanz von Banken („Too big to fail") ab. Stattdessen sollen die Kreditinstitute sich selbst einen Rettungsfonds im Umfang von circa 200 Milliarden Euro organisieren, der im Falle einer anstehenden Bankenrettung zur Hilfe herangezogen werden müsste.

- Abschließend kritisiert Steinbrück auch noch einmal die Ratingagenturen, die sich fälschlicherweise das Recht herausnähmen, über die Bonität ganzer Staaten zu urteilen. Seine Konsequenz daraus: Er möchte solche Prozesse künftig stärker von unabhängigen Organisationen wie IWF (Internationaler Währungsfonds) oder OECD (Organisation für ökonomische Entwicklung und Zusammenarbeit) begleiten lassen, um für mehr Transparenz und weniger Interessenleitung zu sorgen. Und auch er fordert den Aufbau einer europäischen Ratingagentur. Da allerdings sind wir – die aufmerksam diese Eurokrisenlektüre studierenden Leser/-innen – inzwischen schon etwas schlauer. Zumindest können wir berechtigte Zweifel an der Effektivität, der Ausrichtung und überhaupt den Chancen zur Etablierung einer solchen europäischen Ratingagentur anmelden (siehe den Abschnitt „Nicht verfolgte Maßnahmen" bei den Lösungsansätzen zur Eurokrise).

Bankenregulierung im Wahlkampf: Die Bundesregierung legt nach

Wenn wir an dieser Stelle über das Thema „Banken- und Finanzmarktregulierung in Zeiten des deutschen Wahlkampfes" reden, soll fairerweise aber auch nicht unerwähnt bleiben, dass neben dem SPD-Spitzenkandidaten mit seinen zuvor dargestellten Vorschlägen auch die schwarz-gelbe Bundesregierung das Thema als ein durchaus wahlkampftaugliches für sich entdeckt hat. Und immerhin hat sie als Regierung die Gestaltungsmöglichkeit, ihre Vorstellungen auch in konkrete Gesetze umzusetzen. So kam es dann im Februar 2013 dazu, dass das Bundeskabinett einen Gesetzesentwurf mit neuen Regelungen für den Bankensektor auf den Weg gebracht hat. Im „Entwurf eines Gesetzes zur Abschirmung von Risiken und zur Planung der Sanierung und

Abwicklung von Kreditinstituten und Finanzgruppen“ lauten die wesentlichen Eckpunkte:[84]

*Gesetzesentwurf zur Abschirmung von Risiken und zur Planung der Sanierung und Abwicklung von Kreditinstituten und Finanzgruppen*

- Bankmanager sollen künftig haften, wenn sie bei riskanten Geschäften und Spekulationen ihre Sorgfaltspflichten verletzen. Im Falle vorsätzlicher Handlungen drohen dabei Haftstrafen von bis zu fünf Jahren oder Geldbußen von bis zu etwa elf Milliarden Euro. Fahrlässige Handlungen werden vom Strafmaß niedriger eingestuft. Führen die Verstöße letztlich nicht zu einer Krise des Unternehmens, so bleiben fehlerhaftes, sorgloses und sogar ruchloses Handeln für Bankmanager unter strafrechtlichen Aspekten aber weiterhin gänzlich ohne Folgen.

- Aufspaltung des Bankgeschäfts in Kundengeschäft und Eigenhandel, wobei unter Eigenhandel[85] jener riskante Investmentbanking-Bereich zu verstehen ist, den die Banken zur eigenen Gewinnerzielung und ohne konkrete Anbindung an ein Kundengeschäft betreiben, also: Handel mit riskanten Finanzprodukten (Wertpapiere, Derivate etc.) auf eigene Rechnung. Die Auftrennung in diese zwei Geschäftsfelder soll aber erst ab einer bestimmten Grenze erfolgen müssen, nämlich dann, wenn der riskantere Eigenhandel mehr als 20 Prozent der gesamten Bilanzsumme beträgt oder dessen Volumen größer als 100 Milliarden Euro ist.

- Systemrelevante Banken müssten künftig eine Art Testament hinterlegen. Damit sollen sie gezwungen werden, für den Fall einer aufgrund einer ungeordneten Pleite notwendig gewordenen eigenen Sanierung oder Abwicklung, einen entsprechend vorsorgenden Plan zu erarbeiten beziehungsweise einen solchen parat zu haben. Hier sieht der Gesetzgeber also stärkere Auflagen zu mehr Eigenverantwortlichkeit bei den Banken vor – dem nationalen oder gar internationalen Finanzmarkt sollen auf diesem Weg erneute negative Auswirkungen, wie wir sie im Zuge der aktuellen Finanz- und Eurokrise miterleben mussten, erspart bleiben. Zugleich verabschiedet man sich damit von der Devise, systemrelevante Banken seien „Too big to fail“, müssten also um jeden Preis durch den Staat gerettet werden.

Ziel der Bundesregierung ist es, das Gesetz ab Januar 2014 in Kraft treten zu lassen. Ob daraus etwas wird, wird die Zukunft weisen, weil auf dem Weg dahin noch eine Bundestagswahl im September 2013 auf die schwarz-gelbe Regierungskoalition wartet. Sollte aus dieser Wahl zum Beispiel eine rot-grüne Mehrheit als Gewinner hervorgehen, bleibt anzuzweifeln, ob das geplante Gesetz dann tatsächlich so kommen würde, weil rot-grüne Vertreter daran bereits ihre Kritik geäußert haben und zudem – siehe die Steinbrück-Vorschläge – auch ihre eigenen Vorstellungen dazu haben. Hinzu kommen Zweifel, ob derlei Bankregulierungen, die hier gewissermaßen nur aus einer eher nationalen Sicht heraus auf den Weg gebracht werden sollen, bei internationalem Lichte betrachtet überhaupt irgendeine durchschlagende Wirkung entfalten können.

Nationale Bankenregulierung in Zeiten der Globalisierung

Deutschlands Finanzmarkt ist im Gegensatz zu den international führenden Finanzmarktplätzen wie New York und London ja eher ein Leichtgewicht. Brechen dort Krisen aus, so hat das vermutlich schlimmere Auswirkungen (auch auf Deutschland) als der umgekehrte Fall. Drastische Folgen einer deutschen Finanzmarktkrise für den internationalen Finanzbereich wären wohl eher weniger zu befürchten. Insofern stellt sich nach wie vor die Frage, ob es nicht sinnvoller wäre, Bankenregulierung hier weiter mit einer stärker internationalen Ausrichtung zu betreiben. Will man das wirklich effektiv angehen, stehen dabei Punkte wie „Eigenkapitalvorschriften/-vorhaltung" und „Risikohaftung/-bewusstsein" bei den Banken insgesamt immer noch ganz oben auf der Regulierungstagesordnung.

Managergehälter und Banker-Boni – Europa greift durch

Nun scheint es dafür aber immerhin beim Thema „Managergehälter" (oder „Banker-Boni") mehr Bewegung zu geben. Sowohl auf nationaler als auch auf europäischer Ebene werden die Vorschläge langsam konkreter. Das wiederum hängt stark mit zweierlei bedeutsamen Entwicklungen zusammen:

1. Vertreter des Europaparlaments und der EU-Mitgliedsstaaten haben einen Kompromiss für ein EU-Gesetzespaket zur Bankenregulierung gefunden. Darin enthalten ist unter anderem, dass Banker-Boni künftig nur noch so hoch ausfallen dürfen wie ihr festes Grundgehalt. Eine Ausnahme hierzu – Prämien, die maximal doppelt so hoch wie das Grundgehalt ausfallen – wäre nur

mit der Zustimmung durch die Aktionäre des jeweiligen Unternehmens möglich. In dem Gesetzespaket sind auch schärfere Kapitalvorschriften für den Finanzsektor vorgesehen, womit die EU nun auch die letzten Schritte angehen möchte, die Basel-III-Richtlinien in geltendes Recht umzusetzen. Das Gesetzespaket fand am Ende eine mehrheitliche Zustimmung gegen den Willen Großbritanniens, das an der Stelle stark die Interessen seines Finanzmarktplatzes schützen wollte, und es bedarf nun noch eines abschließenden formalen Beschlusses durch das Europaparlament und die EU-Finanzminister. Wenn dies alles klappt, sollen die neuen Regelungen von 2014 an gelten.[86]

Direkte Demokratie: Schweizer Initialzündung sorgt für breite Diskussion auch in Deutschland

2. In einer Volksinitiative mit dem Namen „Gegen die Abzockerei" in unserem Nachbarland Schweiz haben 68 Prozent der abstimmenden Schweizer dafür votiert, dass Managergehälter künftig stärker zu begrenzen, exorbitante Gehälter gar ganz zu unterbinden und den Aufsichtsräten mehr Mitspracherechte/-pflichten diesbezüglich einzuräumen seien. Mit 68 Prozent hatte die Volksinitiative eine der höchsten Zustimmungsraten, die es je in der Schweiz gegeben hat.[87]

Natürlich erregte insbesondere das Abstimmungsergebnis der Schweizer Volksinitiative europaweit recht hohe Aufmerksamkeit und die klare Haltung der Schweizer Bürger/-innen hatte hier gewissermaßen Signalwirkung für andere europäische Länder. So nahm dann letztlich auch die deutsche Diskussion um Managergehälter und Banker-Boni wieder mehr Fahrt auf, und auch deutsche Politiker entdeckten – angetrieben von der Bundestagswahl im September 2013 – dieses Thema zur Profilbildung für ihre Parteien und produzierten sogleich entsprechende Vorschläge. Denn nach der Abstimmung in der Schweiz ist schnell deutlich geworden, dass es in Deutschland eine ähnliche Stimmungslage und einen offenkundigen Regelungsbedarf in dieser Angelegenheit gibt. Die schwarz-gelbe Regierungskoalition unter Bundeskanzlerin Angela Merkel verfolgt nun eine Regelung in Anlehnung an die zuvor im Punkt 1 angeführte EU-Initiative, nach der nicht mehr nur Aufsichtsräte allein über Vergütungen und Boni entscheiden sollen, sondern eben auch die Aktionäre der jeweiligen Unternehmen. Es dürfe in einer freien und sozialen Gesellschaft keine Maßlosigkeit geben und „leider reiche es nicht aus, das Thema der Selbstregulierung der Wirtschaft zu überlassen“[88], so die Kanzlerin.

Kritik kommt hingegen von der deutschen Opposition, der die nun geplanten Regelungen noch nicht weit genug gehen. So schlug beispielsweise Jürgen Trittin (BÜNDNIS 90/Die Grünen) vor, die Begrenzung von Managergehältern mit einer Begrenzung der steuerlichen Absetzbarkeit zu koppeln. Maximal nur noch 500.000 Euro sollten hier für Unternehmen absetzbar sein. SPD-Vize Joachim Poß gab zudem zu bedenken, dass er eine künftige Gehälterbegrenzung allein in Aktionärshänden immer noch sehr skeptisch sehe, denn einerseits läge die Entscheidung damit weiterhin in den Unternehmen selbst, und andererseits bestünden Hauptversammlungen ja längst nicht mehr nur aus den klassischen Kleinaktionären; dort säßen mittlerweile vielmehr Investoren und Hedgefonds-Manager, deren Renditestreben im Prinzip eng mit den außerordentlichen Banker-Boni verknüpft sei. Für ihn käme daher nur eine gesetzliche Begrenzung bei der Vergütung von Vorständen in Frage.[89]

Schlupfloch in der EU-Initiative zur Gehälterregelung

Bedenken ganz grundsätzlicher Art ließen sich hingegen noch beim Vorstoß der EU-Initiative, die als Bezugsgröße das „Grundgehalt“ in den Mittelpunkt ihres Regelungsansatzes stellt, anbringen. Wie effektiv kann eine Begrenzungsregelung sein, die eine Bezugsgröße als Basis hat, auf die die Regelung selbst gar keinen Einfluss nimmt? Sprich: Es klingt zwar zunächst gut, wenn Boni künftig nur so hoch wie das Grundgehalt ausfallen dürften. Allerdings steht es den Unternehmen ja nach wie vor frei, die Grundgehälter ihrer Manager zu erhöhen, womit sich letztlich auch die auszuschüttenden Boni entsprechend erhöhen ließen. Die EU-Regelung bietet zwar immerhin eine gewisse Deckelung, aber „Umgehungsspielräume“ für die Unternehmen bestehen an dieser Stelle weiterhin.

In jedem Falle bleibt festzuhalten, dass das Thema der Bankenregulierung 2013 voll im bundesdeutschen Wahlkampf angekommen ist und uns alle vermutlich auch noch darüber hinaus begleiten wird.

*Bankenunion*: Einheitlich abgestimmte Bankenregulierung in Europa

Als weitere Begrifflichkeit geistert zudem seit geraumer Zeit das Wort *Bankenunion*[90] durch die öffentliche Diskussion. Dahinter verbirgt sich im Prinzip ein zweistufiges Konzept: Erstens die Einführung einer neuen gemeinsamen, nach einheitlichen Standards funktionierenden Bankenaufsicht für die Eurozone und zweitens geht es um die Errichtung einer gemeinsamen europäischen Einlagensicherung für Banken und einen sogenannten Abwicklungsfonds für in Schieflage geratene Banken. Der gewählte Begriff „Bankenunion" soll dabei Einheitlichkeit und Einigkeit demonstrieren und helfen, auf diesem Wege schon mal Vertrauen zu erzeugen: Vertrauen, dass man Banken künftig besser unter Kontrolle haben und damit allgemein und europaweit in diesen hoch sensiblen Bereich wieder Ruhe hinein bekommen werde. Vertrauen und Ruhe als jene wünschenswerten Stabilisatoren für alle wichtigen wirtschaftlichen Prozesse in der Europäischen Union. Vertrauen, dass Europa die Banken möglichst unanfällig für systemkritische Ereignisse macht, wie wir sie in den Zeiten der Eurokrise erleben mussten.

Lange Zeit kreiste die Diskussion hinsichtlich der Bankenaufsicht im Rahmen der neuen Bankenunion um die kritische Frage, welche Institution denn die Hoheitsrechte zur Koordinierung erhalten solle, bis man sich auf dem EU-Gipfel im Oktober 2012 in einem Kompromiss schließlich darauf verständigen konnte, die Europäische Zentralbank (EZB) hier als den quasi natürlichen ersten Ansprechpartner anzusehen und auch auszuwählen. Dabei war dieses nicht von Anfang an unumstritten. Denn wie soll man sicherstellen, dass die EZB über eine zusätzliche Aufgabenzuteilung nicht in Interessenkonflikte gerät? Kann die EZB die europäische Bankenaufsicht wirklich unabhängig koordinieren, während sie einerseits ihre geldpolitische Linie fährt, aber andererseits auf zahlreichen Bankrisiken durch Kauf von Anleihen sitzt? Auch dazu wurde auf dem EU-Gipfel eine Kompromissformel gefunden, wenngleich hierzu noch einige juristische Feinheiten zu klären waren. Im März 2013 haben sich dann Europaparlament und EU-Staaten auf eine gemeinsame gesetzliche Grundlage für die neue Bankenaufsicht verständigt, nach der mit Beginn des Jahres 2014 die 150 größten Banken in der Eurozone von der Aufsicht überwacht werden sollen. Der Großteil der europaweit 6000 Banken untersteht demnach aber weiterhin der Kontrolle durch nationale Aufsichtsbehörden.

Bankenrettung und -kontrolle aus einer Hand – eine Frage der Unabhängigkeit

Bislang unbeantwortet blieb allerdings die spannende Frage, wie denn in Zukunft mit der im Rahmen des Europäischen Finanzaufsichtssystems neu geschaffenen Bankenaufsichtsbehörde EBA (mit Sitz in London) umzugehen sei, die 2011 bereits ihre Tätigkeit aufgenommen hat.

Wie wir sehen, tut sich im Bankenbereich also mittlerweile einiges und da der Prozess zur Bankenunion noch ein sehr junger ist, kann man demzufolge von einer längst noch nicht abgeschlossenen Entwicklung ausgehen. Die Politik wird die verschiedenen Bank-Baustellen auch in der näheren Zukunft noch zu bearbeiten haben. Die Banken ihrerseits haben einstweilen den einst so großen gesellschaftlichen und wirtschaftlichen Vertrauensvorschuss aufgebraucht und werden sich mit weitreichenden Auflagen zu arrangieren haben. Die eingeleiteten Maßnahmen und die aktuellen Diskussionen zeigen in den Euro-Staaten aber immerhin die Einsicht in die Notwendigkeit, aus den Vorkommnissen der jüngeren Vergangenheit zu lernen. Ob uns das auf Dauer krisenfest(er) macht und ob hierbei wirklich Anlass zu leichtem Optimismus besteht, kann leider keiner garantieren und hängt nicht zuletzt auch von der Standhaftigkeit der Politik gegenüber den Lobbyaktivitäten der Banken ab.

# 12 Geld – Zahlungsmittel außer Kontrolle?

Nachdem wir uns so ausführlich den Banken gewidmet haben, die aus geschäftlichen Gründen sehr viel mit Geld zu tun haben, wollen wir noch einige weitere Aspekte rund um das Thema „Geld und Währung" diskutieren. Wir benutzen Geld zwar tagtäglich und wir reden über die Währung – zum Beispiel den Euro – wie selbstverständlich, aber wissen wir eigentlich genau, was so alles dahintersteckt? Gibt es vielleicht auch damit verbundene Probleme?

Die Anfänge des Geldes

Fast ist man geneigt zu sagen, dass es Geld schon so lange gibt wie die Menschheit. Das stimmt so sicherlich nicht, weil es in der Phase, ab der Menschen begannen, Waren miteinander zu handeln, zunächst einfache Beziehungen auf Tauschbasis gab. Man tauschte Naturgegenstände (zum Beispiel Getreide), Schmuckstücke, Tiere, Metalle und Dienstleistungen. Allen Gütern gemein ist aber, dass sie eine *Geldfunktion* übernahmen. Hinreichende Kriterien dafür waren zum Beispiel, dass diese Güter allgemein anerkannt und geschätzt, zumeist in beschränkter, aber doch in ausreichender Menge vorhanden und nicht schnell verderblich waren. Waren diese Kriterien erfüllt, war das die Vertrauensbasis, jene Güter als Tauschmittel zu akzeptieren.[91]

Die heutige Volkswirtschaftslehre definiert Geld beziehungsweise die Geldfunktionen etwas nüchterner nach seinen Funktionen:[92]

1. *Geld ist Zahlungsmittel.* Mit Geld übergibt ein Käufer einem Verkäufer ein Objekt (zum Beispiel Münze/Geldschein) oder auch ein erwerbbares Recht, um im Gegenzug Waren oder Dienstleistungen zu erhalten. Geld vereinfacht den Tausch von Gütern und die Aufnahme und Tilgung von Schulden.

2. *Geld ist Wertspeicher.* Wenn man bei seinen Geschäftsaktivitäten (Waren ein- und verkaufen) Geld übrig hat, lässt sich das in der Regel aufbewahren. Lässt man in der theoretischen Betrachtung dann zudem wertmindernde Faktoren wie zum Beispiel Inflation erst einmal außen vor, so lässt sich der Wert somit prinzipiell in die Zukunft übertragen beziehungsweise verlagern, ohne dass er

dabei verdirbt (wie bei Naturalwaren). Diese Funktion spielt zum Beispiel beim Vermögensaufbau eine Rolle.

3. *Geld ist Wertmaßstab und Recheneinheit.* Mit Geld lassen sich Wertvergleiche rechnerisch besser vornehmen, Waren lassen sich besser in Relation zueinander setzen. Daraus bestimmt sich am Ende die Kaufkraft.

Metalle und Edelmetalle finden stärkere Verbreitung als Zahlungsmittel

Im Altertum übernahmen Gold, Silber, Kupfer und andere Metalle jene Geldfunktionen und etablierten sich als das, was wir heute unter dem Begriff *Währung* laufen lassen: Metalle als vereinbartes Zahlungsmittel in einem gemeinsamen Wirtschaftsraum. Dass Metalle üblicherweise nach Gewicht bemessen wurden, führte im Alltag zu Problemen. Wie regelt man bei Metallklumpen die Herausgabe von Wechselgeld? Aufgrund dieser Tatsache entwickelte sich das *Münzgeld*. Die Metallklumpen wurden zu relativ standardisierten Scheiben oder Vierecken verarbeitet, zumeist mit einem Loch versehen, so dass man sie an Schnüren auffädeln konnte (also eine Art Vorläufer des heutigen Portemonnaies).

Natürlich gab es auch in den Anfängen des Münzgeldes Krisen. Im spätmittelalterlichen Europa konnte die damalige Bergbautechnologie nicht ausreichend Gold und Silber fördern, so dass der gestiegene Bedarf an diesen Zahlungsmitteln nicht ausreichend befriedigt werden konnte. Und wie wir alle wissen: Wird etwas, das heiß begehrt ist, plötzlich zu einem knappen Gut, macht sich das in steigenden Preisen bemerkbar. So auch mit Beginn des 17. Jahrhunderts. In dieser Zeit, die wegen ihrer Münzgeldmanipulationen auch als „Kipper- und Wipperzeit" bekannt ist, bedienten sich einige Herrscher verschiedener Tricks und verschnitten zum Beispiel das knappe Münzmetall mit minderwertigen Metallen, um so die Menge zu steigern. Auch die Entdeckung größerer Gold- und Silbervorkommen in Übersee, die schon seit Ende des 16. Jahrhunderts via Spanien und Portugal auf dem Schiffswege nach Europa gebracht wurden, konnten die Lage zwischenzeitlich nicht so stabilisieren wie es wünschenswert gewesen wäre. Hinzu kamen Faktoren wie zum Beispiel die Kriegswirren des Dreißigjährigen Krieges, die preistreibenden Einfluss bei den Edelmetallen hatten und somit weiter verstärkte Betrugsanreize setzten. Als es sich herumsprach, dass das Münzgeld anscheinend nicht mehr jenen Wert hatte, den man von ihm erwartete, verlor man das Vertrauen in dieses Zahlungsmittel – mit erheblichen Auswirkungen auf die Wirtschaftskraft der damaligen Zeit.[93]

Papiergeld – unbegrenzte Möglichkeiten?

Wenn wir nun aber schon über die Geschichte des Münzgeldes sprechen, stellt sich folgerichtig auch die Frage nach der Entwicklung des Papiergeldes, auf die im Folgenden noch einmal kurz eingegangen wird. Ab etwa dem zweiten Jahrtausend n. Chr. beförderten zwischenzeitliche Phasen knapper Edelmetallressourcen (bei Gold und Silber), verbesserte Papierherstellung und – vor dem Hintergrund stark gewachsener Handelsaktivitäten – eine doch gewisse Unhandlichkeit von Münzen weltweit erste Papiergeldversuche. Hier ist vor allem China zu nennen, das zu der Zeit eine gewisse Vorreiterrolle einnahm. Im Vergleich zu Europa war das Land deutlich dichter besiedelt und hinsichtlich seiner wirtschaftlichen Infrastruktur mit einem recht gut ausgebauten und funktionierenden Handelsstraßensystem bereits stark entwickelt. Aufgrund von Kriegen der Song-Dynastie (im Jahr 1024) wurde zum ersten Mal eine Art Notgeld aus Papier herausgegeben. Mitte des 15. Jahrhunderts erkannten chinesische Beamte jedoch, dass es zu starke Verlockungen gab, leere Staatskassen durch das Drucken immer größerer Mengen an Papiergeld wieder aufzufüllen (wir würden es heute einfach als „Inflation" bezeichnen). Das Papiergeld wurde nach dieser negativen Erfahrung wieder abgeschafft. In Europa kam die Idee des Papiergeldes erst viel später auf, nämlich gegen Ende des 15. Jahrhunderts. Spanien gab 1483 erstmals Geldscheine als zeitweisen Ersatz für fehlendes Münzgeld aus. 1609 brachte die Bank von Amsterdam vorsichtig Papiergeld in Umlauf, aber nur mit Gegendeckung einer entsprechenden Menge an Münzen. Die schwedische Reichsbank (Riksbank) legte in den 1660ern die ersten Papiergeldscheine mit unterschiedlichen Werten auf, verabschiedete sich aber nach knapp zehn Jahren auch schon wieder vom „Papierkonzept" und beschritt den Weg zurück zum Münzgeld. In der Folgezeit gab es dann auch in Frankreich und in England erste Experimente mit dem neuen Papiergeld und in der zweiten Hälfte des 18. Jahrhunderts setzte sich diese Idee dann in weiteren europäischen Ländern durch. Allesamt hatten sich diese Länder und ihre Bevölkerungen mit dem Zusammenhang „Wertverlust/gedruckte Papiergeldmenge" auseinderzusetzen und haben mehr oder weniger schlechte Erfahrungen (Inflation) machen müssen, weil die Manipulationsmöglichkeiten am Ende doch zu gravierend waren.

Großen Papiergeldmengen standen einfach irgendwann immer wieder zu wenige adäquate tauschfähige Gegenwerte (zum Beispiel Edelmetalle) gegenüber.[94]

Wie wir an dieser Stelle also feststellen können, sind *Betrug* und *manipulativer Umgang* seit jeher stete Begleiter des Geldes – sei es nun beim Münz- oder aber auch beim Papiergeld. Man kann zwar annehmen, dass die Gesellschaften in früheren Zeiten noch keine ausreichenden Kontrollmechanismen organisieren beziehungsweise durchsetzen konnten. Aber selbst heute, im Zeitalter entwickelter Staatsformen mit juristisch ausgefeilten Grundlagen kann man sich nicht hundertprozentig sicher sein, dass das Geld nicht auch zum Spielball wirtschaftlicher oder politischer Interessen wird und letztlich in eine Krise gerät oder sie verursacht.

Deutschlands prägende Erfahrung mit Inflation

Erfahrungen damit hat in der jüngeren Geschichte zum Beispiel Deutschland nach dem Ersten Weltkrieg gemacht. Von 1914 bis 1923 erlebte das Land eine der schlimmsten Geldentwertungen („Hyperinflation“), die eine Industrienation je erlebt hat. Auslöser dafür war eine überbordende Staatsverschuldung aufgrund der Finanzierung des Ersten Weltkrieges und sich anschließender deutscher Verpflichtungen aus Reparationszahlungen aufgrund des verlorenen Krieges. Dieser Staatsverschuldung, so hoffte die deutsche Regierung, würde man mit einer massiven Geldvermehrung durch die Notenpresse begegnen können. Als Folge daraus verlor das Geld innerhalb kürzester Zeit massiv an Wert und eine tiefe Wirtschaftskrise erfasste das Land. Im Oktober 1921 beispielsweise hatte die Mark nur noch ein Hundertstel ihres Wertes im Vergleich zum August 1914, im Oktober 1922 war es nur noch ein Tausendstel.[95]

Goldstandard – Vorteile wertgedeckten Geldes

Ein relativ gutes oder zumindest etabliertes System zur Sicherstellung des Wertes einer Währung war lange Zeit der sogenannte Goldstandard. Darunter versteht man Währungen, deren im Umlauf befindliche Münzen und Geldscheine eine entsprechende Gegendeckung durch Gold haben. Dieses Gold lagerte dann in den nationalen Zentralbanken – man könnte auch behaupten, dass das Gold für die Gegendeckung der Währung so etwas wie Zentralbanken überhaupt erst hat entstehen lassen, weil staatlicherseits entsprechend große und sichere Lagerstätten notwendig wurden.

Auch Deutschland hatte, neben vielen anderen Ländern, bis zum Ersten Weltkrieg seine Währung an Gold gebunden und ist damit weitestgehend gut gefahren. Das änderte sich aber schlagartig mit Ausbruch jenes Krieges. Die Noteinlösungspflicht in Gold wurde von der Deutschen Reichsbank aufgehoben, das gelagerte Gold dazu genutzt, die Güterversorgung und den Nachschub der Streitkräfte sicherzustellen.

Gold wurde in dieser Zeit zur begehrten Ressource und im internationalen Handelsverkehr mit entsprechenden Auflagen beziehungsweise sogar Handelsverboten belegt, weil man es dringend im eigenen Land benötigte. Die Zentralbank wurde schließlich von ihrer Aufgabe entbunden, die Landeswährung wertstabilisierend über ausreichende Goldreserven gegendecken zu müssen. Das eröffnete letztlich die Möglichkeit, massiv ungedecktes Papiergeld in den Markt einzubringen und damit eine Inflation auszulösen.[96]

Bretton-Woods-System: Gut gedacht und letztlich doch nicht erfolgreich

Nach dem Zweiten Weltkrieg wurde ein neues internationales Währungssystem konzipiert, das auf festen Wechselkursen zum US-Dollar basierte, der seinerseits aber noch an den Goldstandard gebunden war. Dieses System ist auch bekannt als „Bretton-Woods-System“, welchem auch Deutschland im Jahre 1949 beitrat. Am 15. August 1971 kündigte US-Präsident Nixon dieses Bretton-Woods-System aber auf, weil es den USA im Laufe der Zeit immer schwerer fiel, die Goldeinlöseverpflichtung für den US-Dollar aufrechtzuerhalten. Hintergrund sind auch hier unter anderem wieder Kriegsaktivitäten. Aufgrund ihres Vietnamkrieges seit den 1960er Jahren und der daraus resultierenden Notwendigkeit, den Krieg irgendwie finanzieren zu müssen, unterlagen die USA starken inflationären Tendenzen. Es wurde also immer schwieriger, immer größeren in Umlauf befindlichen Geldmengen eine entsprechende Absicherung durch Gold gegenüberzustellen.

Im März 1973 beschlossen dann auch mehrere europäische Länder, das Bretton-Woods-System mit an den Dollar gebundenen Wechselkursen zu verlassen und in ein System freier und flexibler Wechselkurse überzugehen.[97]

Silbermünzen als reguläres Zahlungsmittel immer weniger anzutreffen

Auffällig ist zudem, dass Silbermünzen, die bis etwa 1970 noch regulär und in vielfältiger Form als Zahlungsmittel im Umlauf waren, ab etwa diesem Zeitpunkt und im Rahmen der allgemeinen Geldmengenausweitung weltweit ihren Rückzug aus dem Geldverkehr antraten. Damit verschwand allmählich immer stärker eines der letzten für den Menschen noch täglich sichtbaren Zeichen einer wertgedeckten Währung.

Dieser zugegebenermaßen sehr holzschnittartige Ritt durch die Geschichte des Geldes und der Währungen sollte nochmals ein Bewusstsein dafür erzeugen, dass es Krisen im Zusammenhang mit Geld, Schulden und Verschuldung immer schon gegeben hat. Mal hatten diese Krisen gravierende Folgen, mal weniger schlimme. Auffällig aber ist der rote Faden, der sich durch nahezu die ganze Geschichte zieht: In staatlichen Notsituationen (zum Beispiel bei hoher Verschuldung) ist die Verlockung anscheinend besonders groß, die Probleme über das bestehende Geldsystem zu lösen. Standards, die den Wert einer Währung eigentlich sicherstellen sollen, werden gelockert oder gar ganz aufgehoben und das Risiko von Inflation in Kauf genommen. Dass damit staatliche Zwangslagen regelmäßig behoben werden konnten, darf bezweifelt werden. Im Gegenteil: In vielen Fällen wurden dadurch bestehende wirtschaftliche Probleme noch verstärkt oder ganz neue sind überhaupt erst entstanden. Leidtragende waren immer die Menschen, die mit der Geldentwertung in ihrem Alltag irgendwie klar kommen mussten.

Werterhalt und Stabilität – die besten vertrauensbildenden Maßnahmen beim Geld

Neben allen seinen nützlichen Funktionen ist beim Geld also vor allem ein Aspekt ganz besonders wichtig: Vertrauen. Nur wenn Geld auch dauerhaft seinen Funktionen nachkommen kann, also stabil im Wert ist und somit längerfristig seinen allgemeinen Akzeptanzgrad halten kann, wird es in einer Wirtschaft seinen stabilisierenden Beitrag leisten. Dass in der Vergangenheit nun Regierungen für ihre politischen Zwecke und mit den bekannten Auswirkungen Einfluss auf das Geld nahmen, sollte später als Lehre für ein neues stabiles Währungssystem dienen. In Deutschland hat man deshalb nach dem Zweiten Weltkrieg die Aufsicht über das Geld und den Geldverkehr zum Beispiel einer unabhängigen Zentralbank – der Deutschen Bundesbank – übertragen (wobei man in Frage stellen kann, wie unabhängig eine Zentralbank überhaupt sein kann, wenn im Prinzip immer Gesetze erlassen werden können, die ihre Aufgaben beeinflussen). Preisniveaustabilität und Geldversorgung der Wirtschaft standen hierbei im Vordergrund.

Wenn Staaten die Notenpresse anwerfen, heißt es nur noch: „Es werde Geld!"

Mit der Einführung des Euros und dem Entstehen einer Europäischen Zentralbank (EZB), die bei ihren Aufgaben und Zielen nun einer wirtschaftspolitischen Agenda aus gesamteuropäischer Sicht folgen muss, haben sich die Prioritäten aber vielleicht schon wieder etwas verschoben. Und erstmals begegnen wir beim Euro auch bewusst dem Begriff des sogenannten „Fiatgeldes" (engl. „Fiatmoney"). Unsere Währung „der Euro" ist dafür ein gutes Beispiel. Unter Fiatgeld versteht man Geld, das seine Funktion allein aufgrund von gesetzlichen Vorschriften hat und in dem Sinne keiner Gegendeckung beziehungsweise Einlöseverpflichtung (zum Beispiel durch Gold) auf Seiten der Geld ausgebenden Stelle mehr unterliegt. Der Begriff „fiat" leitet sich vom lateinischen Passivverb „fieri" ab und bedeutet so viel wie „Es sei". Der Bedeutungszusammenhang liegt in der uneingeschränkten, nicht mehr an besondere Voraussetzungen geknüpften Möglichkeit zur Schaffung von Geld, einfach aus dem Nichts heraus beziehungsweise auf Grundlage eines gesetzlichen Beschlusses. In der Bibel begegnen wir in Genesis 1,3 mit „Fiat lux!" einer ähnlichen Begrifflichkeit, was sich mit „Es werde Licht!" übersetzen lässt. Fiatgeld beruht also auf einem willkürlichen Entschluss (zum Beispiel einer Regierung) – „Es werde Geld!"[98]

Der Euro ist also ein solches Fiatgeld, eine Art Kunstwährung aufgrund eines Gesetzesaktes und ohne Gegendeckung wie zum Beispiel Gold. Teilweise bewegten sich auch schon jene Währungen des zuvor beschriebenen hochinflationären Deutschlands zu Zeiten nach dem Ersten Weltkrieg in Richtung Fiatgeld. Denn auch hier steckte – eine Entkoppelung vom Goldstandard zum Zwecke des leichteren Bedienens der Notenpresse vornehmend – im Prinzip eine gesetzlich verordnete „Es werde (mehr) Geld!"-Devise dahinter. Wenngleich man einräumen muss, dass die Währung als solche damals wenigstens für eine gewisse Zeit zuvor schon mit einer Golddeckung bestanden hatte, also vom Staat in dem Sinne nicht neu „beschlossen" wurde und somit die Definition für Fiatgeld genau genommen nicht zu 100 Prozent erfüllt ist.

Sorge um den EURO – ist unser Geld in den richtigen Händen?

Die Frage, die sich nun stellt, ist, was wir vor diesem Hintergrund möglicherweise von unserem heutigen Geld zu erwarten haben. Wenn man bedenkt, welches Schindluder Regierungen und Politik mit Geld zu treiben bereit sein können, und wenn man bedenkt, welches unsichere Konstrukt für unsere aktuelle Euro-Währung gewählt wurde; wenn man weiterhin bedenkt, welche wirtschaftlichen Ungleichgewichte am europäischen Wirtschaftsraum zerren, und wenn man bedenkt, welchen Aufgaben diejenige europäische Institution, die sich um unser Geld kümmern soll, also die EZB, im Rahmen der Eurokrise noch so nachgeht – kann man da immer und zu jedem Zeitpunkt sicher sein, dass der Euro eine sichere und Vertrauen erweckende Zukunft hat? Oder droht unsere Währung außer Kontrolle zu geraten?

Zentrale Kritik an der EZB-Politik: die *Mindestreservepolitik*

In diesem Zusammenhang ist die Politik der einstigen nationalen Zentralbanken und jüngst auch die der EZB in den Blickpunkt der Kritik geraten. Die vornehmliche Aufgabe der EZB ist es, die Wirtschaftskreisläufe mit Geld zu versorgen. Dabei wird ein bekanntes Steuerinstrumentarium verwendet, das die im Umlauf befindliche Geldmenge, deren Umlaufgeschwindigkeit und letztlich auch die Absicherung von Aktivitäten der Geschäftsbanken regeln soll: die sogenannte Mindestreservepolitik. Mindestreserven sind Vorgaben darüber, wie viel Prozent ihres Kapitals Geschäftsbanken bei ihrer Zentralbank mindestens als Sicherungseinlage zu hinterlegen haben. Ist der Mindestreservesatz höher, steht den Geschäftsbanken weniger Geld zur Verfügung, das sie per Kredit als Liquidität in den Geldkreislauf einbringen können. Ist der Mindestreservesatz niedriger, steht den Geschäftsbanken mehr Geld für ihr Kreditgeschäft zur Verfügung.

Geldschöpfung: Geschäftsbanken übernehmen Aufgaben der Zentralbanken

Soweit die Theorie zur Geldmengensteuerung über die Zentralbank. De facto findet dieses Instrument aber kaum mehr ernsthafte Anwendung. Den Banken wurde mit der Zeit gestattet, immer niedrigere Mindestreserven bei den Zentralbanken (und mit Euro-Einführung alternativ bei der EZB) vorzuhalten. Das belebte auf der einen Seite das Kreditgeschäft der Banken, auf der anderen Seite stieg das Risiko, weil den vergleichsweise vielen Geschäftsaktivitäten eine ohnehin schon nur geringe Eigenkapitalausstattung der Banken und nur geringe Sicherheitseinlagen bei den Zentralbanken gegenüberstanden (siehe auch die Diskussionen im vorherigen Kapitel zu den „Basler Beschlüssen“). Unabhängig davon führten die niedrigen Mindestreservesätze aber auch dazu, dass die Geschäftsbanken durch die massive Geldverteilung per Kredit begannen, ihrerseits ein munteres Eigenleben beim Prozess der Geldschöpfung zu entwickeln. Die Geldschöpfung, für die eigentlich Zentralbanken hauptverantwortlich sind, hatte sich gewissermaßen verselbständigt, ein „zentraler" Einfluss auf die Geldmenge über die Festlegung von Mindestreservesätzen kaum noch vorhanden. Wie wir inzwischen wissen, war das in der Finanzkrise ab 2007 am Ende mit ein wichtiger Grund dafür, dass so viele Banken von den vielen Kreditausfällen auf dem falschen Fuß erwischt wurden. Die Banken hatten in der Situation schlichtweg nichts mehr zuzusetzen.

*Österreichische Schule* fordert 100-prozentige Reserveauflage für Banken

Aufgrund dieses Umstandes wurden aber auch schnell Forderungen laut, die Zentralbankpolitik bei den Mindestreserveauflagen wieder deutlich zu verschärfen und die Sätze drastisch anzuheben. Kritiker erhoben sogar Forderungen nach einer 100-prozentigen Reserveauflage. Das heißt, dass Banken die gleiche Summe, die sie verleihen, auch mindestens als Reserve vorhalten müssen. Diese Kritiker lassen sich unter anderem der sogenannten „Österreichischen Schule" zuordnen, deren Vertreter Ludwig von Mises schon zu seiner Zeit – zur Weltwirtschaftskrise um 1930 – eine 100-prozentige Reserveauflage für Banken als Lösungsansatz für die monetären Verfehlungen in den 20er Jahren zuvor formulierte. Damit befindet sich die Österreichische Schule auf Konfrontationskurs mit den traditionellen etablierten wirtschaftswissenschaftlichen Schulen, indem sie Banken und Zentralbanken allgemein für Konjunkturzyklen (Schwankungen), also für das Verlassen eines eigentlich wünschenswerten wirtschaftlich stabilen Pfades, verantwortlich macht. Die Banken seien es, die durch ihre Geldschöpfungsaktivitäten überhaupt erst unkontrolliertes Geldwachstum herbeiführten und damit am Markt Kredite mit niedrigen Zinsraten aus dem Nichts produzierten. Die Informationsfunktion von Preisen und Zinsen als Risikoanzeiger würde dadurch außer Kraft gesetzt oder zumindest negativ beeinträchtigt, und ineffektive Wirtschaftsstrukturen würden länger künstlich am Leben erhalten. Die Folgen davon seien Krisen und Rezessionen und eine Lösung dazu bestünde eben in Banken mit einer 100-prozentigen Reserveauflage, durch die unkontrollierbare Geldschöpfungsprozesse unterbunden würden.[99]

Analysen längst vergangener Zeiten – aktueller denn je?

Schaut man sich die Argumentation dieser Kritiker an und vergleicht sie mit dem Verlauf der Finanzkrise (als Hauptauslöser der Eurokrise) und den Bedingungen, die zu der Krise geführt haben (die Immobilienkrise in den USA, billige Kredite, lange Niedrigzinsphasen der US-Zentralbank, massive Geldschöpfungsprozesse), dann kann man der Österreichischen Wirtschaftsschule hier eine gewisse Zustimmung kaum verweigern. Verblüffenderweise entstammen ihre Erkenntniszusammenhänge tatsächlich teilweise bereits aus Zeiten der großen Weltwirtschaftskrise um 1930 und hätten seitdem im Prinzip für Wirtschaftskrisen heutiger Prägung als Warnung dienen können.

Nicht unser Geld ist das Problem

Wägt man das alles nun gegeneinander ab, muss man feststellen, dass die eingangs gestellte Frage „Geld – Zahlungsmittel außer Kontrolle?" vielleicht der falsche Ansatzpunkt ist. Immer wieder in der Geschichte, ob im Altertum, im Mittelalter, nach den Weltkriegen oder aber auch heute, hat es Krisen rund um das Thema „Geld" gegeben, aber wie wir gesehen haben, ist nicht das Geld an sich daran schuld. Es sind eigentlich immer nur diejenigen Institutionen, denen es zur Fürsorge überantwortet wurde, die letztlich außer Kontrolle geraten sind, seien es Herrscher, Staaten, Zentralbanken oder Geschäftsbanken. In ihren jeweiligen Zeiten und Zwangslagen waren sie es, die ihre Macht auf das Geld ausübten (und ausüben), um so bestimmten politisch gewollten Entwicklungen Vortrieb zu geben.

Leider muss man zugeben, dass wir auch heute wieder gewisse bekannte Vorzeichen und Verhaltensmuster aus der Vergangenheit entdecken, die in einigen zuvor beschriebenen Krisenszenarien beim Thema Geld als Auslöser für schwere wirtschaftliche Schieflagen mitverantwortlich waren: hohe Staatsverschuldungen, starker Druck auf die Geldmenge durch „ungebändigte Geldschöpfungsprozesse" und damit möglicherweise einhergehende inflationäre Tendenzen.

EZB im Kompromiss-Dilemma zwischen Geldmengensteuerung und Wirtschaftswachstum

Nun muss man bei der heutigen EZB-Politik aber auch berücksichtigen, dass sie allen europäischen Krisenstaaten durch die Eurokrise hindurchhelfen möchte. Auf die Liquiditätsengpässe an den Geldmärkten vor Ort sind wir an anderer Stelle schon eingegangen, aber das ist auch genau hier wieder der kritische Punkt: Will man, dass die Wirtschaftsprozesse in den Krisenländern nicht komplett erlahmen, weil die Geschäftsbanken dort kaum mehr Geld zur Verfügung stellen können oder wollen, ist die EZB gezwungen, zu intervenieren und Kredite zur Verfügung zu stellen, wodurch sie den Geldschöpfungsprozess einstweilen weiter vorantreibt. Inwiefern sich das später als Teufelskreis und Abwärtsspirale herausstellen wird, bleibt abzuwarten. Fakt ist aber auch, dass ein komplettes Versagen der Wirtschaft in den Krisenstaaten am Ende noch weniger hilfreich sein dürfte, wenn es um die Rückzahlung von Schulden gehen wird.

Dass EZB und Geschäftsbanken im Prinzip also unbegrenzt Geld schöpfen können und der Einfluss der europäischen Nationalstaaten auf die EZB hierbei relativ begrenzt ist, ist ein nicht von der Hand zu weisendes Risiko. Dass die Regelungen zur Vorhaltung von Mindestreserven bei den Zentralbanken für die Geschäftsbanken im Laufe der Zeit immer stärker gelockert wurden, ist ein weiterer mittelbarer Beitrag zur Eurokrise. Welchen Einfluss Zentralbanken mit ihrem anderen Steuerungsinstrument, der Leitzinspolitik, ausüben und ob es zum Thema Inflation im Zeichen der Eurokrise vielleicht noch weiteres zu bedenken gibt, dazu im folgenden Kapitel mehr.

# 13 Inflation im Lichte moderner Wirtschaftstheorie

An dieser Stelle möchte ich auf einen anderen interessanten Ansatz eingehen, der insofern bemerkenswert ist, als er eine Art Paradigmenwechsel in der Wirtschaftstheorie zu sein scheint.

Inflation als Bestandteil des deutschen Kollektivbewusstseins

Bislang hat sich in unseren Köpfen der Zusammenhang verankert, dass eine große im Umlauf befindliche Geldmenge gleichbedeutend mit steigender Inflationsgefahr ist. Verwundern braucht einen das nicht, wenn man bedenkt, welche historischen Erfahrungen gerade Deutschland mit der Inflation gemacht hat. Und auch wenn viele von uns das nur noch aus den Geschichtsbüchern oder den Erzählungen ihrer Großeltern kennen, so ist die Angst vor Inflation in unserer Gesellschaft doch tief verwurzelt. Nicht zuletzt die großen Leitlinien unserer Wirtschaftspolitik und der Auftrag an die Deutsche Bundesbank (vor Einführung des Euros) waren streng darauf ausgerichtet, Inflation zu vermeiden beziehungsweise eine hohe Preisstabilität zu gewährleisten. Wie gesagt: Das alles ist gut nachvollziehbar, eben weil man sich der Auswirkungen von Inflation durchaus bewusst war. Fritz Burschkau, der erste Sparkassenpräsident, hat nach dem Zweiten Weltkrieg einmal gesagt, Inflation sei die „heimtückischste […] Form der Enteignung", schlicht Diebstahl und ein „soziales Verbrechen".[100] Der Zusammenhang ist klar: Steigende Preise bewirken eine schleichende Entwertung von Vermögen und Arbeitslöhnen, wenn diese nicht adäquat mit dem allgemeinen Preisniveau mitwachsen.

Aus den Inflationserfahrungen der Vergangenheit hat man demzufolge einen grundlegenden Schluss gezogen: Ist die Geldmenge zu groß und eventuell sogar gleichzeitig in einem zu schnellen Umlauf unterwegs, befeuert das die Preise und damit die Inflation. Eine wesentliche Aufgabe der Deutschen Bundesbank nach dem Zweiten Weltkrieg war es also, die im Umlauf befindliche Geldmenge zu steuern und bei Bedarf über geeignete Maßnahmen einzugreifen. Von diesen Maßnahmen wollen wir uns an dieser Stelle nur die sogenannte Leitzinspolitik ansehen (im streng wissenschaftlichen Sinne sicher nicht ganz korrekt, aber zum besseren Verständnis allemal hilfreich). Die Bundesbank hat in regelmäßigen Abständen verkündet, wie hoch der von ihr festgelegte Leitzins ist. Am Leitzins orientierten sich dann die Geschäftsbanken, weil ihnen der Leitzins signalisierte, wie günstig oder wie teuer sie aktuell Geld von der Bundesbank leihen konnten. Je nach Wirtschaftslage und Geldmengenwachstum konnte die Bundesbank so regulierend in den Geldumlauf eingreifen und versuchen, Einfluss auf die Preisstabilität zu nehmen.

Unterschiedliche Ausrichtung von nationaler und europäischer Notenbankpolitik

Im Zuge der Euroeinführung haben sich die Modalitäten nun etwas verschoben. Die Deutsche Bundesbank ist zwar nach wie vor die nationale Zentralnotenbank in Deutschland, allerdings ist sie europaweit – oder genauer gesagt: „eurowährungszonenweit" – nur noch Teil des Ganzen. In der Eurozone, also dem Raum derjenigen Länder, die den Euro als Währung eingeführt haben, ist die Bundesbank in ein System von vielen europäischen Zentralbanken eingegliedert. Koordiniert wird dieses Netz durch die EZB. Auch die EZB verfolgt hierbei primär das Ziel der europaweiten Preisniveaustabilität (orientiert an einer niedrigen Inflationsrate), aber als weiteres Ziel ist in ihren Statuten eben auch festgelegt, die „Wirtschaftspolitik der Europäischen Gemeinschaft" zu unterstützen (also einen hohen Beschäftigungsgrad und dauerhaftes Wachstum zu fördern).[101]

Spätestens jetzt wird klar, dass hier Zielkonflikte möglich, wenn nicht sogar vorprogrammiert sind. Bei der Betrachtung der Ursachen und Auswirkungen der Eurokrise haben wir das anhand der sehr unterschiedlichen Wirtschaftsstrukturen in Süd- und Nordeuropa bereits erfahren können. In einem einzelnen, nationalen, nahezu homogenen Wirtschaftsraum lässt sich eine dafür ausgelegte pauschale Wirtschaftspolitik gut anwenden. In einer von vielen unterschiedlichen wirtschaftlichen Strukturen geprägten Eurozone kann eine pauschale Wirtschaftspolitik nicht für alle gleich gut funktionieren. Das sind die Limitierungen, unter denen auch eine EZB nur agieren kann. Fährt sie einen strengen Preisniveaustabilitätskurs zur Inflationsvermeidung, so dürfte das in den europäischen Ländern, die dieser Ausrichtung seit jeher folgten, weiter stabilisierend wirken und auf starke Gegenliebe stoßen. In den Ländern, die darauf bislang nicht ausgerichtet waren, führt so ein Kurs eher zum Ausbremsen des dortigen wirtschaftlichen Wachstums und zu Wohlstandseinbußen. Lockert die EZB ihren Kurs nun aber, so befördert sie damit vielleicht

Preisniveaustabilität versus Wirtschaftswachstum

in einigen Ländern ein zwar erwünschtes stärkeres Wirtschaftswachstum, dafür aber in anderen Ländern wiederum die gefürchteten Preissteigerungen, also die Inflation. Das Europäische System der Zentralbanken (ESZB) mit der EZB an der Spitze ist an dieser Stelle also nur als Kompromisskonstrukt anzusehen. Die EZB wird ihre Entscheidungen immer vor dem Hintergrund der Gesamtlage in Europa abwägen und weniger auf nationale Befindlichkeiten Rücksicht nehmen können. So ist es auch erklärlich, dass sie in Zeiten einer Eurokrise ihr Hauptaugenmerk eher auf unterstützende wirtschaftspolitische Maßnahmen richtet, also tendenziell auf Stabilisierung, Förderung und Erhalt des europäischen Wirtschaftsraums.

Gutes oder schlechtes Vorbild: US-Notenbank Fed

Was bedeutet das aber für das wichtige Ziel der Inflationsbekämpfung? An der Stelle wird es nun langsam interessant. In der öffentlichen Diskussion wird mit zunehmender Verwunderung zur Kenntnis genommen, wie zum Beispiel die Fed in den USA frank und frei Dollars regelrecht in den Geldmarkt hineindruckt, um die US-Wirtschaft am Laufen zu halten beziehungsweise sich andeutenden Stagnationstendenzen entgegenzustemmen. Die Leitzinspolitik ist in den USA seit Jahren auf niedrigem Niveau angesiedelt und befördert damit sehr stark das Interesse der amerikanischen Geschäftsbanken, sich bei der Fed reichlich mit billigem Geld einzudecken. Man verzeihe mir meinen abermaligen Verstoß gegen meine „keine Zahlen und Statistiken"-Maxime, aber auch in dem Falle ist es hilfreich. Betrachten Sie bitte nachfolgend in der Übersicht die US-Inflationsraten von 2002 bis 2012, um mal zu überprüfen, ob wir bedrohliche Ausschläge als Resultat dieser längerfristig freizügigen Geldpolitik der Fed feststellen können:[102]

| | | |
|---|---|---|
| **2002**: 1,60% | **2006**: 3,22% | **2010**: 1,64% |
| **2003**: 2,30% | **2007**: 2,87% | **2011**: 3,14% |
| **2004**: 2,67% | **2008**: 3,82% | **2012**: 1,97% |
| **2005**: 3,37% | **2009**: -0,32% | **2013**: 1,77% (Schätzung) |

Wie wir sehen, ist die Inflationsrate in den USA im bisher schlimmsten Fall (2008) auf 3,82 Prozent gestiegen.

Da auch in Europa, hier speziell durch die EZB, Maßnahmen zur Stabilisierung aufgrund der Eurokrise und zur Förderung des Wirtschaftswachstums ergriffen wurden, also die Notenpresse ähnlich auf Hochtouren lief wie in den USA, ist hier genauso deutlich mehr Geld im Umlauf als man unter normalen Bedingungen gemeinhin vielleicht als richtig erachten würde.

Zum Vergleich deshalb nun noch die Inflationszahlen bezogen auf die Euro-17-Zone (nicht die gesamte EU), wobei die fett gedruckten Zahlen die eurokrisenrelevanten Jahre darstellen:[103]

| | | |
|---|---|---|
| 2003: 2,13% | 2007: 2,14% | **2011**: 2,72% |
| 2004: 2,18% | **2008**: 3,29% | **2012**: 2,33% |
| 2005: 2,18% | **2009**: 0,30% | **2013**: 1,62% (Schätzung) |
| 2006: 2,20% | **2010**: 1,62% | |

Mehr Gelassenheit im Umgang mit Inflation

Man sieht an beiden Statistiken, dass die Inflationsrate in verschiedenen Jahren zwar erhöht daher kommt, aber zumindest nie die magische Grenze von vier Prozent überschritten hat. Und da sind wir womöglich schon beim ersten Teil des oben angedeuteten Paradigmenwechsels in der Inflationspolitik angelangt: Die allgemeine Bereitschaft in der Wirtschaftspolitik, Inflationsraten von bis zu vier Prozent zu tolerieren, ist anscheinend größer geworden. Wenn man bedenkt, dass früher in Deutschland zu Zeiten der reinen Verantwortung durch die Bundesbank die Alarmglocken schon bei ein bis zwei Prozent Inflation schrillten, so ist es doch aktuell bemerkenswert ruhig, da wir inzwischen mit Inflationsraten von zwei bis vier Prozent konfrontiert sind. Kommt bei dieser relativen Gelassenheit vielleicht so langsam ein gewisser Gewöhnungsfaktor hinsichtlich der Preisentwicklungen zum Tragen? In vielen Bereichen des Alltags haben wir es mittlerweile mit einem stetig steigenden Preisniveau zu tun (wie zum Beispiel beim Benzin, dem Strom und den Heizkosten), wo wir uns gewissermaßen damit abgefunden haben, dass es hier wohl nicht mehr zu einer gegenläufigen Entwicklung kommen wird. Natürlich bleibt die Frage, welche wahren Ursachen den Preissteigerungen zu Grunde liegen. Sind diese beispielsweise mit wirtschaftspolitischen Maßnahmen – also zum Beispiel durch verstärktes „Geld drucken" – oder vielleicht (wie im Falle von Benzin und Energiekosten eher zu vermuten) auch stark im Zusammenhang mit der Endlichkeit bestimmter dafür zur Verfügung stehender natürlicher Ressourcen zu begründen? Wie auch immer, wenn die Preise steigen, beeinflusst das die Inflationsrate und die Diskussion um inflationäre Tendenzen wird geführt. Aber sie ist eben interessanterweise aktuell weniger geprägt von Ängsten um eine möglicherweise außer Kontrolle geratende und damit bedrohliche Inflation als man aufgrund der historischen Erfahrungen in Deutschland vielleicht erwarten würde.

Kommen wir deshalb zum zweiten Teil des angedeuteten Paradigmenwechsels in der Inflationspolitik, wo sich die internationale geldpolitische Debatte zu verlagern beginnt. Der mittelfristig unterstellte Zusammenhang „große im Umlauf befindliche Geldmenge = Inflationsgefahr" ist empirisch mittlerweile widerlegt. Die Notenbanken haben sich aufgrund ihrer Erfahrungen mehr und mehr von diesem Konzept gelöst und sind irgendwann dazu übergegangen, modernere Ansätze der Inflationssteuerung zu verfolgen. Die neue Kernthese lautet: Inflation hängt maßgeblich von der gesamtwirtschaftlichen Nachfrage und dem allgemeinen Zinsniveau ab.

Notenbank-Leitzins von unter null Prozent

Mit der Zeit stellte sich aber ein neues grundlegendes Problem: Wie gehe ich als Notenbank in einem solchen System damit um, wenn mich die wirtschaftlichen Rahmenbedingungen dazu zwingen, mit meinem Instrument der Leitzinspolitik den allerletzten Schritt zu gehen, also den Leitzins auf die unterste Zins-Schranke von null Prozent zu setzen? Das Problem daran ist, dass die Notenbank danach den Leitzins nicht noch weiter senken kann. Und obwohl wir weiter vorne schon über so etwas wie „negative Zinsen" gesprochen haben, wird so etwas bei Zentralbanken nicht praktiziert. Da ist mit einer Zins-Schranke von null Prozent beim Leitzins das untere Ende der Fahnenstange einfach erreicht, weil die Zentralbank ansonsten zusätzlich Geld bezahlen müsste, damit Banken bei ihr Geld leihen. Das wäre nun wirklich sehr widersinnig. Theoretisch kann es aber trotzdem wirtschaftliche Rahmenbedingungen geben, die es erfordern würden, dass eine Zentralbank den Leitzins eigentlich weit unter null Prozent senken müsste, um noch mehr Anreize bei Geschäftsbanken zu setzen, sich mehr Geld zu leihen, und damit die Wirtschaftsprozesse noch weiter zu stimulieren – einfach, weil die Wirtschaft so stark am Boden liegt und partout nicht ins Rollen kommen will.[104]

Ein gutes, wenn auch weiterhin theoretisches Beispiel dafür ist die schlechte Wirtschaftssituation in den USA im Jahr 2009. Um nur über die Leitzinspolitik einen durchschlagenden Effekt auf das Wirtschaftswachstum zu erzielen, hätte der optimale Leitzins der Fed hier sage und schreibe eigentlich „minus 7 Prozent" betragen müssen (berechnet nach der sogenannten „Taylor-Regel", einer Kurzformel für die moderne Geldpolitik nach dem US-Ökonomen John Taylor)[105]. Was macht man nun aber als Zentralbank in solchen Situationen, in denen so ein Signal gesetzt werden müsste, es aber nicht geht? Die Antwort darauf ist grundsätzlicher Natur: Notenbanken erreichen ihre wirtschaftspolitischen Ziele, das Wirtschaftswachstum zu stärken und die Inflation zu bekämpfen, nicht mehr durch punktuelle Leitzinsfestlegungen, sondern nur durch die Kommunikation und die konsequente Umsetzung eines längerfristigen Zinsverlaufes in ihrer Leitzinspolitik.

Bildung von Erwartungen als Teil der Marktpsychologie

Dadurch können sie wirksam einem Verpuffen von Erwartungen bei Marktteilnehmern vorbeugen. Merken alle, die Notenbank meint es längerfristig richtig ernst, werden alle auch davon ausgehen, dass dies das Szenario ist, mit dem sie sich die nächsten Jahre werden auseinanderzusetzen haben, und sich auch dementsprechend darauf einrichten. Das ist ganz wichtig, weil – wie wir immer wieder feststellen – Wirtschaftsprozesse viel mit Psychologie zu tun haben. Und die Bildung von Erwartungen spielt hierbei eine ganz wesentliche Rolle. Vor diesem Hintergrund versteht man dann auch, warum zum Beispiel die Fed dazu übergegangen ist, ihre Leitzinspolitik gleich für die nächsten zwei bis drei Jahre festzulegen.

Interessant ist dabei, dass auch von Notenbanken anscheinend durchaus bewusst der Ansatz verfolgt wird, eine gewisse Inflation sogar zu erzeugen, wenn es die wirtschaftliche Situation gebietet. Wirtschaftskrisen allgemein und die Eurokrise im Speziellen sind solche Momente, in denen die Gefahr groß ist, dass wirtschaftliche Prozesse zum Erliegen kommen. An anderer Stelle weiter vorne sprachen wir bereits von der Kehrseite der Inflationsmedaille, der Deflation. Deflation ist eine Phase, die sich im Gefolge von Wirtschaftskrisen einzunisten droht und die von starker Zurückhaltung auf Konsumentenseite und bei Unternehmensinvestitionen geprägt ist, was dazu führt, dass sich die ohnehin schon bestehenden Krisensymptome noch weiter verschlimmern. Hier können Notenbanken in der Abwägung ihres Maßnahmen-Bündels zu dem Schluss kommen, dass gewisse inflationäre Tendenzen, die sie selbst durch ihre Politik herbeiführen, durchaus für die Wirtschaft nützlich sind, weil sie das Allerschlimmste, nämlich eine absehbare Rezession, verhindern helfen. So gesehen stellt sich die Frage, inwieweit gewisse EZB-Maßnahmen (wie zum Beispiel Anleihenkäufe), die vordergründig im Verdacht stehen, die Inflation zu befördern, vor dem Hintergrund der wirtschaftlichen Schwierigkeiten in der Eurokrise nicht eigentlich sogar begrüßenswert sind.[106]

Wie schon gesagt, ist es hier relativ schwierig, den einen richtigen Weg, den goldenen Mittelweg zwischen Inflation und Deflation zu finden. Indes ist es durchaus spannend, den Wandel nachzuvollziehen, den die Notenbankpolitik im Laufe der Jahre anscheinend vollzogen hat, und die sich damit verändernden Grundsätze zu betrachten. Sollten wir mit dem Thema Inflation und den mit ihr verbundenen Ängsten also künftig viel gelassener umgehen? Ohne es damit verharmlosen zu wollen, bleibt festzuhalten, dass Inflation eben ein Stück weit auch Mittel zum Zweck sein kann. Und Notenbanken machen sich dieses Mittel im begrenzten Rahmen ganz offensichtlich zunutze.

These der *Austrians*: Staat und Zentralbanken sind die eigentlichen Auslöser von Wirtschaftskrisen

Ganz anderer Meinung ist da die schon erwähnte „Österreichische Schule" (auch „Austrians" genannt). Ihr gehören so bekannte Köpfe wie Carl Menger (1840–1921), Ludwig von Mises (1881–1973) und Friedrich August von Hayek (1899–1992) an. Der Sitz des geistigen Zentrums dieser Schule war die Stadt Wien, die die meisten der frühen Anhänger aber Anfang der 1930er Jahre aus politischen Gründen verlassen mussten, um dann zumeist in angelsächsischen Ländern weiterzuarbeiten. Ihrer Theorie zufolge handelt es sich bei den zuvor besprochenen Maßnahmen zur Inflationssteuerung durch Staat und Zentralbanken eigentlich nicht um Lösungsstrategien zur Bekämpfung von Wirtschaftskrisen, sondern um die eigentlichen Auslöser dafür.

Wir haben hier bislang immer davon geredet, dass positive Impulse für Wirtschaftswachstum durch niedrige (Zentralbank-)Zinsen und Geldschöpfungsprozesse, also im Prinzip durch bewusst geförderte und in Kauf genommene Inflation, gesetzt werden könnten, um so den negativen Symptomen einer Wirtschaftskrise zu begegnen. Die verschiedenen Vertreter der „Austrians" meinen nun, dass es eine Illusion ist, wenn Politiker und Zentralbanken der Ansicht seien, sie könnten mit einer Politik des billigen Geldes dauerhaftes Wirtschaftswachstum erzeugen oder aber auch nur temporäre wirtschaftliche Einbrüche damit reparieren. Der massive Einsatz billigen Geldes über die Notenpresse würde nur dazu führen, dass Unmengen von Geld den Markt überschwemmen, und dadurch höchstens flüchtig positive wirtschaftliche Effekte zu erzielen seien. Andererseits würden mit derlei kurzfristigen Überbrückungsmaßnahmen notwendige Marktbereinigungsprozesse hinsichtlich entstandener Fehlstrukturen nur künstlich nach hinten verschoben und – was viel schlimmer ist – sie würden sich mit der Zeit immer weiter aufaddieren.

Wichtige Marktbereinigungsprozesse werden durch Wirtschafts- und Wachstumspolitik von Zentralbanken verhindert oder verzögert

Aus Verschuldung bei Staaten, Unternehmen und Privatpersonen wird mehr Verschuldung bei Staaten, Unternehmen und Privatpersonen; aus (kreditfinanziertem) Scheinreichtum wie Häusern, Autos, Fabriken, Schiffen etc. wird mehr Scheinreichtum. All das würde so lange aufrechterhalten, wie es durch diese Politik des billigen Geldes staatlicherseits alimentiert sei. Aufgeschobene Marktbereinigungsprozesse, die sonst schon viel früher hätten stattfinden müssen, kämen aber trotzdem irgendwann, nur dann mit geballter Macht, weil alle aufsummierten Blasen mit einem Mal platzten und in Gänze deutlich schlimmere Verwerfungen nach sich zögen.

Preise und Zinsen verlieren ihre Funktion als Risikoanzeiger

Staat, Politik, Zentralbanken und unzureichende Reserveauflagen für Geschäftsbanken werden von der Österreichischen Schule also als eine Art unheilige Allianz zur beliebigen Geldvermehrung angesehen. Nach ihrer Meinung ermögliche diese es erst, dass zum einen wertgedecktes Geld weltweit immer mehr durch staatlich verordnetes Fiatgeld ersetzt wird und zum anderen die Informations- und Aussagekraft von Marktzinsen und -preisen durch Geldmengenausweitung der Zentral- und Geschäftsbanken so verfälscht würde, dass dies zu Fehlverhalten bei Markteilnehmern führe. Preise und Zinsen spiegelten demzufolge keine echten Risikoinformationen mehr wider und echtes rationales Sparverhalten bei den Marktteilnehmern würde zunehmend durch die verlockenden Billig-Kredite als die einfacher realisierbare „Variante des Sparens“ ersetzt.

Die „Mainstream-Ökonomie“ (um Vertreter wie zum Beispiel Keynes) erkenne zwar, so die „Austrians“, dass eine maßlose Zahl an Billigkrediten die unmittelbare Ursache von Wirtschaftskrisen sei, empfehle zur Lösung der Probleme aber nur ein „Mehr desselben". Dies käme im Vergleich einem ähnlich absurden Vorschlag, nämlich Feuer mit Benzin löschen zu wollen, sehr nahe.

Schlechte Diagnosen haben falsche Therapieansätze zur Folge

Für die „Austrians" ist dies deshalb so paradox, weil die der Empfehlung der klassischen Ökonomie zu Grunde liegende Ursachenanalyse völlig ausblende, weshalb Preise und Sparen überhaupt fehlerhaft am Markt funktionierten. Demzufolge sei auch klar, dass sich aus der falschen Diagnose natürlich auch falsche Therapieansätze ergäben und dass man sich dann auch nicht darüber zu wundern bräuchte, dass ergriffene Maßnahmen keinen Erfolg zeitigten, weil sie letztlich nur ein Mehr des ohnehin schon Praktizierten darstellten.[107]

Weltwirtschaftskrise um 1930: Alles schon mal da gewesen

Während ich diese Ansichten hier alle so beschreibe, als wären sie ein unmittelbarer Erkenntnisgewinn der aktuellen Eurokrise, so haben diese Auseinandersetzungen zwischen den beiden ökonomischen Schulen tatsächlich aber vor allem in der Zeit um die große Weltwirtschaftskrise um 1930 herum stattgefunden. Wie wir schon im vorherigen Kapitel erfuhren, forderte seinerzeit Ludwig von Mises als Lösungsansatz für die damalige Krisenzeit, die Sätze zur Reservehaltung der Geschäftsbanken bei den Zentralbanken auf 100 Prozent festzusetzen, um die durch Banken beförderten Geldschöpfungs- beziehungsweise Geldmengenprobleme drastisch einzuschränken. Wie wir inzwischen aber auch wissen, ist das Problem mit den Mindestreservevorgaben für die Geschäftsbanken heute aktueller denn je, weil die Auflagen für die Banken auf immer kleiner werdende Einheiten herunter geschrumpft wurden, also darüber im Prinzip gar kein Einfluss mehr auf deren Geldschöpfungsaktivitäten ausgeübt wird.

Empfehlungen der *Österreichischen Schule* an die heutige Politik

So verwundert es denn nicht, dass aktuelle Vertreter der Österreichischen Schule – und jetzt sogar mit realem Bezug zur Finanz- und Eurokrise – als Lehren aus den Krisen unserer Tage folgende Empfehlungen an die Politik aussprechen: Zentralbanken abschaffen, wieder wertgedecktes Geld (Goldgeld oder konkurrierendes Privatgeld nach Friedrich Hayek) einführen und die faulen Banken und Unternehmen bankrott gehen beziehungsweise die gesunden weiter wohl wirtschaften lassen („Marktbereinigungsprozesse zulassen").[108]

Man kann jetzt nicht allen Ernstes behaupten, die „Austrians“ hätten die Eurokrise somit vorhergesagt. Was man ihnen allerdings wirklich zugutehalten muss, ist, dass sie Problemanalysen zu den Krisen ihrer Zeit leisteten, die inzwischen auch anerkannt werden. Und wir müssen heute feststellen, dass die damaligen Analysen an Problemen ansetzten, die in ähnlicher Weise so auch bei der heutigen Finanz- und Eurokrise zum Vorschein kommen. Ob damit allerdings gleichzeitig feststeht, dass unsere heutigen Krisen auch genau so enden werden… wer weiß? Sich die damaligen Umstände in Erinnerung zu rufen, kann für die aktuelle Situation aber nicht ganz verkehrt sein.

Damit will ich es einstweilen mit dem Ausflug in die ökonomischen Theorien rund um das Thema Inflation bewenden lassen und den Blick auf andere Fragestellungen richten, zum Beispiel auf das Thema Europa.

# 14 Ist ein Euroaustritt undenkbar?

Nach all dem Gelesenen drängt sich eine Frage förmlich auf: Wenn sich die Probleme der Eurokrise – nur mal etwas zugespitzt formuliert – anscheinend doch ganz wesentlich an einem Land wie zum Beispiel Griechenland festmachen lassen, wäre es dann nicht wirklich sinnvoll und denkbar, dass man dieses Land aus der Eurozone „entlässt" und ihm die Möglichkeit gibt, sich vollständig dem eigenen Selbstheilungsprozess zu widmen? Ist es undenkbar, dass ein Land die Eurozone verlässt? Dieses als Antwort gleich vorab: Undenkbar ist sicherlich nichts. Das Problem eines Euro-Austritts ist aber komplexer und mit der schlichten Ansicht „Dann soll ein Land halt einfach aus dem Euro austreten!" nicht vollständig erfasst. Außerdem müsste man sich die Frage stellen, ob ein Austritt nur auf besagte Krisenländer zu beziehen wäre oder ob nicht vielmehr auch vermeintlich starke Länder (wie zum Beispiel Deutschland) die Notbremse ziehen könnten, um die Eurozone zu verlassen. Das sind spannende Fragen, die wir beim Thema der nicht durchgeführten Maßnahmen zur Beilegung der Eurokrise schon gestreift haben. Die Konsequenzen eines Austritts aus der Eurozone sind aber für wirtschaftlich unterschiedlich starke Länder und die Eurozone selbst ebenfalls sehr unterschiedlich, so dass sich hierzu keine einheitliche Aussage treffen lässt. Darum wollen wir im Folgenden noch mal zwei Szenarien etwas genauer unter die Lupe nehmen:

- Szenario A: Griechenland verlässt die Eurozone
- Szenario B: Deutschland verlässt die Eurozone

Gar nicht so einfach: Austritt aus der EU oder der Eurozone

Betrachtet man die Vertragslage in der Europäischen Union und zur Eurozone, so wird man zunächst feststellen, dass ein Austritt so ohne weiteres gar nicht vorgesehen ist. Der Lissabon-Vertrag von 2007 enthält überhaupt erstmals Regelungen, die einen freiwilligen Austritt eines Staates näher umschreiben. Auch kann einem Land von den anderen Ländern nicht einfach die Mitgliedschaft gekündigt werden. Nein, der Zusammenschluss in der Europäischen Union beziehungsweise in der Währungszone ist gewissermaßen als unwiderruflich angelegt, das heißt, der Euroraum bildet eine Art Schicksalsunion.

Euroraum als Schicksalsgemeinschaft

Natürlich wären sicherlich juristische Kniffe denkbar, die so einen Schritt wie den Austritt aus der Eurozone am Ende irgendwie ermöglichten, aber die Hürden dafür sind schon ziemlich hoch. Es gilt eigentlich das Prinzip „mitgehangen, mitgefangen", und die vermeintlich leichte Option, ein Problem durch Austritt oder Kündigung zu lösen, kommt nicht in Frage. Die Länder sind damit gezwungen, sich mit den existierenden Problemen ernsthaft und lösungsorientiert auseinanderzusetzen. Nichtsdestotrotz gibt es immer wieder Diskussionen um die Möglichkeit des Ausscheidens von Ländern aus der Eurozone.[109]

*Szenario A: Griechenland verlässt die Eurozone*

Krisenländer von den anderen Ländern isolieren

Schauen wir uns einmal das erste Szenario etwas genauer an. Das wäre ein Fall, in dem ein sogenannter Krisenstaat, zum Beispiel Griechenland, die Eurozone verlässt. Und es gibt nicht eben wenige, die mit einem solchen Schritt tatsächlich große Hoffnungen verbinden; insofern entbehrt das Durchspielen ein solches Szenarios auch nicht komplett jeglicher Grundlage. Der kranke Patient geht gewissermaßen in Quarantäne, minimiert somit die Ansteckungsgefahr für die anderen Staaten und verschafft sich im Idealfall die nötige Ruhe zur eigenen Gesundung. Was aber passiert beim Austritt eines Krisenstaates wie Griechenland wirklich und mit welchen Folgen?

- **Schuldenabbau**: Das Schuldenproblem Griechenlands würde mit einem Austritt nicht behoben. Im Gegenteil, es würde eher schlimmer werden. Die neue eigene Währung des Landes (vermutlich wieder die Drachme) würde gegenüber dem Euro so stark abwerten, dass die in Euro aufgenommenen Altschulden dramatisch steigen würden und es die Griechen richtig teuer käme, ihre Schulden zurückzuzahlen. Hilfe von außerhalb Griechenlands wäre noch dringender geboten als das vorher ohnehin schon der Fall war, ansonsten wäre die Staatspleite innerhalb weniger Wochen vorgezeichnet.

- **Folgen für die Banken**: Mit einem Austritt verlöre das Land alle EU-Rechte. Es wäre nicht mehr Teil der Währungsunion und müsste auf bedeutende Subventionen aus Brüssel verzichten. Bei der im Austrittsfall also nahezu sicheren Staatspleite des Landes verlören die Banken des Landes sehr viel Geld, das sie einstmals in griechische Staatsanleihen investiert haben, weil das Land diese Schulden nun nicht mehr bedienen kann. Hinzu käme vermutlich eine Panik unter den Sparern, die ihre Einlagen bei den Banken abzögen, um ihr Vermögen vor dem Wertverlust durch Umtausch harter Euros in weiche Drachmen zu schützen. Den Banken gingen so innerhalb kürzester Zeit Liquidität und Refinanzierungsmöglichkeiten verloren. Ein Bankenkollaps und Chaos im Lande wären die Folgen.

- **Folgen für Unternehmen und die Wirtschaft**: Eine schwache eigene Währung wäre zunächst sogar gut für die Wirtschaft, weil die Exporte ins Ausland stiegen und der Tourismus im Lande profitieren könnte. Andererseits sind in diesem Szenario die griechischen Banken so stark unter Druck, dass die Kreditversorgung der Wirtschaft durch sie zum Erliegen käme und die Unternehmensinvestitionen erlahmen ließe. Zudem wären Warenimporte für das Land extrem teuer, was die Produktionsfaktoren (zum Beispiel Rohstoffe, Energie etc.) für die Unternehmen stark verteuern würde.

- **Folgen für die Gesellschaft**: Durch eine austrittsbedingte Staatspleite des Landes könnten viele staatliche Transferleistungen (Renten, Pensionen, Beamtengehälter, sonstige Sozialleistungen) nicht mehr aufrechterhalten werden. In der Folge könnte der öffentliche Dienst zusammenbrechen, was für sich allein wohl schon zu massiver Unruhe im Lande führen würde. Zudem würde damit ein großer Teil der Binnennachfrage wegbrechen und eine wirtschaftliche Abwärtsspirale in Gang setzen. Steigende Arbeitslosigkeit, sinkende Einkommen und sinkende Steuereinnahmen des Staates würden die Situation weiter verschärfen. Mit der Folge, dass diese Talfahrt am Ende wohl wieder nur durch Hilfe von außen gestoppt werden könnte. Zudem stünde zu befürchten, dass ein solches Umfeld politische Extreme begünstigen würde.

- **Folgen für die Eurozone**: Wer glaubt, dass sich mit dem Austritt eines Problemlandes auch die Probleme der Eurokrise auf einen kleinen Teilbereich der EU beschränken ließen und damit wie von ‚Geisterhand' lösen würden, der sieht sich getäuscht.

Allein der Umstand, dass vielleicht auch Banken anderer europäischer Länder griechische Staatsanleihen gekauft haben, trägt das Problem aus dem eigentlich abgekoppelten Land indirekt wieder in die verbliebene Eurozone hinein. Tatsächlich weiß man, dass französische Banken stark in Griechenland engagiert sind. Eine griechische Staatspleite würde also die Banken eines Landes wie Frankreich unter Druck setzen und damit letztlich Frankreich – ein Land in der Eurozone – selbst bedrohen. Weiterhin muss befürchtet werden, dass der Austritt eines Landes aus der Eurozone die Erwartungen am Markt so weit verändert, dass niemand mehr ausschließen würde, dass nicht auch andere Länder (zum Beispiel Spanien, Portugal, Irland, Italien) sich aus der Eurozone verabschieden könnten oder müssten. Die Bereitschaft, diesen Ländern Geld zu leihen, sänke massiv oder Geld würde nur noch gegen sehr hohe Risiko- und Zinsaufschläge verliehen, was die Refinanzierungsmöglichkeiten dieser Länder stark einschränken würde. Auch weiteren Krisenländern drohte also die Zahlungsunfähigkeit mit der Folge, dass sie dann wahrscheinlich auch unter den europäischen Rettungsschirm müssten – und das eigentlich, ohne dass sie selbst im Zentrum von Überlegungen hinsichtlich eines Austrittes oder allgemeiner eines Verlassens der Eurozone standen.

Vertreter der deutschen Wirtschaft sind besorgt über Austrittsdiskussion

Die Quarantäne eines Landes durch den Austritt aus der Eurozone verringert folglich nicht die Ansteckungsgefahr auf andere Eurozonenländer – unter gewissen Bedingungen verstärkt diese Maßnahme die Gefahr sogar. Nicht zuletzt deswegen äußern sich zum Beispiel Vertreter von Spitzenverbänden der deutschen Wirtschaft beunruhigt und besorgt über die Diskussionen eines Austrittsszenarios. Aus ihrer Sicht handelt es sich bei einem solchen Szenario letztlich um ein „Experiment mit ungewissem Ausgang“, das es so in Europa noch nicht gegeben habe und dessen Folgen durchaus dramatisch sein könnten – auch wenn diese Spitzenfunktionäre der deutschen Wirtschaft dennoch davon ausgingen, dass die Folgen im schlimmsten Falle irgendwie noch zu verkraften wären.[110]

*Szenario B: Deutschland verlässt die Eurozone*

Wenden wir uns nach dem ersten nun gleich dem zweiten Szenario zu: Ein starkes Euroland, zum Beispiel Deutschland, verlässt die Eurozone. Ein Szenario, das mittlerweile auch des Öfteren – wenn auch eher in den wirtschaftlich starken Euroländern – diskutiert wird. Wenn das Isolieren von Problemländern in der Eurozone nicht möglich oder gar gefährlich für den Rest der europäischen Länder ist, warum dann nicht selbst die Notbremse ziehen und die Eurozone verlassen? Der Gedanke, der sich dahinter zu verbergen scheint, wirkt auf den ersten Blick nicht unbedingt wie ein Ausbund an großer Solidarität und lässt in der Tat etwas den Verdacht aufkommen, dass sich hier vielleicht wirtschaftlich vermeintlich starke Länder eher aus dem Staub machen wollen könnten, um die anderen (schwachen) Länder mit ihren Euro-Problemen lieber sich selbst zu überlassen.

Rette sich, wer kann?

Böte nun ein solches Szenario, in dem zum Beispiel Deutschland die Reißleine zöge und aus der Eurozone ausstiege, den erhofften – von einigen sogar ersehnten(!) – Befreiungsschlag in der Eurokrise?

Deutschland profitiert vom EURO

Unstrittig ist, dass Deutschland ein starker Profiteur des Euros ist. Der europäische Wirtschaftsraum spielt Deutschland gewissermaßen in die Karten und unsere Wirtschaft zieht viele Vorteile aus der Verflechtung in Europa. Sichtbarer Ausdruck dessen sind die starken Exportzahlen unseres Landes. Einige Deutsche sind hierauf stolz; andere winken inzwischen aber auch etwas genervt ab, weil sie in dieser Erfolgsgeschichte gleichzeitig die größte Austrittsbarriere Deutschlands aus dem Euroverbund sehen. Sie befürchten, dass andere europäische Länder immer mehr dreiste Forderungen aufstellten beziehungsweise eigene Sparanstrengungen weiter aufschöben oder gar gleich ganz unterlassen würden, weil sie davon ausgehen könnten, dass ein Land wie Deutschland aufgrund seiner vielen Vorteile durch die Eurozone ein Scheitern dieser Zone niemals zulassen würde. Was hindert also Deutschland daran, hier einen in der eigenen Bevölkerung durchaus populären Ansatz stärker zu verfolgen und mit einem Austritt die vermeintlich lästigen und unzuverlässigen Europartner einfach abzuschütteln?[111]

- **Vernetzung der deutschen Wirtschaft**: Mit einem Austritt würde Deutschland die grenzüberschreitende wirtschaftliche Vernetzung und viele Handelsvorteile in der Eurozone verlieren, von denen es in besonderer Weise profitiert. Europaweit aufgestellte und vermarktete Geschäftsmodelle wie zum Beispiel der Airbus-Flugzeugbau wären so nicht mehr ohne weiteres durchzuführen und würden vermutlich im nationalstaatlichen Kleinklein wieder ein kümmerliches Dasein fristen. Das Herauslösen Deutschlands aus der Eurozone würde zudem wieder mehr Wechselkursspielereien bedeuten mit der Folge, dass die Transaktionskosten von innereuropäischen Geschäften zunähmen – zusätzliche Kosten also, von denen man eigentlich froh war, dass man sie durch den einheitlichen EU-Wirtschaftsraum und die einheitliche Währung losgeworden ist.[112]

- **Ende der Währungsunion**: Der Austritt eines so starken Landes wie Deutschland könnte starke Auswirkungen auf die Europäische Währungsunion haben, vielleicht sogar deren Ende bedeuten. Fehlte der Eurozone der vielleicht stärkste Motor und wichtigste Stabilisator, folgten daraus gleichzeitig viele politische und wirtschaftliche Probleme, die die Funktionsfähigkeit des Euroverbunds insgesamt schnell in Frage stellen könnten. Damit einher gingen Befürchtungen über tiefgehende rezessive Tendenzen mit Auswirkungen auf Staaten, Bankensystem, Unternehmen und Arbeitsplätze. Äußerst fraglich wäre, ob eine solche Krise dann noch über Konjunkturprogramme aufgefangen werden könnte.[113]

- **Belastung der Exportorientierung**: Die Wiedereinführung einer nationalen Währung in Deutschland hätte vermutlich zur Folge, dass diese aufgrund ihrer zu erwartenden Stärke massiv gegenüber dem Rest-Euro und anderen Währungen aufwerten würde mit der Folge, dass sich andere Länder deutsche Waren nicht mehr leisten könnten. In der Konsequenz würden die deutschen Exporte sinken und sich damit die deutsche Wirtschaftsleistung verschlechtern. Hinzu kämen Probleme durch dann wahrscheinlich wieder eingeführte Handelsbeschränkungen auf dem europäischen Markt.[114]

- **Wechselkursrisiken und TARGET2-Salden**: Kurzfristig wären durch die neue eigene Währung in Deutschland wohl starke Kursreaktionen am Devisenmarkt zu erwarten, die in ihrem Ausmaß vorher nicht abzuschätzen sind und somit ein erhebliches Risiko darstellen. Äußerst fraglich bliebe zudem, wie nach einem Austritt aus der Eurozone mit den auf deutscher Seite ja weiterhin bestehenden hohen und offenen TARGET2-Forderungssalden in Euro zu verfahren wäre. Es bestünde das Risiko, dass die Deutsche Bundesbank erhebliche Forderungen ans Eurosystem abschreiben müsste, wenn Deutschland nicht mehr der Eurozone angehörte.[115]

Diese beiden Austrittsszenarien (A und B) werden zwar lebhaft diskutiert, anhand der eben ausgeführten Aspekte wird aber auch deutlich, dass populistisch anmutende Forderungen nach dem Austritt eines Landes aus der Eurozone zu kurz greifen.

Einfache Lösungen gibt es in der Krise nicht

Die Zusammenhänge in dem einen wie dem anderen Szenario sind viel komplexer, als es die Forderungen auf den ersten Blick vermuten lassen würden, und bedürfen einer differenzierteren Betrachtung. Einfache Lösungen – so viel ist uns hoffentlich inzwischen klar geworden – gibt es in der Eurokrise also nicht. Und es hilft auch nicht weiter, Krisen- und Problemländer in der Eurozone zu stigmatisieren, indem man sie zu einem Abschied aus der Eurozone drängt. Ebenso wenig hilft es, sich aus Sicht eines vergleichsweise begünstigten Landes über die schwachen Länder zu erheben und ihnen die kalte Schulter zu zeigen, indem man sich selbst aus dem gemeinsamen Verbund zurückzieht.

Die Frage indes, wie wahrscheinlich diese Szenarien sind, ließe sich vermutlich so beantworten: Derzeit sieht es so aus, als würde keines der beschriebenen Szenarien Wirklichkeit werden. Die Erklärungen pro Verbleib und der Wille, die Krisenländer zu halten, sind weiterhin ungebrochen und auch in den Krisenländern selbst besteht der große Wunsch, der Eurozone weiter angehören zu wollen.

Noch gibt es Treueschwüre in und für Europa

Ein erkennbares Interesse bei den starken Euroländern, sich aus der Eurozone verabschieden zu wollen, ist – jedenfalls auf politischer Ebene – auch nicht ernsthaft wahrzunehmen, allenfalls handelt es sich hier um sehr theoretische Diskussionen. Wenn überhaupt ein Austritt stattfinden sollte, so läge die höhere Wahrscheinlichkeit wohl eher beim Szenario A (ein Krisenland verlässt die Eurozone). Aber selbst in der zugespitzten und äußerst kritischen Phase der Zypern-Rettung zu Beginn des Frühjahrs 2013 gab es von allen Seiten immer wieder Bekenntnisse füreinander. Trotzdem wurden zwischenzeitlich für den Fall eines möglichen Scheiterns der Rettungsverhandlungen, die Konsequenzen eines Ausscheidens Zyperns aus der Eurozone ebenfalls bedacht.

Die Erfahrungen im bisherigen Verlauf der Eurokrise lehren uns aber ebenfalls, dass wir auf tagesaktuelle Entwicklungen jederzeit vorbereitet sein müssen. Können wir uns demnach auf eine „gefühlte Nachrichtenlage" – weder Szenario A noch Szenario B stehen vor einer Verwirklichung – tatsächlich verlassen? Wie an einigen Stellen schon durchschimmerte, müssten solche Abkoppelungsszenarien in der Eurozone im Prinzip unter strikter Geheimhaltung geplant und am Ende als eine Art Überraschungscoup umgesetzt werden. Würde man vor einer Realisierung solcher Szenarien erst lange und ausgiebig darüber diskutieren, bedeutete das Gefahr von Ansteckungseffekten in den Nachbarstaaten, und in den eigentlich „zur Abkoppelung" vorgesehenen Ländern käme es wohl zu massiven Kapitalbewegungen. Wiederum aber stellt sich auch die Frage, wie wahrscheinlich es wäre, dass eine große Anzahl von Politikern und Beamten einen so großen Coup vorbereiten könnte, ohne dass hierzu bereits Informationen im Vorfeld durchsickern würden. Fraglich ist also, ob eine derartige Überraschung überhaupt möglich sein kann.

Treu oder doch nicht...

Behalten wir für uns vielleicht nur im Hinterkopf, dass, auch wenn sich momentan die europäischen Staaten in der Öffentlichkeit gerne „ewige Treue" schwören, damit nicht automatisch gesichert ist, dass das auf längere Sicht auch für „immer und ewig" so sein wird und dass sich hier gegebenenfalls kurzfristig doch wieder veränderte Sichtweisen durchsetzen könnten.

# 15 Scheitert Europa, wenn der EURO scheitert?

Gebetsmühlenartig hören wir seit einiger Zeit Bundeskanzlerin Merkel folgenden Satz sagen: „Scheitert der Euro, scheitert Europa!" Ist dem wirklich so? Scheitert Europa, wenn der Euro als Währung verloren geht? Schwierig, auf eine solche Frage mit einem einfachen Ja oder Nein zu antworten, weil wir doch inzwischen auch gelernt haben, dass es uns Europa und die Eurokrise nicht so leicht machen, auf vermeintlich einfache Fragen immer auch einfache Antworten zu finden. Wie gut, dass es auch zur bekannten Kanzlerinnen-These argumentativen Austausch gibt. Wir wollen im Folgenden Positionen, die die These der Bundeskanzlerin stützen, und Gegenpositionen, die erhebliche Zweifel an der These haben und ihr dabei unlautere Motive unterstellen, etwas näher beleuchten. Und wer weiß, vielleicht kommen wir am Ende auch zu einer Einschätzung, ob und wie wir diese interessante Frage letztlich beantworten können. Vielleicht.

Schauen wir uns also mal eine Argumentation für die These der Bundeskanzlerin an:

Der Zusammenbruch der gemeinsamen Währungsunion und das Herauslösen vereinzelter Staaten aus der Eurozone – wir haben das nun wiederholt durchgespielt – könnten zur Folge haben, dass auf dem europäischen Kontinent stärkere Finanzbewegungen durch Kapitalflucht in Gang gesetzt werden. Durch die neuerliche Einführung nationaler Währungen und damit einhergehende Auf- und Abwertungsprozesse träten starke Wechselkursschwankungen zwischen den Währungen auf. Will man solche Prozesse schnell beruhigen, müsste man zum Beispiel über rigide Kapitalverkehrskontrollen in Europa und über Wechselkursbeschränkungen konkret nachdenken (beziehungsweise diese durchsetzen), was letztlich genau das Gegenteil dessen bedeuten würde, was man einst mit einem gemeinsamen europäischen Binnenmarkt beabsichtigt hatte. Es wäre mit behindernden Auswirkungen auf den freien Waren- und Kapitalverkehr zu rechnen, die im Extremfall auch zu direkten Handelskonflikten zwischen den Ländern führen könnten. Gefahr: Handelskonflikte?

Ganz grundsätzlich zu befürchten wäre also, dass das Auflösen der Währungsunion mittelfristig nicht zu dem gemeinschaftlichen Mit-

Durch die Auflösung der Währungsunion wird nicht automatisch alles wieder gut

einander zwischen den Ländern zurück führen würde, wie man es seinerzeit vor dem Einstieg in die gemeinsame Währungszone untereinander pflegte. Geht man dann noch einen Schritt weiter und nimmt an, dass vor dem Hintergrund einer solchen sehr unruhigen Restrukturierung des Euroraums notwendige Reformen eher ausbleiben, die Staatsschulden in den verschiedenen Ländern sich also nicht wirklich konsolidieren und sich das alles eher negativ auf die Wachstumsaussichten und die Beschäftigtenzahlen niederschlägt, steht zu befürchten, dass es im Euroraum richtig harte Verteilungskämpfe geben würde. Letztlich wäre das dann die Nagelprobe für den Fortbestand Europas. Folgt man diesem Szenario, wäre durchaus vorstellbar, dass das Scheitern des Euros in letzter Konsequenz auch massiven Einfluss auf die kulturelle und gesellschaftliche Entwicklung und das Zusammenleben Europas haben könnte, mithin also auch ein Scheitern Europas bedeuten könnte.[116]

Auf der anderen Seite gibt es diejenigen, die vom Satz der Bundeskanzlerin inzwischen reichlich genervt sind. Als Allererstes wird der Kausalzusammenhang in Frage gestellt: Wie kann Europa durch ein Scheitern des Euros bedroht sein, wenn der Euro bisher überhaupt nur in 17 Ländern als Währung eingeführt ist? Und wo doch Europa aus 27 Ländern beziehungsweise nach rein geografischer Zählweise sogar aus 51 Ländern besteht?

Keine vorurteilsfreie Diskussion

Zum Zweiten möchten sich die Kritiker des Merkelsatzes nicht vorwerfen lassen, dass sie – nur weil sie mit dem Euro als Währung nichts anzufangen wissen – automatisch auch Anti-Europäer seien. In dieser Schublade würden sie aber regelmäßig landen, wenn ihnen auf ihre kritischen Einlassungen zum Euro hin der Satz „Scheitert der Euro, scheitert Europa!“ erwidert würde. Was diesen Kritikern hierbei viel zu schnell unter den Tisch fällt, ist der Umstand, dass mit der Euro-Europa-Rettung mittlerweile der Schwerpunkt viel zu sehr auf einem „Europa der Finanzmärkte“ liege. Europa sei aber viel mehr. Es handele sich dabei um einen Staatenbund mit vielen kulturellen und bürgerlichen Chancen, was in der ganzen Diskussion viel zu wenig Beachtung fände. Natürlich ist auch diesen Kritikern klar, dass die Schieflage durch das wilde Treiben der Finanzmärkte zu Stande gekommen sei. Zumindest aber zu gleichen Teilen müsse sich die Politik hierbei an die eigene Nase fassen, weil sie jahrelanges Schuldenmachen befördert habe. Sie fordern deshalb Reformen des Eurosystems unter Berücksichtigung demokratischer Beteiligung und unter Wahrung europäischer Werte, die über die reine Finanz- und Binnenmarktsicht auf Europa weit hinaus gingen.[117]

Wie man den gegensätzlichen Positionen entnehmen kann, ist eine eindeutige Antwort auf die Frage, ob Europa scheitert, wenn der Euro scheitert, nicht so ohne weiteres möglich. Nachvollziehbar ist aber, dass die Bundeskanzlerin sich mit ihrem Ausspruch eine griffige Formulierung zurechtgelegt hat, um kurz und prägnant ihre Botschaft zu setzen: Sie möchte den Euroraum und Europa zusammenhalten. Und dafür ist sie anscheinend auch bereit, einiges zu investieren und zu riskieren. Den Mut dazu kann man vielleicht sogar bewundern. Andererseits ist auch klar: Sie ist Politikerin und sich durchaus bewusst, welche Macht Worte haben können. Insofern sollten wir uns vielleicht nicht zu sehr von ihrer griffigen Angstformel beeindrucken lassen und uns weiter trauen, Dinge zu hinterfragen. Zumal sich inzwischen auch in unserer Gesellschaft so langsam die Erkenntnis durchzusetzen beginnt, dass sich hinter dem ebenfalls von der Kanzlerin geprägten Begriff der „Alternativlosigkeit" oftmals doch mehr Alternativen verbergen, als es zunächst den Anschein erweckt.

In der Politik eigentlich kaum akzeptabel: Alternativlosigkeit

So gesehen darf man es sich schon erlauben, die Frage zu stellen, ob es Europa wirklich nur gibt, wenn der Euro weiter Bestand hat. Zumindest sollte man sich die Denkoption offenhalten, im Notfall auch über ein gemeinsames Europa ohne Euro nachzudenken, ohne dass ich das persönlich befürworten oder hier aktiv fordern würde. Aber Politik bedeutet doch immer auch das Vorhalten von Optionen, und wer weiß, ob wir in Kenntnis der Probleme, die die Einführung des Euros in Europa zwischen Nord und Süd nach sich zog, nicht irgendwann zu der Überlegung kommen, dass ein Versuch ohne Euro noch mal in Betracht zu ziehen wäre. Auch wenn das zu Beginn geschilderte Auflösungsszenario der Währungsunion andeutet, dass die Rückkehr zu einem Europa vor der Währungsunion vielleicht schwerer wäre als der Weg, den die EU bis zum Zeitpunkt des Beginns der Währungsunion genommen hat.

Insofern komme ich gerne auf mein „vielleicht" im einleitenden Absatz dieses Kapitels zurück und stelle fest, dass ich zu keiner eindeutigen

Antwort auf die Merkelsche Europa-These komme. Letztlich hängt es wohl stark davon ab, wie man selbst zum Gesamtprojekt „Europäische Union" steht. Je nachdem wird man der Kanzlerin eher mehr oder weniger zustimmen.

Die Euro-kritische Partei *Alternative für Deutschland* (AfD) – Herausforderung für Deutschlands etablierte Parteien

Apropos Zwiespalt und Alternativlosigkeit: In eine ähnliche Beurteilungszwangslage gerät man auch, wenn man über Alternativlosigkeit und Alternativen in Sachen Euro und Europa allgemein nachdenkt. Ist es denn derzeit so, dass wir beispielsweise eine Alternative für Deutschland brauchen? Konkret spielt diese Fragestellung natürlich auf die neue euro- und europakritische Strömung in Deutschland an, die sich sehr stark im Fahrwasser der Eurokrise entwickelt hat und deren Gründung als Partei mit Blick auf die Bundestagswahl im Jahr 2013 nun erfolgt ist. Der Name dieser Partei lautet dann auch tatsächlich: Alternative für Deutschland (AfD). Aber brauchen wir eine Partei „Alternative für Deutschland (AfD)"? Oder wäre die viel bessere Frage an dieser Stelle nicht: Warum überhaupt gibt es jetzt eine solche Partei? Ja, letztere Frage ist die wohl eigentlich spannendere. Bei der Suche nach Antworten wird man schnell bei einem tief sitzenden Frust einiger Menschen zum Thema Euro und Euro-Rettungspolitik landen. Vielleicht auch bei gewissen damit verbundenen Ängsten und Unsicherheiten. Vielleicht – oder sehr wahrscheinlich sogar – auch bei Vorbehalten und einem Misstrauen gegenüber den agierenden Politikern. Und nicht zuletzt vielleicht aber auch bei einer gewissen Unwissenheit und Uninformiertheit bezüglich der Eurokrise und einer daraus resultierenden allgemeinen Überforderung.

Interessant ist es ja trotzdem, wenn sich in dem ansonsten doch eher eingespielten politischen System in Deutschland – manch anderer würde vielleicht von einem festgefahrenen oder verkrusteten System sprechen – innerhalb relativ kurzer Zeit eine neue politische Bewegung entwickeln und ja, sich vielleicht sogar zu einem kleinen politischen – will sagen: wahlbeeinflussenden – Faktor für die bisher agierenden Parteien aufschwingen kann. In dem Zusammenhang stellt sich dann fast wie von allein die Frage: Welche Fehler haben die etablierten Parteien begangen, dass so etwas passieren konnte? Dass es in einer Demokratie immer wieder auch neue politische Akzente gibt, ist normal und gehört gewissermaßen zum System dazu. Bemerkenswert ist allerdings, dass es hier einer politischen Strömung anscheinend gelingen konnte, eine in der Bevölkerung latent schwelende (kritische) Grundstimmung zur Euro-Rettungspolitik in einer Größenordnung aufzunehmen, die es ihr vermutlich – und sofern die formalen Voraussetzungen für die Partei selbst dafür erfüllt sind – ermöglicht, bei der Bundestagswahl 2013 aus dem Stand in den neuen Bundestag einzuziehen.

Bekenntnis zu Europa nicht immer ganz klar und eindeutig

Den Kardinalfehler der etablierten Politik wird man dann am Ende wohl darin zu sehen haben, bei den Menschen nicht ausreichend Überzeugungsarbeit für den Euro, Europa und die damit verbundene Euro-Rettungspolitik geleistet zu haben. Im ewigen Streit um Wählerstimmen und den eigenen zu kochenden politischen Süppchen ist es nie wirklich gelungen, den Bürgerinnen und Bürgern eine klare und überzeugte politische Linie „für Europa und den Euro" zu kommunizieren. Warum brauchen wir den Euro? Warum ist Europa heute so wichtig für uns? Welche Vorteile bringt das mit sich? Jenes notwendige, deutliche und unerschütterliche Bekenntnis zum eingeschlagenen europäischen Weg gab es nicht oder es wurde zumindest nicht sehr offensiv vertreten. Im Gegenteil: Als es politisch opportun erschien, wurde sogar gezielt mit anti-europäischen Ressentiments gespielt und eine solidarische europapolitische Linie bewusst verlassen.

So sammeln sich unter dem Dach der neuen Partei also nun viele Anhänger, die mit den folgenden Forderungen[118] sympathisieren und aus Protest den etablierten Parteien die rote Karte zeigen wollen. Die AfD-Forderungen im Einzelnen:

Forderungen der AfD

- Geordnete Auflösung des Euro-Währungsgebietes
- Wiedereinführung nationaler Währungen oder die Schaffung kleinerer und stabilerer Währungsverbünde („Die Wiedereinführung der D-Mark darf kein Tabu sein.")
- Änderung der europäischen Verträge, um ein Ausscheiden von Staaten aus der Eurozone zu ermöglichen („Völker müssen demokratisch über ihre Währung entscheiden dürfen.")
- Kosten der sogenannten Rettungspolitik sollen nicht vom Steuerzahler getragen werden, sondern vielmehr von Banken, Hedge-

fonds und privaten Großanlegern (also den „Nutznießern dieser Politik")

Parteiendemokratie bildet gesellschaftliche Diskussionen nur noch unzureichend ab

In der Diskussion um diese neue Bewegung und ihre Forderungen fühlt sich die etablierte Politik inzwischen immerhin so hinreichend bedroht, dass sie reflexartig reagiert, indem sie versucht, die AfD in der rechtspopulistischen Ecke zu verorten. Das ist insofern bedauerlich, als es doch für die Menschen in unserem Land interessanter und in Sachen Meinungsbildung viel gewinnbringender wäre, sich argumentativ mit den Inhalten dieser neuen Bewegung auseinanderzusetzen. Und sind die Parteien der repräsentativen Demokratie nicht im ureigentlichen Sinne dazu auserkoren, für uns, aber auch durchaus mit uns, bestimmte Themen zu diskutieren, um daraus letztendlich ihre Politik abzuleiten? Vielleicht ist diese Annahme, insbesondere im Abgleich mit der heutigen Realität, auch schon wieder viel zu naiv. Nichtsdestotrotz bleibt die Frage, ob wir uns in der Hinsicht dauerhaft mit niedrigsten Ansprüchen an unsere Politik zufrieden geben sollten.

Eine erste und zumindest ansatzweise argumentative Auseinandersetzung mit der AfD und ihren Forderungen lieferte die ARD-Talkshow „Anne Will" unter dem Thema „Sündenfall Zypern – Vertrauen weg bei Europas Sparern?"[119] Ja, ich weiß, zu Beginn des Buches wollte ich Sie, liebe Leserin, lieber Leser, doch eigentlich noch vor wilden Talkshow-Argumenten schützen, und jetzt zerre ich Sie, indem ich obige Talkshow als Quelle bemühe, gewissermaßen ganz unvermittelt ins „Auge des Orkans" hinein. Was bleibt einem aber auch anderes übrig, wenn die zuvor geforderten politischen Auseinandersetzungen über ein wichtiges Thema unserer Zeit – und so sie denn überhaupt einmal geführt werden – heute nur mehr auf dem Talkstuhl (oder dem Talksofa) stattfinden, anstelle der dafür eigentlich in unserem System vorgesehenen Institutionen (wie zum Beispiel dem Deutschen Bundestag)? Ich hoffe daher, Sie sehen es mir an dieser Stelle nach, denn die Diskussion am Schluss der genannten Talkshow bot immerhin einige recht aufschlussreiche Ansätze.

Als Vertreter der AfD war Prof. Dr. Bernd Lucke zu Gast, Mitbegründer und Sprecher der Partei. Dieser durfte aus seiner Sicht darstellen, wo genau und warum es in Europa hakt: Seiner Ansicht nach spalte der Euro im Rahmen des Nord-Süd-Konflikts Europa, welches dadurch zunehmend Schaden erleide. Die Produktivitäten und die Wettbewerbsfähigkeiten in Europa entwickelten sich zu unterschiedlich, so dass die Südländer weiterhin mehr Waren im- als exportierten. Um das wirtschaftliche Gefälle zu nivellieren (also steigende Exporte der Südländer zu erzeugen), bräuchte es insgesamt wieder mehr währungspolitische Flexibilität in Europa, sprich: wieder eingeführte nationale Währungen.

AfD will geordnete Auflösung der Eurozone

Die AfD wolle einen gleitenden Ausstiegsprozess für die Eurozone organisieren, in dem zuerst die Südländer die Eurozone verlassen und zu einem späteren Zeitpunkt dann die Euro-Kernländer folgen würden. Damit wolle man letztlich den Südländern nur helfen, ihre Probleme in den Griff zu bekommen. Die AfD strebe mit ihren Forderungen kein Nationalstaatsprinzip an und sei auch nicht nationalistisch ausgerichtet, sondern verhalte sich im Gegenteil und im wahrsten Wortsinne „europäisch". Schließlich mache das Euro-System selbst europäische Errungenschaften kaputt und erst die von Deutschland für ganz Europa durchgesetzte „Austeritätspolitik"[120] mit ihren rigiden Sparvorgaben und einer auf „ohne Neuverschuldung" ausgerichteten Haushaltspolitik führe in Europas Ländern zu vermehrter anti-deutscher Stimmung. Man wolle sich diesbezüglich gar nicht erst ausmalen, was das beispielsweise für die deutsch-französische Freundschaft bedeuten könnte, wenn Deutschland im schlimmsten Falle – auch Frankreich würde zu einem Eurokrisenfall – sein Spardiktat über das Nachbarland stülpe.

Edmund Stoiber befürchtet bei Auflösung der Eurozone schwere Rückschläge für Europa

Der ehemalige bayerische Ministerpräsident Edmund Stoiber (CSU) gestand in der Diskussion zu, dass es zu Beginn der Währungsunion wohl ein Fehler gewesen sei, die Südländer auf ihrem damaligen sehr ungleichen Stand ihrer Wirtschaftskraft mit in die Währungsunion aufzunehmen. Jetzt aber, wo sie nun einmal dabei seien, müsse man sich mit der Situation auseinandersetzen und lösungsorientiert handeln. Darüber hinaus warnte er aber vor einem Rückfall in Hass und nationale Ressentiments, wenn man den Vorschlägen der AfD folgen und Europa quasi in einen Zustand wie nach dem Zweiten Weltkrieg zurückversetzen würde.

Gesine Schwan findet Hilfsangebot für Krisenländer in den AfD-Vorschlägen nicht überzeugend und unglaubwürdig

Die Politikwissenschaftlerin Gesine Schwan (SPD) hingegen merkte in der Diskussion an, dass sie es für ein Pseudoargument halte, wenn die AfD sage, sie wolle den Südländern mit einem Austritt aus der Eurozone helfen. Aus ihrer Sicht sei dies keine Hilfe, weil ein Abwerten wieder eingeführter nationaler südländischer Währungen zwar vielleicht die Exportbedingungen verbessere, dies ja aber noch längst nicht mit Produktivitätssteigerungen in diesen Ländern einherginge. Zudem blieben die Schulden nach einem Austritt aus der Eurozone doch weiterhin bestehen und würden im Gegenteil durch den Abwertungsprozess der nationalen südländischen Währungen zu den verbliebenen starken Währungen nur noch viel größer werden. Verinnerliche man sich diese Zusammenhänge, ginge es aus ihrer Sicht der AfD also nicht um die dringend benötigte Produktivitätsentwicklung in diesen Ländern, sondern es dränge sich hier sehr stark der Eindruck einer beabsichtigten „Entledigung" der Südländer auf. Bedenke man zudem, dass auf den AfD-Veranstaltungen unter den Teilnehmern oftmals Kommentare wie die Südländer müsse man „loswerden" und „wir müssen nur für die zahlen" zu hören seien, so trage dies für sie schon einen deutlich „nationalistischen Impetus". Solange von der AfD nicht konkret erklärt werde, wie ihr Ansatz helfen soll, die bestehenden Probleme zu überwinden, glaube sie nicht daran, dass das die Südländer beziehungsweise Europa tatsächlich auch nur einen Schritt weiter bringe. Im Übrigen gehe sie davon aus, dass Europa perspektivisch nur dann eine Chance haben werde, wenn man sich – über die rein ökonomische Integration hinaus – auch über eine stärkere politische Integration verständigen könne.

Europa braucht gerade mehr ökonomische und politische Integration

Interessant für uns mehr oder weniger neutrale Beobachter dieser Diskussion ist nun, dass hier im Wesentlichen um das Konzept des „Nord- und Süd-Euro" gerungen und gestritten wird. Ein Konzept, das wir weiter vorne unter den „Nicht verfolgten Maßnahmen" schon einmal näher kennengelernt haben. Die AfD – darin besteht kein Zweifel – möchte dieses Konzept ziemlich direkt umsetzen. Und nicht ganz von ungefähr kommt es, dass die Entwickler des Konzeptes (Olaf Henkel und Dirk Meyer) mit in der Unterstützerliste der Partei stehen. Die Kritiker der AfD verweisen letztlich genau auf die bekannten Kritikpunkte an diesem Konzept: Vermutlich steigende Arbeitslosigkeit in den Nordländern (weil die Südländer sich nun mehr Exportanteile zu Lasten der Wirtschaft in den Nordländern sichern könnten), weiterhin

AfD fordert Umsetzung des Nord-/Süd-Euro-Konzepts

bestehende oder gar gestiegene Schuldenlage in den Südländern trotz (oder gerade wegen) eigener abgewerteter nationaler Währungen und last but not least eine befürchtete politische Spaltung Europas durch den dann wieder getrennten Währungsraum.[121] Fraglich bleibt an der Stelle, wie das den Südländern und Europa helfen soll, was ja aber letztlich der Grundansatz („helfen wollen") der AfD ist.

Zweifelsohne haben wir es mit einer spannenden Diskussion zu tun, der man sich von Seiten der etablierten Politik unbedingt stellen sollte. Sich hierbei nur auf eine reine Stigmatisierung einer neuen politischen Bewegung zu verlegen, weil diese auf den ersten Blick suspekt erscheint, hilft nicht weiter und führt letztlich nur noch mehr zu dem, was wir doch alle immer beklagen, nämlich, dass sich die Menschen von den großen Volksparteien oder gar ganz von der Politik abwenden und offener für vermeintlich radikalere Positionen werden. Insofern der Appell an die etablierte Politik: Mutig sein, argumentieren und erklären. Nur das schafft Vertrauen und hilft bei Wahlen.

Einer AfD hingegen möchte man mit auf den Weg geben, dass es – auch wenn man mit der Eurokrise ein wichtiges Thema für sich gefunden hat – am Ende nicht ausreicht, sich nur darüber zu beklagen, wie sich „political correctness" mehltauartig über alle Diskussionen in unserem Lande zu legen drohe (und man dadurch – aus AfD-Sicht – Tabus nicht mehr offen ansprechen dürfe), wenn sich gleichzeitig in der eigenen Anhängerschaft eine gewisse nationalistisch geprägte antieuropäische Grundhaltung herauszukristallisieren droht. Das genau provoziert gerade eben jene kritisierte politische Korrektheit in einer Gesellschaft.

Politischer Meinungswettbewerb

Schaut man sich nun die AfD-Unterstützerliste an, sieht man darauf unter anderem einige durchaus honorige Volkswirtschaftslehre-Professoren. Das vermittelt eine gewisse Kompetenz. Andere wiederum fühlen sich vielleicht bemüßigt, in dieser Liste eher nur die „üblichen Verdächtigen", die permanenten Bedenkenträger zur Eurokrise und zur Euro-Rettungspolitik zu sehen. Wie auch immer. In einer Demokratie geht es am Ende um den Meinungswettbewerb und ob man nun bei der Wahl seine Stimme der AfD oder ihren Kritikern aus den etablierten Parteien gibt, muss letztlich jeder für sich selbst abwägen. Abzuwarten bleibt jedoch, wie diese neue Partei überhaupt mit dem

Zuspruch wird umgehen können und ob die Strukturen und personellen Kapazitäten, sowohl vor als auch nach einer Wahl – und zumal vielleicht mit einem dann möglichen Einzug in den Deutschen Bundestag – dabei werden mithalten können. Gerade die jüngeren Erfahrungen rund um die Piratenpartei mit den anschließenden Selbstzerfleischungsprozessen, den vielen Trittbrettfahrern und verhinderten Parteikarrieristen, die im Rahmen von Wahlsiegen schnell mit auf den fahrenden Erfolgszug aufgesprungen sind, zeigen auch deutlich, dass neue Parteien, die plötzlich ins politische Rampenlicht katapultiert werden, mitunter noch ziemliche Schwierigkeiten haben können, mit den neuen Erfolgen reflektiert umzugehen.

Parallelen zur Piratenpartei?

Vorhandenes Protestpotenzial und Stimmungen in einer Gesellschaft aufzunehmen ist das eine; dies später aber auch ernsthaft in verantwortliches Handeln für ein ganzes Land umzusetzen, ist noch einmal etwas ganz anderes. Insofern fährt man vielleicht nicht schlecht damit, den Entwicklungsprozess dieser Partei zunächst mit einer gewissen Vorsicht und Nüchternheit zu begleiten. Erweist sich diese Partei als mittel- bis längerfristig stabil und kommt sie demzufolge irgendwann wirklich in der Alltagspolitik an, so dass man sie ernst nehmen kann?

Deutlich zeichnet sich hingegen ab, dass sich die eurokritischen Stimmen in unserem Land stärker organisieren, die etablierte Politik mehr herausfordern und auf diese Weise bei Wahlen durchaus zu einem gewissen Faktor werden können. Damit folgen sie nun auch in Deutschland einem Trend, der sich bereits seit längerem in anderen europäischen Ländern abzeichnet. Das mitzuverantworten hat nicht zuletzt die etablierte Politik.

# 16 Brauchen wir überhaupt Europa?

Das ist die wahrscheinlich meistgestellte Frage im Rahmen des europäischen Einigungsprozesses – und während der Eurokrise sowieso. Alle, die davon genervt sind, dass Länder (wie zum Beispiel Deutschland), denen es offensichtlich wirtschaftlich gut geht, aufgrund der Eurokrise gezwungen sind, sich für die Verfehlungen anderer zu strecken, stellen sich und anderen diese Frage: Wozu brauchen wir dieses Europa? Nur damit reiche Länder die armen Länder Europas alimentieren? Was bringen uns der gemeinsame Binnenmarkt und das Miteinander-Wirtschaften, wenn die wirtschaftlichen und finanziellen Verwerfungen innerhalb der Europäischen Union inzwischen dermaßen groß sind, dass nicht einmal mehr die wirtschaftlichen Vorteile für einzelne Nationen ersichtlich sind? Und machen es uns die Briten nicht richtig vor? Den Euro als Gemeinschaftswährung ablehnen und auch sonst konsequent möglichst alles meiden und blockieren, was stärker in Richtung europäische Integration geht?

Europa hat einen überwiegend schlechten Stand

Sicher – die aktuelle Lage in der Europäischen Union ist nicht dazu angetan, von einem ultimativen Erfolgsmodell zu sprechen. Dafür sind in der Vergangenheit zu viele Fehler begangen worden – systematische, politische und demokratische. Und dafür hängt die Eurokrise zu sehr über den Staaten Europas und belastet sie nicht nur finanziell, sondern auch mental. Und nicht zuletzt: Dafür hat sich inzwischen zu sehr das negative Moment eines bürokratischen Ungetüms in unser aller Köpfe festgesetzt.

Europas Hoffnung: Lernfähigkeit

Auf der anderen Seite zeigt die Eurokrise aber vielleicht auch, dass man in Europa aus Fehlern lernen kann: Hoffentlich nicht zu spät, aber immerhin doch kam den Politikern Europas die Erkenntnis, das so etwas wie die Eurokrise unter anderem auch deshalb geschehen konnte, weil die ursprünglich vereinbarten harten Kriterien für gemeinsames Wirtschaften („Maastricht-Kriterien") zu Beginn der Wirtschaftsunion gleich schon wieder aufgeweicht beziehungsweise von einigen Ländern – darunter auch Deutschland und Frankreich – bewusst umgangen wurden. Hier gab es also hinreichend Missbrauchspotenzial, weil es keine fest vereinbarten, automatischen Sanktionsmechanismen gab. Mit dem Fiskalpakt zum Beispiel macht sich die Europäische Union immerhin daran, diese Fehler zu korrigieren, und man kann nur hoffen, dass die Erfahrungen aus der Eurokrise bei allen Beteiligten noch lange tief genug sitzen, dass man hier auch weiterhin konsequent am Ball bleibt. Wenn es aber allen wirklich ernst mit Europa ist, führt daran zunächst kein Weg vorbei. Gleichermaßen wie man systematische Fehler im europäischen Konstrukt beheben muss, wird man sich um die Finanzmärkte und deren Teilnehmer kümmern müssen. Auch hier zeigten sich während der Krise gewaltige Defizite, und die von uns beleuchteten Lösungswege, die inzwischen beschritten werden, geben etwas Anlass zur Hoffnung. Wenn es jetzt noch gelingen kann, die EU-Bürger stärker in die Prozesse der Europäischen Union einzubinden – wir reden hier von stärkerer demokratischer Beteiligung, Kontrolle und Legitimation bei den Entscheidungsprozessen – und Politiker die Schuld an unpopulären Entscheidungen, die sie selbst mitgetroffen haben, nicht immer „auf Brüssel" abwälzen, dann wird das Paket Europäische Union insgesamt schon wieder viel runder und transparenter. Wenn man als Bürger/-in dann das Gefühl bekommt, dass die Europäische Union nun viel greifbarer, erfahrbarer und mitgestaltbarer wird, werden auch wieder mehr Menschen viel positiver mit ihren Vorbehalten und Zweifeln gegenüber diesem bislang eher technokratischen Euromoloch umgehen.

Sinnsuche für Europa

Wem aber ein nur technokratisch verbessertes Europa als Antwort auf die Frage nach dem „Warum brauchen wir Europa?" immer noch zu wenig ist, der ist wahrscheinlich auf der Suche nach der einen großen, alles vereinenden Idee für Europa. Was ist denn – bei aller weiterhin notwendigen handwerklichen Feinarbeit am gemeinsamen europäischen Haus – der geistige Überbau dieser Europäischen Union? Was ist denn die attraktive Idee, die uns alle zusammenstehen lässt, wenn es am Ende darum geht, für gemeinsame europäische Werte zu kämpfen und diese notfalls auch zu verteidigen?

Überraschung 2012: Friedensnobelpreis für die EU

Ich gebe zu, dass ich mich bei meinen Überlegungen dazu auch etwas schwer getan habe. Das, was man selbst, wenn überhaupt, im Alltag von Europa so mitbekommt, sind nun einmal zuallererst die wirtschaftlichen Aspekte durch die Europäische Union. Die überraschende Entscheidung des Norwegischen Nobelpreiskomitees aber, im Jahr 2012 die Europäische Union mit dem Friedensnobelpreis auszuzeichnen, hat meinen Denkraum schlagartig erweitert. Zur Begründung führt das Komitee nämlich aus:

„Die Union und ihre Vorgänger haben über sechs Jahrzehnte zur Förderung von Frieden und Versöhnung beigetragen. [...] Die EU erlebt derzeit ernste wirtschaftliche Schwierigkeiten und beachtliche soziale Unruhen. Das Norwegische Nobelkomitee wünscht den Blick auf das zu lenken, was es als wichtigste Errungenschaft der EU sieht: den erfolgreichen Kampf für Frieden und Versöhnung und für Demokratie sowie die Menschenrechte; die stabilisierende Rolle der EU bei der Verwandlung Europas von einem Kontinent der Kriege zu einem des Friedens. Die Arbeit der EU repräsentiert ‚Bruderschaft zwischen den Nationen' und entspricht einer Form von ‚Friedenskongress', wie Alfred Nobel dies als Kriterium für den Friedenspreis 1895 in seinem Testament umschrieben hat."[122]

Und genau das ist es! Das ist die Vision, das ist die große Idee, von der der Zusammenhalt der Europäischen Union – so pathetisch es am Ende vielleicht auch klingen mag – letztlich geleitet ist:

- Frieden
- Demokratie und Menschenrechte
- Freiheit

Wirklich wichtige Werte – gesichert durch Europa

Das ist der Wertekanon, auf den es ankommt. Man selbst denkt darüber schon gar nicht mehr nach, einfach weil diese Dinge mittlerweile so selbstverständlich geworden sind. Und nur allzu schnell vergisst man dabei, welche (Kriegs-)Zeiten fast alle Europäer bis hin zu unseren Eltern und Großeltern erleben mussten, welche Länder des heutigen gemeinsamen Europas sich miteinander bekriegt haben und welche Krisenherde, gar nicht mal so weit weg, um uns herum teilweise immer noch schwelen. Und machen wir uns nichts vor: Gewisse Ressentiments werden auch heute in den Ländern der Europäischen Union leider noch von Generation zu Generation weitergegeben, so dass wir selbst nach einer 60-jährigen Friedensphase in Europa immer noch feststellen müssen, dass wir weiter hart an der Völkerverständigung arbeiten müssen. Es ist eben keine Selbstverständlichkeit! Wer das für sich verinnerlichen mag – und ja, in gewissem Sinne braucht es dafür vielleicht auch wieder eine stärkere „Bewusstseinsschulung" bei uns allen –, der wird am Ende vielleicht auch zustimmen können, dass der Euro letztlich doch mehr ist als nur eine Währung. Und wenn dann noch so pragmatische Annehmlichkeiten wie Arbeitsplätze, verbesserte Rechtsgrundlagen und unkompliziertes Reisen hinzukommen, dann wird das Gesamtpaket Europäische Union für die meisten von uns gleich auch viel konkreter und interessanter.

Europäischer Spezialfall: Großbritannien

Warum aber haben dann die Briten solch gravierende Probleme mit der Europäischen Union beziehungsweise tun sich so schwer, sich mit der zuvor beschriebenen gesamteuropäischen, völkerverbindenden Idee anzufreunden? Nun, in allererster Konsequenz müsste man dazu wohl die Briten selbst befragen. Ich persönlich kann hier an der Stelle auch nur Mutmaßungen anstellen und will das aber auch gerne tun. Etwas spöttisch könnte man einsteigen und formulieren: Großbritannien hat seine Traditionen und die pflegt es halt gerne. Manch einer von uns würde das vermutlich als arg spleenig bezeichnen. Geht man an die Sache aber etwas wohlwollender und sachlicher heran, muss man feststellen, dass die historischen Entwicklungen in Großbritannien gleichsam für die Entstehung des modernen Parlamentarismus überhaupt stehen. Darauf ist man in dem Land zu Recht sehr stolz und tut sich entsprechend schwer damit, sich einem europäischen System unterzuordnen, das nahezu jegliche Form von demokratischer Legitimation vermissen lässt. Einem System, das darüber hinaus mittlerweile ziemlich unverblümt von seinen Teilnehmern fordert, eigene nationale Souveränität aufzugeben, um sie an Europa abzugeben. Unabhängig davon bleibt aber auch festzuhalten, dass es in Großbritannien sehr starke konservative politische Kräfte gibt, die sich aus Überzeugung nahezu jeglicher Neuerung und Veränderung verschließen. Diese Kräfte sind sehr mächtig und in der Lage, die allgemeine Stimmung im Land entsprechend zu beeinflussen. Da werden im Sinne der Anti-Euro-Haltung Ängste in der Bevölkerung geschürt, um zu verhindern, dass sich das Land gegenüber der europäischen Idee insgesamt öffnet oder am Ende gar Befugnisse an die Europäische Union abgeben muss. Das Klima in Großbritannien ist dadurch strukturell also eher euroskeptisch ausgerichtet. Was das womöglich für eine zur Debatte stehenden Volksabstimmung über Großbritanniens Verbleib in der Europäischen Union bedeutet, traut man sich kaum vorzustellen.

Wenn Europa zum Spielball britischer Innenpolitik wird

Am Ende läuft es dann aber immer schnell auf die eine wesentliche Frage hinaus, nämlich, warum die Briten überhaupt in der Europäischen Union mit dabei sind. Der britische Premierminister David Cameron – selbst gar nicht mal unbedingt ein Befürworter eines EU-Austritts Großbritanniens –, steht hierbei unter starkem innenpolitischen Druck des EU-ablehnenden Flügels innerhalb seiner konservativen Partei. So kommt es zu der für ihn etwas kuriosen Ausgangslage, dass er offiziell eine Anti-EU-Rhetorik fahren muss, gleichwohl aber betont, Großbritannien in der EU halten zu wollen, weil „er den Zugang zum Binnenmarkt für eine lebenswichtige Säule der britischen Wirtschaft“ [123] hält.

Die Süddeutsche Zeitung brachte das im Sommer 2012 noch klarer auf den Punkt: „Für Cameron bedeutet das, dass er bei jeder Äußerung zum Thema Europa in erster Linie Innenpolitik betreibt, weil er zwei Lager befrieden muss, deren Ansichten im Grundsatz unvereinbar sind.“[124]

EU-Austritt Großbritanniens – Befreiungsschlag oder selbst gewählte Isolation?

Für viele Länder Europas wirkt eine solche lavierende Haltung aber mehrheitlich befremdlich, spiegelt sie doch nicht gerade überschäumende ideelle Überzeugung wider, sondern im Gegenteil puren Opportunismus. In jedem Falle ist Großbritannien seit Jahren dabei, sich mit dieser Haltung gegenüber dem europäischen Projekt mehr und mehr zu isolieren, und es wird die Frage sein, wie lange und in welcher Form sich das politisch durchhalten lässt. Zumal es tatsächlich auch in Großbritannien – man mag es kaum glauben – pro-europäische Strömungen gibt, die jetzt befürchten, dass das Land insgesamt politisch an Bedeutung verlieren könnte, wenn es sich vom europäischen Prozess völlig abkapsele. Und in der Tat ist es so, dass viele führende europäische Politiker mittlerweile etwas genervt von der Totalverweigerung Großbritanniens in Sachen Europa sind, weil das die ohnehin schwierigen Krisenbewältigungsprozesse nur weiter erschwert und man irgendwie auch nicht so richtig weiß, wie man damit umgehen soll, wenn man ständig Rücksicht auf die Befindlichkeiten eines „bockigen Kindes“ nehmen muss. Schlussendlich könnte es ja auch sein – und das ist eine unterschwellige Befürchtung in den Köpfen vieler überzeugter Europäer –, dass Großbritannien mit seiner harten Linie am Ende sogar Recht behält. Nämlich dann, wenn der Euro als Währung tatsächlich scheitern sollte und sich die Krise in

Europa weiter verschärft. In dem Falle wäre Großbritannien sicherlich, zumindest moralisch, der Krisengewinnler schlechthin. Ob aber Großbritannien – nur, um vielleicht als dieser mögliche moralische Gewinner dazustehen – deshalb ein wirtschaftliches Interesse am Zusammenbruch des Euros und der Europäischen Union haben kann und ob es daraus tatsächlich Vorteile ziehen würde, darf stark bezweifelt werden. Die Verwerfungen, die ein solches Szenario nach sich zöge, würden auch an Großbritannien nicht spurlos vorübergehen und die britische Wirtschaft mit in den Abwärtsstrudel ziehen. Insofern sollte man dem Land diesbezüglich kein aktives Interesse unterstellen. Die spannende Frage also wird sein, ob sich künftig politische Prozesse abzeichnen werden, um das Land wieder etwas stärker in den Kreis der entscheidenden europäischen Länder einzubinden. Voraussetzung dafür wäre einerseits sicherlich, wenn man die Europäische Union deutlich demokratischer aufstellte. Das würde es vielleicht auch den Briten einfacher machen, sich der Europäischen Union zumindest gefühlsmäßig anzunähern. Andererseits müssten sich natürlich auch in Großbritannien selbst ein paar grundlegende Vorbehalte und die tief sitzende Euroskepsis etwas mehr lösen. Man müsste sich dort auch auf etwas Neues einlassen wollen. Und klar: Sicherlich wäre es sehr hilfreich, wenn es der Europäischen Union gelänge, ihre aktuelle Krise zu überwinden und damit zu zeigen, dass das, was man sich in und für Europa vorstellt, tatsächlich funktioniert. Nachgewiesene Handlungsfähigkeit würde Vertrauen in das Gesamtkonstrukt schaffen und dann letztlich auch die Skeptiker überzeugen.

Großbritanniens Presse *amused* über Friedensnobelpreis für die EU

Vielleicht hilft dabei auch, die gemeinsame Vision, von der Europa letztlich geprägt ist und die mit dem Friedensnobelpreis ausgezeichnet wurde, noch stärker vorzuleben und es somit für die Briten attraktiver erscheinen zu lassen, sich an so etwas wie Europa zu beteiligen. Die (auch aus Großbritannien stammenden) sehr spitzen Kommentare zur Friedensnobelpreis-Entscheidung – „Satire“, „Aprilscherz“ und „Experiment eines antidemokratischen Bundesstaats“ als die hierbei noch eher als harmlos einzustufenden Reaktionen – waren in der Hinsicht jedoch nicht gerade sehr verheißungsvoll. Genauso wie die „kein Kommentar“-Haltung des britischen Premierministers David Cameron spiegeln sie aber genau das wider, was wir zuvor über das insgesamt verbitterte britische Verhältnis zu Europa kennengelernt haben. Nicht einmal in so einem Moment gemeinsamer Freude kann man sich hier eine positive Reaktion zu Europa abringen, zumindest nicht von Seiten der Regierung. Aber, man merke auf, selbst aus Großbritannien gab es auch zum Friedensnobelpreis für die Europäische Union dann doch noch versöhnliche Töne von zum Beispiel der sonst eher europaskeptisch berichtenden Times. Sie schrieb, der Nobelpreis sei irgendwie doch auch gerechtfertigt, weil die EU, trotz vieler Mängel, letztlich ein „Fanal der Hoffnung" für Millionen Menschen in der Peripherie Europas sei.[125] Hört, hört.

Neuen Diskussionsstoff zum Themenkomplex „Großbritannien und Europa" lieferte die Grundsatzrede des britischen Premiers David Cameron am 23.1.2013. In dieser kündigte er für den Fall eines Wahlgewinns an, 2017 eine Volksabstimmung über den Verbleib des Vereinigten Königreiches in der Europäischen Union anzustreben. Damit rückten die konservativen und tendenziell anti-europäischen Kräfte Großbritanniens noch mal enger zusammen und signalisierten den anderen Ländern der Europäischen Union ziemlich deutlich, was sie von der Idee eines gemeinsamen Europas tatsächlich halten, nämlich nicht allzu viel.

Wie viel Europa steckt überhaupt in Großbritannien?

Dabei finden Europa und die Europäische Union in Großbritannien ja schon kaum noch statt. Es gibt zahlreiche britische Sonderregelungen, die das Land mittlerweile mehr außerhalb denn als ein gleichwertiges Vollmitglied (mit allen Rechten, aber auch Pflichten) innerhalb der EU erscheinen lassen. Da gibt es zum einen den sogenannten „Briten-Rabatt", nach dem das Land zwei Drittel (also 66 Prozent) seiner Nettozahlungen an die Europäische Union zurückerhält. Diese Sonderregelung hat sonst kein anderes Land in der EU, sie muss aber finanziell von allen EU-Ländern mitgetragen werden. Und eine Abschaffung dieser Regelung wäre nur mit ausdrücklicher Zustimmung der Briten möglich. Beim Thema Reisefreiheit haben die Briten das Schengener Abkommen, das EU-Bürgern unkompliziertes Reisen durch die Länder der Europäischen Union ermöglicht, nicht unterschrieben. Es kann sie keiner in der EU dazu zwingen, dem Euro-Währungsverbund beizutreten, also den Euro einführen zu müssen. An den Neuregelungen des Fiskalpakts müssen sie sich nicht beteiligen. Die europäische Grundrechts- und Sozialcharta müssen sie nicht unterzeichnen, europäische Arbeitszeitrichtlinien und die Finanztransaktionssteuer besitzen für sie keine Gültigkeit. Und zuletzt sah es so aus, als würde man sich auch nicht an gemeinsamen europäischen Regelungen zu einer einheitlichen Polizei- und Justizarbeit beteiligen.[126]

Liest man sich die vorstehende Auflistung der für Großbritannien gebratenen Extrawürste in der Europäischen Union durch, ist eigentlich kaum noch nachzuvollziehen, warum der britische Premier an die EU Forderungen nach einem Umbau in der Union stellt und eine Volksabstimmung über den Verbleib in der EU plant. Formal gesehen, ist Großbritannien zwar noch EU-Mitglied, de facto hat das Land aber doch kaum noch etwas mit den Entwicklungen in Europa zu tun. Zumindest nicht mit den vermeintlich wichtigen.

Selbstbewussten und überzeugten Europäern, die in den zuvor genannten – für Großbritannien nicht gültigen – Regelungen nun aber durchaus auch echte Vorteile für sich und für die EU insgesamt zu erkennen vermögen, mag in dem Zusammenhang der etwas spitze Gedanke kommen, ob einer geplanten Volksabstimmung über einen Verbleib Großbritanniens in der EU überhaupt die richtige Fragestellung zu Grunde liegt. Oder müsste man dem britischen Volk – eben in Anbetracht der Nachteile, die es durch die zahlreichen Sonderregelungen hinzunehmen hat – nicht eigentlich vielmehr die Gelegenheit geben, über ein „mehr EU" abstimmen zu lassen? Nun, jede Nation hat am Ende ihre eigene Wahrnehmung zu Europa und zur Europäischen Union und muss diese Beziehung letztlich auch für sich selbst definieren. Wenn die Briten partout nicht mit Europa können und weiterhin zum Fremdeln neigen, dann ist das eben so zu akzeptieren. Jeder ist da in gewisser Weise auch seines eigenen Glückes Schmied.

Einflussreiche konservative Kräfte in Großbritannien

Auf der anderen Seite: Wenn man die Fernsehberichte zur Europa-Rede Camerons gesehen und zwischen den Zeilen der Zeitungskommentare gelesen hat, scheint es ja auch ein wenig so zu sein, dass der britische Premier mit seiner Attacke auf die EU und der angedrohten Volksabstimmung für etwas Ruhe im erzkonservativen Lager seiner eigenen Partei sorgen wollte. Was wiederum den weiter vorne schon gehegten Verdacht über eine stärker innenpolitisch ausgerichtete Wirkungsabsicht des Cameron-Kurses bestätigen würde. Könnte das also alles letztlich nur dem einen Zweck dienen, im eigenen Land etwas mehr Zeit zu gewinnen und die aufgeregte Europa-Debatte in Großbritannien wieder deutlich herunterzufahren? Etwas fraglich bliebe diese Strategie dennoch, weil mit der angekündigten Volksabstimmung für 2017 im Prinzip der Geist nun mal fast unwiederbringlich aus der Flasche herausgelassen wurde. Aber wer weiß, wozu es gut ist. Denn, wie gesagt, gibt es auch in Großbritannien tatsächlich pro-europäische Kräfte, die die Gefahr einer drohenden Isolierung des Landes durchaus erkennen und denen bewusst ist, dass man in Europa gemeinsam mehr erreichen kann als wenn man weiterhin kauziges Eigenbrötlertum pflegt. Es wird die Frage sein, wie gut die Pro-Europa-Fraktion in Großbritannien ihre Kräfte wird bündeln und gegenüber der eigenen Bevölkerung eine Sachdebatte über das europäische Anliegen wird führen können. Vermutlich aber wird es auf eine sehr emotionale Diskussion im Vorfeld einer britischen Volksabstimmung hinauslaufen, an deren Ende man dem Volk dann aber auch das nötige Vertrauen wird schenken müssen, die richtige Entscheidung zum Wohle des eigenen Landes zu treffen. Man darf also durchaus gespannt sein und wünscht von dieser Stelle aus schon mal ein glückliches Abstimmungshändchen.

Selbstbewusstes Europa nicht abhängig von Großbritannien

Großbritannien weiterhin als starken Partner mit in der Europäischen Union zu haben, wäre ein insgesamt wichtiges Signal für Europa – es wäre aber nicht zuletzt auch und vor allem für die Briten selbst von nicht zu unterschätzender Bedeutung. Einer kommenden Volksbefragung in Großbritannien indes kann man von Seiten der EU mit einer gewissen Gelassenheit und einer guten Portion Selbstbewusstsein entgegensehen, weil es eben inzwischen auch so ist, dass Großbritannien nicht um jeden Preis in der EU gehalten werden muss. Eine Ausgangslage, über die man – bei aller notwendigen Selbstkritik innerhalb der Europäischen Union – vielleicht auch selbstkritisch in Großbritannien nachdenken sollte.

Bundespräsident Joachim Gauck geht auf diesem Feld mit etwas größerem diplomatischen Geschick zu Werke, wenn er in seiner ersten Rede im Rahmen des sogenannten „Bellevue Forums“ die folgenden Worte an Großbritannien richtet: „Liebe Engländer, Waliser, Schotten, Nordiren und neue Bürger Großbritanniens! Wir möchten Euch weiter dabeihaben! Wir brauchen Eure Erfahrungen als Land der ältesten parlamentarischen Demokratie, wir schätzen Eure Traditionen, aber wir brauchen auch Eure Nüchternheit und Euren Mut! Ihr habt im Zweiten Weltkrieg mit Eurem Einsatz geholfen, unser Europa zu retten – es ist auch Euer Europa. Lasst uns weiter gemeinsam den Weg zur europäischen res publica bestreiten, dabei auch unter Umständen streiten, aber nur gemeinsam sind wir den künftigen Herausforderungen gewachsen. Mehr Europa soll nicht heißen: ohne Euch!“[127]

# 17 Verändert die Eurokrise die Politik in Europa?

Seit Jahren, ach was, seit Jahrzehnten drängt sich einem im Zusammenhang mit Europa das Bild eines bürokratischen Molochs auf. Hier eine neue Behörde, da eine neue Behörde, an vielen Stellen eine Regelungs- und Normierungswut zu Alltagsdingen, und die Europapolitiker schanzen sich auf EU-Ebene die Pöstchen zu, ohne dass man dabei das Gefühl hat, es ginge ernsthaft mit demokratischen Dingen zu. Manch einer begann sich dabei zwischenzeitlich zu fragen, wie sinnvoll es eigentlich überhaupt sein kann, sich von so einem Europa noch mehr zu wünschen. Wenngleich es durchaus viele Politiker in Europa gibt, die weiter standhaft dafür werben, dass der Weg Europas in einem „Mehr an europäischer Integration" bestünde und nicht im Rückbau in Richtung nationalstaatlicher Interessen. Die ‚normalen' europäischen Bürger/-innen hingegen stehen dem mehr oder weniger ratlos gegenüber. Einerseits, weil sich kein wirkliches Verständnis entwickeln will, warum die Europäische Union so sein muss, wie sie nun einmal aktuell scheint, nämlich: bürokratisiert, technokratisiert, wenig Freiräume bietend, politisch intransparent, alles regeln wollend. Andererseits, weil das Gefühl aufsteigt, dass das, was dort in Brüssel ausgedacht und entschieden wird, bis auf wenige positive Ausnahmen weit weg von dem ist, was im Alltag erlebt wird.

Europapolitik bislang noch mit wenig Bürgernähe

So klafft letztendlich auch hier eine große Wahrnehmungs- und Erklärungslücke, die niemand so recht zu füllen vermag. Und die, die es eigentlich tun müssten, unsere Politiker, die tun es nicht. Weil sie es vielleicht auch nicht können. Oder weil in ihnen selbst jener Bürger schlummert, der dem vermeintlichen Eurowahn skeptisch gegenübersteht und der all dem am liebsten ein Ende bereiten möchte. Oder weil das Europa heutiger Ausprägung sogar gut für politische Zwecke im eigenen Land nutzbar ist, nämlich immer dann, wenn man es als prima Sündenbock nutzen und gerne auch mal Schuld „auf Brüssel" abwälzen kann. Das lenkt von Problemen vor der eigenen Haustür ab und Politiker sind dann nicht mehr unmittelbar gezwungen, Verantwortung zu übernehmen. Das alles führt aber zu der bedauerlichen Situation, dass seinerzeit in den Gründungsjahren der Europäischen Gemeinschaft zwar deutsche Politiker fleißig aus politischer, wirtschaftlicher und ideeller Überzeugung am europäischen Haus mitge-

Die europäische Idee: Gerne auch einmal Opfer parteipolitischen Taktierens zimmert haben, dass die ihnen nachfolgenden Politikergenerationen diese Anstrengungen aber teilweise aufgegeben haben oder manche von ihnen im Gegenteil schon wieder Abrissarbeiten an diesem Haus vornehmen. Anders kann man es nicht bezeichnen, wenn zum Beispiel in deutschen Bundesländern regionaler Wahlkampf mit Europaängsten geführt wird, um an Wählerstimmen zu kommen. Das ist aber in mehrerlei Hinsicht kontraproduktiv:

1. Solche Politiker signalisieren damit ihrem eigenen Volk, dass sie es nicht für intelligent genug halten, um mit ihm ein solch komplexes Thema auf sachlicher Ebene zu diskutieren, also die notwendige Erklärungsarbeit zu leisten.

2. Regionalen Wahlkampf mit einem Thema wie Europa zu betreiben, das eigentlich auf Bundesebene angesiedelt ist, vor allem wenn der Wahlkampf dann noch konträr zur bundespolitischen Linie läuft, führt früher oder später zu Ärgernissen, auch und vor allem unter vermeintlich befreundeten Parteien oder innerhalb von Parteien zwischen der Bundes- und der Landesebene.

3. Aussagen in deutschen Regionalwahlkämpfen, wie zum Beispiel die Forderung nach einem Austritt Griechenlands aus der Eurozone, werden natürlich medial trotzdem über Deutschlands Grenzen hinaus wahrgenommen und verursachen im Ausland bisweilen Irritationen. Auszubaden hat das dann eine Bundesregierung, die in einem solchen Fall aber gar nicht der Absender der Botschaft war.

Man bekommt also eine Vorstellung, in was für einem Tollhaus wir uns bei der Europapolitik zum Teil befinden. In dieser Situation nun müssen die europäischen Staaten die mächtige Aufgabe der Eurokrise bewältigen, wobei jeder dieser Staaten im Inneren wiederum mit ziemlich unterschiedlichen europapolitischen Strömungen zu kämpfen hat. Dabei gilt es in dieser Situation eigentlich, die Reihen zu schließen, die Kräfte zu bündeln und sich voll und ganz der Problemlösung zu widmen. Man kann sich vorstellen, dass das nicht leicht ist. Und so ist es eigentlich nicht verwunderlich, dass Europa während der Eurokrise zeitweilig ein ziemlich erbärmliches Bild abgibt.

Europas Kräfte ziehen nicht an einem Strang

Immerhin haben sich ein paar Staaten besonnen und sich der von der Eurokrise ausgehenden großen Gefahr – für europäische Verhältnisse – relativ beherzt angenommen. In den Medien haben wir eine Zeit lang die deutsche Bundeskanzlerin Angela Merkel und den ehemaligen französischen Staatspräsidenten Nicolas Sarkozy quasi nur noch als eine einzige Person – das „Merkozy" – wahrnehmen dürfen, so innig, aber auch bestimmt haben diese beiden für ihre und die anderen europäischen Staaten versucht, das Heft des Handelns in die Hand zu nehmen.

Heikle Aufgabe für Deutschland: Führungsrolle in Europa

Natürlich geht es dabei auch immer ein Stück weit um Vormachtstellung und Führungsanspruch. Aber seien wir ehrlich: Viele andere europäische Länder, zumindest diejenigen, die weiter ein eher konstruktives Interesse am europäischen Prozess verfolgen, machten keinen total unglücklichen Eindruck angesichts dessen, dass hier die zwei großen Länder den Versuch unternahmen, voranzugehen. Im Gegenteil haben sie diese beiden Staaten sogar ermuntert, haben teilweise von ihnen sogar gefordert, diese Art Führungsrolle in und für Europa zu übernehmen. Vor diesem Hintergrund versteht man dann vielleicht auch eine solch bemerkenswerte Aussage wie die des polnischen Außenministers Radek Sikorski, er fürchte „weniger deutsche Macht als deutsche Untätigkeit".[128]

Ob nun Geburts- oder Erziehungsfehler: Europa funktioniert bislang nicht fehlerfrei

Auch hier hat die Eurokrise aber den Finger in die offene Wunde der Europäischen Union gelegt. Viel zu viel Zeit ist ins Land gegangen, weil sich Europas Politiker in der aufkeimenden Eurokrise einerseits viel zu sehr mit nationalen und politischen Befindlichkeiten der Länder untereinander beschäftigen mussten und andererseits mit den Unzulänglichkeiten, resultierend aus systematischen Konstruktionsfehlern aus der Anfangszeit des Vertragswerkes zur Europäischen Union, zu kämpfen hatten. (Nebenbemerkung „Konstruktionsfehler": Anderslautende Stimmen, wie zum Beispiel die vom ehemaligen Bundesfinanzminister Theo Waigel und Bundespräsident a. D. Horst Köhler, sprechen in ihrer Schwachstellenanalyse zur Europäischen Union weniger von einem „Konstruktions- oder Geburtsfehler" als lieber von einem „Erziehungsfehler".)[129] Anstatt also gleich zur Sache zu kommen und einen Lösungskatalog zur Eurokrise abzuarbeiten beziehungsweise überhaupt erst mal einen zu erarbeiten, saß man seitens der Politik zunächst wie das berühmte Kaninchen vor der Schlange. Aufgrund fehlender Erfahrungen mit Krisen dieser Art war es für alle Neuland, mit anzusehen, wie das mit den bekannten Mängeln behaftete Konstrukt Europas durch die Eurokrise einer bis dato noch nie dagewesenen Bewährungsprobe unterzogen wurde. Der Eurokrise aber, so bizarr das auch klingen mag, verdanken wir es jetzt letztendlich, dass sich die Staaten Europas auf das zu besinnen begannen, was die Europäische Union zusammenhält. Dem beschlossenen Fiskalpakt kommt hierbei eine entscheidende Rolle zu. Er behebt (hoffentlich nicht zu spät) die Fehler, die es überhaupt erst möglich gemacht haben, dass es so weit kommen konnte.

Dass wir dabei zweifelsohne spät dran sind, lässt sich allein an der Tatsache ablesen, welche finanziellen Mittel mittlerweile aufgewendet werden müssen, um den Schaden zu reparieren. Zeit ist auch hier Geld, möchte man da fast lakonisch anfügen. Und machen wir uns nichts vor: Es gibt noch genügend Zweifler, die sich fragen, ob das, was an finanziellen Ressourcen nun mobilisiert wird, am Ende nicht alles in ein Fass ohne Boden geschüttet wird. Ob diese Zweifel berechtigt sind, soll hier gar nicht diskutiert werden – ernst zu nehmen sind sie aber allemal. Und umso mehr ist bei der Verwendung dieser Gelder sehr umsichtiges und verantwortungsvolles Handeln gefragt.

Europa versucht sich neu aufzustellen

Halten wir also fest, dass die Eurokrise einen neuen politischen Prozess zwischen den Staaten Europas in Gang gesetzt hat. Basierend auf der Erkenntnis von Fehlern der Vergangenheit, will man nun entscheidende Korrekturen vornehmen. Wir werden sicher erst sehr viel später wissen, welche Maßnahmen davon richtig und welche falsch waren.

Eurokrise bringt Demokratiedefizite an den Tag

Eine weitere Erkenntnis besteht darin, dass die Art und Weise, wie sich Politiker im Zuge der Eurokrise haben von den Märkten treiben lassen, wie Beschlüsse über Milliardensummen für die Rettungsschirme gefasst und Parlamenten teilweise mit einen Tag Vorlaufzeit zur Abstimmung vorgelegt wurden, schwindelerregend und demokratieverachtend war. Sie hat für Unverständnis, Unmut und letztlich auch für Unsicherheit gesorgt. Konnte man sich wirklich sicher sein, dass ein kleiner Kreis handelnder Regierungspolitiker bei diesem komplexen Thema wirklich immer wusste, was er tat? Oder waren auch diese Politiker nur Getriebene ihrer fachlichen Berater oder Lobbyisten? Und war es nicht eine Zumutung, die parlamentarische Kontrolle derartig auszuhebeln, indem man den Abgeordneten stapelweise Papier zu den Beschlüssen der Rettungsschirme vorsetzte, mit der Bedingung „Morgen muss das verabschiedet werden!“? Und wo waren eigentlich die Bürger? Hat man ihnen richtig erklärt, warum man als deutscher Staat bereit ist, mit Milliarden von Euros in Haftung zu gehen, um andere in Schieflage geratene Staaten zu retten? Nein, die Menschen wurden von der Politik nicht angemessen mitgenommen, wie man so schön sagen würde. Und schließlich: Was sagt eigentlich unsere Verfassung dazu? Bewegen sich die Beschlüsse der Regierung alle noch im Rahmen dessen, was sie uns vorgibt? Wurde da so sauber gearbeitet, dass man absolutes Vertrauen in die handwerkliche Umsetzung der Rettungspakete haben konnte? Dass es dazu erhebliche Zweifel gab und gibt, macht die Klage gegen den Rettungsschirm ESM vor dem Bundesverfassungsgericht deutlich. Sie wurde von der Bundestagsfraktion der Linkspartei, einigen Wirtschaftsprofessoren, dem CSU-Abgeordneten Peter Gauweiler und darüber hinaus 37.000 Bürgern angestoßen, die sich der Verfassungsbeschwerde angeschlossen haben, und ist sichtbarer Ausdruck eines tief sitzenden Unwohlseins in unserer Gesellschaft. Die Unterzeichner wollten deutlich machen, dass sie befürchten, der ESM würde das Budgetrecht des Deutschen Bundestages aushebeln, zu viel Macht nach Brüssel übertragen und keiner ausreichenden demokratischen Kontrolle unterliegen.[130]

Skepsis und Kritik zur Euro-Rettungspolitik auch in Deutschland von Beginn an mit dabei

Seit dem 12. September 2012 wissen wir aber, dass das Bundesverfassungsgericht nicht der insgeheimen Hoffnung der Kläger nachgekommen ist, den Rettungsschirm ESM komplett zu stoppen und eine deutsche Beteiligung daran zu untersagen. Das war angesichts der allgemeinen Ausrichtung des Gerichts vorhersagbar, da es schon in der Vergangenheit das Handlungsprimat in europäischen Fragen vorwiegend bei der deutschen Politik sah und dieser von juristischer Seite aus nicht in die Parade fahren wollte. Aber das Gericht hat immerhin Auflagen gemacht. Zum einen dürfe die deutsche Haftungsobergrenze im ESM von 190 Milliarden Euro nicht ohne Zustimmung Deutschlands, also mithin des Bundestags, überschritten werden. Zum anderen dürfe die Geheimhaltungspflicht der ESM-Mitarbeiter nicht über den Informationsrechten des Bundestages stehen.[131]

Bundesverfassungsgericht stärkt Mitspracherechte

Damit stärkt die Gerichtsentscheidung also letztlich den Wunsch nach stärkerer demokratischer Beteiligung und Kontrolle, wenn nicht durch die Bürger/-innen direkt, dann aber zumindest über die Strukturen, die in unserem System die Bürger/-innen repräsentieren – die Parlamente. Im konkreten Falle ist das der Deutsche Bundestag. Vielleicht gibt es aber auch europapolitische Fragen, bei denen sogar die Landesparlamente der Bundesländer mit einzubeziehen wären.

Und auch die Europäische Union wird sich in Zukunft noch sehr viel stärker mit der Demokratiefrage auseinandersetzen müssen, wenn sie möchte, dass die Akzeptanz für das europäische Anliegen wieder stärker wird. Fragen, die sich dazu aufdrängen, sind: Wie kann es besser gelingen, demokratische Elemente in den EU-Strukturen zu stärken, Formen von Bürgerbeteiligung zuzulassen und die Menschen besser in das einzubinden, was EU-Politik darstellt?

Erste hoffnungsvolle Ansätze zu mehr Demokratie und Bürgerbeteiligung in Europa

Ob wir dabei dann nur noch von direkter Demokratie sprechen, sei mal dahingestellt. Sicher hat direkte Demokratie viele Vorteile, aber es gibt auch zu bedenkende Aspekte, die vielleicht zur Vorsicht mahnen. Zum Beispiel ermüdet direkte demokratische Teilhabe irgendwann auch, so dass, finde ich, besonders sorgfältig abgewogen werden muss, wie weitgehend man diese Beteiligung der Bürger/-innen am Ende wirklich ausgestaltet. Dass in dem Bereich aber etwas passieren muss, ist unstrittig. Vielleicht wären auf europäischer Ebene aber erst einmal gewisse Zwischenschritte besser, um diesem Ziel näher zu kommen, also zum Beispiel eine klarere Kommunikation der europäischen Anliegen gegenüber den Bürgern. Über die Wahlen zum Europäischen Parlament sind die Bürger immerhin schon mal beteiligt. Was vielleicht fehlt, ist die Motivation, diese Institution noch stärker in ihrer Arbeitsweise wahrzunehmen. Das steht und fällt mit den kürzlich verbesserten Befugnissen, die diesem Parlament obliegen, um bei den Entscheidungen auf europäischer Ebene ein gewichtiges Wörtchen mitzureden.

Konkreter wird an der Stelle unser Bundespräsident a. D. Horst Köhler, der seine Freude über mehr aufkommende demokratische Teilhabe und Legitimität im Rahmen institutioneller Veränderungen auf europäischer Ebene wie folgt auf den Punkt bringt: „Je bedeutsamer zum Beispiel die Rolle des Europäischen Parlamentes wird, je mehr die

Europäische Kommission zu einer vom Europäischen Parlament gewählten europäischen Regierung wird, je mehr der Ministerrat zu einer Staatenkammer wird, desto mehr könnte im Parlament die bündische Zusammensetzung zurücktreten. Mit anderen Worten: Das Europäische Parlament soll kein Konvent der Wählerschaften aller Staaten bleiben, sondern immer mehr zu einer homogenen Vertretung der europäischen Wählerschaft werden, die dem demokratischen Grundsatz 'one person, one vote' näher kommt."[132]

Europäische Bürgerinitiative (EBI) – eine Million Unterschriften aus mindestens sieben europäischen Ländern

Ein vielversprechender Ansatz zu mehr demokratischer Teilhabe von Bürgern auf europäischer Ebene ist auch die sogenannte Europäische Bürgerinitiative (EBI). Im Lissaboner EU-Vertrag steht geschrieben, dass die Europäische Kommission durch die Unterschriften von mindestens einer Million Menschen aus mindestens sieben europäischen Mitgliedsstaaten gezwungen werden kann, sich mit einem Thema zu beschäftigen und sogar einen entsprechenden Rechtsakt dazu vorzuschlagen. Dieses Instrument ist noch sehr jung und bisher auch noch weitestgehend unbekannt, so dass es damit noch nicht allzu viele Erfahrungen gibt. Die nach eigenen Aussagen erste EBI, die es aber geschafft hat, über eine Million Unterschriften zu sammeln, ist die EBI „Wasser ist ein Menschenrecht". Sie setzt sich dafür ein, dass Wasser in Europa ein öffentliches Gut bleibt und nicht zum Spielball wirtschaftlicher Interessen wird. Zugelassen sind übrigens nur solche Europäischen Bürgerinitiativen, die mit ihrem Anliegen nicht gegen bestehende europäische Verträge verstoßen.[133]

In den Herbst 2012 fällt dann auch ein vom deutschen Bundesfinanzminister Wolfgang Schäuble gemachter Vorschlag zur Reform der Währungsunion, der unter Demokratieaspekten interessant scheint. Als Lehre aus der Eurokrise sollen die europäischen Nationalstaaten mehr Macht nach Brüssel abgeben, was aber sogleich den empfindlichen Punkt vieler Euroskeptiker trifft. Können hier die Zweifler über ihren eigenen Schatten springen und auf Teile der nationalen Souveränität verzichten? Die Schäuble-Vorschläge sind insofern recht spannend, weil sie dem in den Eurostaaten zu erlahmen drohenden Reformprozess wieder mehr Schwung verleihen könnten. Zwar gehen sie zum Teil auch schon richtig ans Eingemachte der nationalen Souveränität, berücksichtigen zusätzlich aber auch das, was wir zuvor

Schäubles Vorschläge

unter dem Aspekt demokratischer Beteiligung diskutiert haben. Die Vorschläge im Einzelnen:[134]

1. Der EU-Währungskommissar solle künftig gleich viel Macht im europäischen Politgefüge erhalten wie der EU-Wettbewerbskommissar sie bereits hat. Das bedeutet: Er soll Entscheidungen autark und ohne Zustimmung anderer EU-Kommissare treffen können. Mit einer solchen Konstruktion würde man sicherstellen, dass seine Funktion, Inhalte und Entscheidungen entpolitisiert und von Interessen Dritter unabhängig gehalten werden.

2. Nationalstaaten würden etwas Haushaltssouveränität aufgeben, indem sie künftig ein potenzielles Veto des EU-Währungskommissars zu ihren Haushaltsentwürfen zu akzeptieren hätten. Spräche der EU-Währungskommissar ein solches Veto aus, weil er zum Beispiel das geplante Haushaltsdefizit eines Landes als zu hoch empfindet, müsse das entsprechende Land nachbessern. Bei welchen Einnahmen/Ausgaben dann konkrete Änderungen vorzunehmen wären, obläge aber dem jeweiligen nationalen Parlament; darauf hätte die EU auch weiterhin keinen Zugriff. Neu an diesem Vorschlag wäre eben das Vetorecht. Bislang kann die EU-Kommission in Haushaltsfragen nur Empfehlungen an die Nationalstaaten aussprechen, die im schlimmsten Fall einfach ignoriert werden können.

3. Zur besseren demokratischen Legitimation der europäischen Politik soll das Europäische Parlament viel frühzeitiger an allen wichtigen Prozessen beteiligt werden und in flexibler Zusammensetzung tagen können. Hintergrund beim Aspekt der Zusammensetzung des Parlamentes ist, dass zu den Vorhaben nur diejenigen Parlamentarier tagen sollen, deren Länder von einer Entscheidung auch betroffen seien. Ginge es zum Beispiel um Entscheidungen, die die Eurozone beträfen, wäre das letztlich nur für Parlamentarier aus 17 Ländern von Relevanz. Ginge es hingegen um Vorlagen, die die gesamte Europäische Union beträfen, könnten die Parlamentarier aller 27 Länder darüber befinden.

Kritiker der Vorschläge fragen, ob es richtig sein kann, dass künftig eine einzelne Person – der/die neue EU-Währungskommissar/in mit der erweiterten Befugnis des Vetorechts – über das Haushaltsgebaren eines gesamten demokratisch gewählten Parlaments eines Landes befinden können soll. Für einige scheinen hierbei die Relationen nicht mehr stimmig. Auf der anderen Seite hätte aber der unabhängige EU-Währungskommissar die Möglichkeit, hier ernsthaft den mahnenden Zeigefinger zu erheben, wenn ein Land wieder droht, mit seiner Fiskalpolitik über eigentlich vereinbarte Obergrenzen hinauszuschießen.

Konsolidierung in der Haushaltspolitik: Europa funktioniert nur über ein mehr harmonisiertes Miteinander

Und schließlich ist dies doch absolut im Sinne des neu vereinbarten Fiskalpaktes, dass die Länder solider mit ihren Finanzen umgehen, um zukünftige Eurokrisen zu vermeiden. Deswegen gibt es auch viele Stimmen, die die Vorschläge sehr positiv aufgenommen haben: Es seien richtige Ansätze auf dem Weg der anzustrebenden Währungs-, Finanz- und Haushaltsunion in Europa. Wenn man es wirklich ernst meine, müsse man diesen Weg letztlich auch konsequent weiter gehen und nicht schon vorher wieder damit beginnen, eine Reihe von Ausnahmetatbeständen zu schaffen.

Spannend im Zusammenhang mit den Schäuble-Vorschlägen ist auch, dass der demokratische Ansatz in ihnen Berücksichtigung findet, indem das Europäische Parlament rechtzeitiger in wichtige Prozesse eingebunden wird und damit seine Stellung im europäischen System weiter gestärkt wird. Was von den Vorschlägen letztlich übrig bleibt und im weiteren Verlauf Eingang in den europäischen Restrukturierungsprozess findet, wird allerdings – wie so oft – auch hier abzuwarten bleiben.

# 18 Schlussgedanken

Hinter uns liegt nun eine längere Abenteuerreise durch die wilde Eurokrise. Dabei wurden viele Einzelaspekte beleuchtet, Pro und Contra einander gegenübergestellt. Bei der Frage nach der Ursache konnten wir feststellen, dass die Eurokrise keine Einzelkrise ist, sondern vielmehr in Zusammenhang mit der Finanz- und Immobilienkrise in den USA 2007 steht, weswegen wir hier auch von einer „Zwillingskrise" sprechen. Ein überhitzter Immobilienmarkt in den USA mit anschließendem Platzen der Immobilienblase riss europäische Banken und damit auch die europäischen Staaten mit ins Unglück. Starke strukturelle Unterschiede im europäischen Wirtschaftsraum, das Nord-Süd-Gefälle, begünstigten die Ausbreitung dieser Krise. Hinzu kamen systemische Fehler bei der Ausgestaltung und Umsetzung der Europäischen Union. Dass dabei die einst sehr hart formulierten Maastricht-Kriterien in den für sie bestimmten EU-Ländern wenig Anwendung fanden oder bewusst umgangen wurden, hat sich rückblickend als kurzsichtig erwiesen.

Bei der Vielzahl an Zusammenhängen ist es für nicht unmittelbar Betroffene manchmal schwer zu erkennen, dass sie überhaupt Teil einer Eurokrise sind. Als erkennbare Symptome konnten wir identifizieren: ins Trudeln geratene Banken, Staaten am Rande des Bankrotts, erlahmte Wirtschaftsprozesse und, gewissermaßen als Hauptsymptom, Politiker im steten Feuerwehreinsatz.

Zum Kurieren der Symptome wurden Rettungsschirme in Milliardenhöhe aufgespannt. Strauchelnde systemrelevante Banken wurden gerettet, Konjunkturpakete wurden geschnürt und nicht zuletzt wurden Weichenstellungen für eine neue gemeinsame europäische Finanzpolitik vorgenommen: eine neu strukturierte Finanz- und Bankenaufsicht, schärfere Eigenkapitalregeln für Banken sowie der neue Fiskalpakt. Dabei ist allen Beteiligten hoffentlich bewusst, dass dieser Prozess erst noch am Anfang steht – und trotzdem gibt es bereits erste Tendenzen, siehe zum Beispiel bei der Bankenregulierung und Basel III, getroffene Beschlüsse gleich schon wieder in Frage zu stellen. Will man aber ernsthaft nachweisen, dass man seine Lehren aus der Krise gezogen hat und man an der Eurozone festhalten möchte, muss Europa noch stärker in Richtung einer gemeinsamen Haushalts-, Finanz- und Wirtschaftsunion gehen. Damit verbunden sind gegebenenfalls ein weiterer Verzicht auf nationale Befugnisse, feste Regeln, nach denen sich alle gleichermaßen zu richten haben, und eine Politik, die aufgefordert ist, bei der Vielzahl von Lobbyinteressen einen festen Standpunkt zu haben und diesen auch zu vertreten.

Euro- und Finanzkrise stellvertretend für globale Herausforderungen

Geht man dann noch einen Schritt weiter und sieht die Eurokrise als Stellvertreterkrise für das globale Finanzsystem an, lässt sich zudem erahnen, dass hier noch ein weites Aufgabenfeld vor der internationalen Staatengemeinschaft liegt, deren Teil auch Deutschland ist. Angeraten ist sehr wohl, auch weiterhin über den nationalen und europäischen Tellerrand hinauszublicken und all das in sein gestaltendes Denken und Handeln mit einzubeziehen, was im Zuge der Globalisierung auf uns zukommt.

Fragen, wie es mit dem Euro und Europa insgesamt weitergehen wird, wie wir Bürger/-innen uns künftig in diesem System sehen wollen und welche Beteiligungsmöglichkeiten uns hierbei eröffnet werden können, haben unseren Blick über die Eurokrise hinaus noch mal auf die politischen Rahmenbedingungen Europas gerichtet.

Schlechtes Omen und bekannte Probleme: Gescheiterte Währungsverbunde vor der Eurowährungsunion

Eurokrise und Euro-Währungsverbund in ihrer aktuellen Daseinsform sind ziemlich einzigartig. Leicht könnte man deshalb der Annahme verfallen, sie seien für uns ein großes Experiment, über dessen Ausgang wir erst sehr viel später werden befinden können. Das stimmt einerseits, andererseits erleben wir aber nicht den einzigen großen Währungszusammenschluss der Geschichte, wie nachfolgende historische Beispiele zeigen: Vor dem Projekt „Eurozone" gab es die *Lateinische Münzunion* (1865–1926) mit den Ländern Frankreich, Schweiz, Belgien, Italien und Griechenland, die *Deutsch-Österreichische Münzunion* (1857–1867) mit den Staaten des Deutschen Zollvereins, dem Kaiserreich Österreich sowie Liechtenstein und die *Skandinavische Münzunion* (1873–1914) mit den Ländern Schweden, Norwegen und Dänemark. Leider muss man feststellen, dass diese Währungs- und Münzverbunde historisch gesehen auch fast alle instabil waren – und das aus uns wohlbekannten Gründen: übermäßige (ungedeckte) Papiergeldproduktion und/oder mangelnde (Haushalts-)Disziplin einzelner teilnehmender Länder in diesen Verbunden.[135]

Eine seriöse Garantie auf einen für uns alle erfreulichen Ausgang der Eurokrise und den Fortbestand der Währungsunion lässt sich aus den vorgenannten Beispielen also leider nicht herleiten. Ich bin also – wie vermutlich viele andere auch – sehr gespannt, wie sich die Eurokrise nun weiter entwickeln wird, ob wir es gemeinsam schaffen, sie zu überwinden, und mit wie vielen blauen Flecken und blauen Augen wir letztlich davonkommen werden. Oder aber, ob nicht doch noch richtig schlimme wirtschaftliche Szenarien in Europa Realität werden. Letztendlich sitzen wir alle in einem Boot und sind jetzt gezwungen, die Daumen zu drücken, dass unter den von der Politik gewählten Maßnahmen und vorgenommenen Weichenstellungen hoffentlich auch das Richtige dabei war. Immerhin hängt davon viel für uns alle und unsere Gesellschaften ab.

Anteil der Politik an der Eurokrise

Muss man deshalb Politik ausdrücklich dafür loben, dass sie in Zeiten der Finanz- und Eurokrise ausnahmsweise und für ihre Verhältnisse vergleichsweise beherzt gehandelt hat? Oder wären demgegenüber nicht vielmehr Fragen zu formulieren wie: Welche der Ursachen zur Finanz- und Eurokrise hat die Politik selbst mit dazu beigetragen und wie konnte es überhaupt dazu kommen, dass Politik letztlich so zur Getriebenen der Märkte wurde? Auch stellt sich dem einen oder anderen vielleicht die Frage, ob die in der Eurokrise von der Politik gewählte Grundannahme der Systemrelevanz von Banken die richtige war. Wäre es nicht vielleicht ein wichtiges Signal an den Markt gewesen, einfach auch einmal eine Bank scheitern und sie somit direkte Verantwortung für ihr Handeln übernehmen zu lassen?

Über diese Fragen lässt sich natürlich trefflich streiten und die möglichen Szenarien, die wir gemeinsam im vorderen Teil des Buches dazu entwickelt und – soweit es uns auf Basis der vorliegenden Informationslage möglich war – auch durchgespielt haben, zeigen die verschiedenen Auswirkungen und die jeweils zu Grunde liegende Motivation der Politik, so zu handeln wie sie letztlich gehandelt hat. Möge hier jeder für sich zu einem eigenen Schluss kommen, ob die im Anschluss getroffenen Entscheidungen dem Ausmaß der Krise gerecht werden oder nicht.

Zwiespältige Rolle Deutschlands in der Eurokrise

Was in der Diskussion schnell untergeht, ist, dass Deutschland in gewissem Sinne aber tatsächlich auch eine Art Profiteur der Eurokrise ist. Einerseits dien(t)en die vielen von unserer deutschen Regierung mit auf den Weg gebrachten Rettungsmaßnahmen nicht zuletzt auch dazu, dass Krisenländer weiterhin ihre Schulden, nebst fälliger Zinsgewinne, unserem Land gegenüber weiterhin fleißig bedienen können. Insofern stellt sich schon die Frage, inwieweit hier die oftmals beschworene große Solidarität mit Europa oder nicht vielleicht doch mehr die Wahrung eines massiven ökonomischen Eigeninteresses des deutschen Staates als zentrales Motiv des Handelns im Vordergrund stand. Andererseits ist Deutschland Krisenprofiteur, weil es die Krise selbst vergleichsweise wenig zu spüren bekommt. Das liegt natürlich zu einem Gutteil daran, dass die deutsche Wirtschaft in Europa wettbewerbstechnisch sehr stark aufgestellt ist, wenngleich dabei wiederum zu bedenken ist, dass es genau dieser Umstand ist, der in den Krisenländern zu einer weiteren Verschärfung der dortigen Krise führt: Die starken deutschen Exporte bremsen die Wachstumsbemühungen in den Krisenländern, aber sie halten die Wirtschaft in Deutschland, auch in der Krise, auf einem relativ guten Niveau.

So ist es in Deutschland doch noch weitestgehend so, dass wir uns fragen, wo denn nun eigentlich die Eurokrise für uns persönlich bleibt. Es werden zwar auch bei uns zeitweilig geringere Wachstumsprognosen aufgestellt, beim Auftragseingang in den Unternehmen gewisse Rückgänge verzeichnet und die üblichen saisonalen Befürchtungen zur Entwicklung der Arbeitslosenzahlen geäußert, aber allem liegt im Prinzip der Tenor eines „hätten wir alles eigentlich viel schlimmer erwartet“ zu Grunde.

Die Eurokrise als Belastungsprobe für Gerechtigkeit

In den von uns so kritisch betrachteten Krisenländern hingegen ist es viel schlimmer! Konfrontiert mit einer prekären wirtschaftlichen Lage, in die man sich teilweise selbst gebracht hat, für die man teilweise aber nicht selbst verantwortlich ist, muss hier nun eine Generation für die Verfehlungen zahlreicher Generationen vor ihr in Verantwortung treten und den kompletten Reform- und Spardruck auf sich nehmen – zumindest erwarten wir Vertreter aus den europäischen Nichtkrisenländern das wie selbstverständlich von ihnen. Versetzen wir uns aber einmal in die Lage der Betroffenen, so kann man meines Erachtens durchaus Verständnis dafür aufbringen, wenn die Menschen in Ländern wie zum Beispiel Griechenland auf die Straße gehen und ihren Protest zum Ausdruck bringen. Wäre ich von einer solchen Situation betroffen, würde das auch an meinem Gerechtigkeitssinn kratzen. Über die Formen des Protests in den Krisenländern (Verwendung von Nazisymbolen) und ob es richtig ist, Deutschland so massiv ins Zentrum der Kritik zu stellen, wäre zu diskutieren. Da muss man sicherlich nicht alles gutheißen, was da aus den Krisenländern kommt. Auf der anderen Seite haben auch und gerade einige deutsche Politiker während der bisherigen Eurokrise – im Abschnitt „Verändert die Eurokrise die Politik?“ sind wir darauf etwas eingegangen – selbst genügend Beiträge geleistet, dass sich unser Land den Zorn der Menschen in den Krisenländern redlich „erarbeitet“ hat.

Was mich während der gesamten Eurokrisen-Debatte indes verwundert, ist diese erstaunliche Gelassenheit, mit der die Menschen dem Thema in Europa insgesamt begegnen. Ich vermute – und komme somit zu der in der Einleitung geschilderten Ausgangsthese für dieses Buchprojekt zurück –, dass viele immer noch nicht wirklich verstehen, was die Zusammenhänge in der Eurokrise sind und worüber die Politik hier genau diskutiert. Insofern möchte ich an dieser Stelle meiner Hoffnung Ausdruck verleihen, dass sich das mit dem Lesen dieses Buches etwas gebessert hat.

Trotz allgemeinen Wohlstands: Fortschreitende Armut in industrialisierten Gesellschaften

Aber auch der Aspekt, dass die Armutsschere in unseren Gesellschaften immer weiter auseinander geht, dass mittlerweile nur noch wenige Prozent der Menschen die Ressourcen und Vermögen auf dieser Welt besitzen, kontrollieren und letztlich damit über die große Mehrheit der Menschen bestimmen, scheint eine überwiegende Mehrheit von uns zumindest nicht so weit zu erzürnen, dass wir einen weltweiten Proteststurm durch die Länder entfachen. Die entstandene *Occupy-Bewegung*, die sich mit ihrem Slogan „We are the 99%!“ stärker diesen sozialen Auswirkungen der Finanz- und Eurokrise und damit letztlich auch der Thematik der Verteilungsgerechtigkeit widmen wollte, stellt sich aus momentaner Sicht ja eher als ein Sturm im Wasserglas dar. Dabei werfen gerade Finanz- und Eurokrise auch eine Menge sozialer Fragen auf.

Sozialer Wettbewerb lässt gesunden Menschenverstand aussetzen

Selbst Ökonomen kommen mittlerweile zu dem Schluss, dass die wachsende Kluft zwischen Arm und Reich wohl eine wesentliche Ursache für die Finanzkrise 2007 gewesen ist. Denn wenn wir uns bei der Darstellung der Zusammenhänge zur Immobilienkrise weiter vorne vielleicht noch gefragt haben, warum sehr viele Menschen aus einkommensschwächeren Schichten in den USA seinerzeit so unvorstellbar leichtsinnig waren, sich auf diese riskanten günstigen Bankkredite mit variablem Zinssatz zur Finanzierung ihrer Eigenheime einzulassen, so gibt es darauf eine einfache wie einleuchtende Antwort: Der Wunsch, darüber zu den reicheren Schichten aufzuschließen, war so unbändig stark, dass der normale Verstand ab einem gewissen Punkt anscheinend einfach ausgeschaltet wurde. Und so kommt man letztlich zu dem Schluss, dass ein stark ausgeprägtes Verteilungsungleichgewicht in einer Gesellschaft volkswirtschaftlich gefährlich ist, wenn es die Menschen aufgrund des bestehenden sozialen Wettbewerbs untereinander auf ökonomisch irrationale Abwege führen kann.[136]

Die Marktwirtschaft regelt das schon – und die Politik schaut nur zu?

So ist denn vielleicht auch nicht allzu verwunderlich, wenn in Zeiten von Wirtschaftskrisen gerade Verteilungsfragen wieder stärker „Konjunktur“ haben. Sonst eher politisches Diskussionsstiefkind, bekommt das Thema also auch durch Finanz- und Eurokrise wieder Auftrieb. Eine hitzige Diskussion über das Wirtschaftsmodell der Marktwirtschaft als solches haben wir dennoch nicht, zumindest nicht in der breiten öffentlichen Wahrnehmung. Dabei gäbe es sicherlich einige Unzulänglichkeiten an diesem Modell zu diskutieren, vor allem jene, die ganz explizit Bankenexzesse und damit die Finanz- und Eurokrise erst ermöglicht haben. Aber natürlich auch die Frage, inwieweit das zum Beispiel in Deutschland gewählte Modell der „sozialen Marktwirtschaft“ heute tatsächlich noch die daran gestellten Erwartungen erfüllt. Finden soziale Aspekte noch ausreichend Berücksichtigung oder hat sich mit den Jahren und politikbedingt unsere Wirtschaft auf ein Modell der reinen Marktwirtschaft zu entwickelt? Und treten jetzt nicht doch jene sozialen Verwerfungen zu Tage, die mit der sozialen Marktwirtschaft ursprünglich verhindert werden sollten?

Das eine richtige und in der Hinsicht ideal funktionierende Wirtschaftssystem gibt es wahrscheinlich nicht und die Erfahrungen mit dem realen Kommunismus und Sozialismus tragen dazu bei, dass trotz allem Ungemach die soziale Marktwirtschaft weiterhin das bevorzugte

Wirtschaftsmodell ist. Insofern erklärt sich vielleicht auch an diesem Punkt die relative Diskussionsruhe – es gibt bisher einfach keine überzeugende Alternative. Fakt ist aber auch, dass es in einer Gesellschaft nur dann auf Dauer friedlich bleiben wird, wenn auch die einkommensärmeren Schichten ansatzweise das Gefühl haben, dass sie von der Gesellschaft und dem sie begleitenden Wirtschaftssystem nicht mehr abgehängt werden und nicht obendrein auch noch den Wohlstand der einkommensstärkeren Schichten finanzieren müssen. Von ihrer Definition her bringt die soziale Marktwirtschaft eigentlich gute Voraussetzungen für eine in dieser Hinsicht befriedete Gesellschaft mit. Die Politik muss diesen sozialen Ausgleich aber auch aktiv gestalten und dies nicht dem Markt selbst überlassen.

Wachstumswahn!?

Natürlich drängen sich bezüglich der zuvor geschilderten Thematik weitere Fragen förmlich auf: Wie viel Wachstum braucht beziehungsweise verkraftet unsere Welt noch? An welcher Stelle stoßen wir dabei an (natürliche und gesunde) Grenzen? Welche Alternativen gibt es zum Wachstumsmodell allgemein und was bedeutet das für die zukünftige Ausgestaltung von Wirtschaftssystemen und Wirtschaftsprozessen? Das alles sind ohne Zweifel spannende und wichtige Fragen, doch sie müssen an anderer Stelle beantwortet werden, weil dies den Rahmen dieses Buches sprengen würde.

Wohin geht denn aber nun die weitere Reise? Ist die Eurokrise endlich überwunden? Sind wir aus dem Gröbsten heraus? Geht es ab jetzt wieder bergauf? In der Tat gibt es inzwischen schon wieder einige Politiker, die damit beginnen, positive Botschaften an ihre jeweilige Bevölkerung zu senden. Die Eurokrise als solche sei zwar noch nicht vorbei, aber das Schlimmste sei wohl überstanden, der Patient Europa gewissermaßen über den Berg – so der Tenor. Ich persönlich wäre da vorsichtiger. Griechenland scheint zwar zunächst stabilisiert und für Zypern sind nach einigen Geburtswehen auch neue (und hoffentlich helfende) Rettungsmaßnahmen beschlossen worden. Und obwohl es sich hierbei um Länder handelt, deren „Ausfall" die Eurozone im Zweifelsfall wohl noch irgendwie verkraften sollte, zeigen doch die unerwartet schwierigen Verhandlungen um das beschlossene Hilfspaket für das vermeintlich so kleine Zypern, wie schnell die gute Stimmung auch kippen kann und aus verhaltenem Optimismus plötzlich wieder weltweite Verunsicherung wird. Eine „stabilisiert" geglaubte Eurokrise meldete sich quasi von einem Tag auf den anderen zurück und bestimmte wieder tagelang die Nachrichtenagenda.

Spanien und Italien noch nicht über den Berg und Frankreich in Gefahr

Wenn also schon von Zypern bedrohliche Dominoeffekte für Europa ausgehen beziehungsweise befürchtet werden können, wie mag es dann wohl erst um die richtig großen und im Prinzip viel gefährlicheren Problemfälle Spanien und Italien bestellt sein? Diese für die Euro-Rettungspolitik vielleicht auch noch in Frage kommenden Länder beschreiten zwar mittlerweile schon nach Kräften die schwierigen Wege zur Stabilisierung ihrer wirtschaftlichen Gesamtlage, aber in beiden Staaten – und speziell in Italien mit der lange Zeit unklaren Lage nach der Wahl im Februar 2013 – gibt es noch etliche Unwägbarkeiten. Hier lauern für die gesamte Eurozone möglicherweise noch große Gefahren, sollten sich dort im weiteren Verlauf leider nicht völlig auszuschließende, schlimmere Eurokrisen-Szenarien einstellen. Als „Krönung" des Ganzen könnte sich dann sogar noch unser Nachbarland Frankreich zum Kreise der größeren Problemkandidaten hinzugesellen, denn leider verdichten sich auch hier erste ernstzunehmende Anzeichen, dass die Auswirkungen der Eurokrise im schlimmsten Fall nur noch durch die Inanspruchnahme des Euro-Rettungsschirms abgefedert werden können.

Wie gerne würde also auch ich an dieser Stelle schon die Losung ausgeben: „Alles wird gut!" Das wäre dann aber wohl doch zu einfach. Und vor allem deutlich zu früh, wie die zuvor skizzierte Perspektive einiger relevanter europäischer Länder deutlich machen dürfte.

Wie zuvor schon einmal angedeutet: In Deutschland herrscht – bei aller vorhandener Kritik am Euro-Rettungskurs der Regierung – (noch) bemerkenswerte relative Ruhe. Im Prinzip ist nichts zu verspüren von einer weit verbreiteten oder tief sitzenden „German Angst"[137], die uns seit der Wiedervereinigung insbesondere bei der Teilnahme an Auslandskriegseinsätzen, bei Tierseuchen wie der Vogelgrippe und BSE, aber auch bei zunächst diffuseren Bedrohungslagen wie dem drohenden Weltuntergang durch den Klimawandel mitunter nachgesagt wird.

Entspannte Deutsche in der Eurokrise

Die Deutschen verkraften die Eurokrise aufgrund ihrer wirtschaftlich soliden Basis bisher erstaunlich gut. Mit Sicherheit spielt da auch eine gewisse Portion Fatalismus („es lässt sich eh nichts ändern") mit hinein, aber womöglich ist es auch einfach so, dass es eine „German Angst" in dieser Form bei uns gar nicht gibt. Mir persönlich würde diese Vorstellung sehr gut gefallen: Deutsche ohne – oder nur mit geringer – Angst in der Eurokrise. Das wäre eine prima Ausgangsbasis, um die weiterhin vor uns liegenden Anstrengungen der Eurokrise gemeinsam zu bewältigen. Das soll jetzt nicht heißen, dass wir uns künftig keine Gedanken mehr machen müssen. Nein. Eine gesunde Portion Skepsis bei uns allen ist nach wie vor angesagt und sogar äußerst förderlich, schult sie doch insgesamt unsere Wachsamkeit gegenüber der Eurokrise und den entsprechenden Aktivitäten unserer Politik. Eine größere Angst vor der Zukunft und den auf uns wartenden Herausforderungen der Eurokrise hingegen wäre eher lähmend und kontraproduktiv.

So wären mir folgende Wünsche für den weiteren Umgang mit der Eurokrise ein besonderes Anliegen:

1. Versuchen wir, die Eurokrise weiterhin so angstfrei wie möglich anzunehmen! Denn annehmen müssen wir sie in irgendeiner Form. Sie einfach für „beendet" zu erklären oder sie nur zu ignorieren, wird nicht funktionieren. Ein Zuviel an Angst oder Sorge wäre aber auch fehl am Platze. Wir brauchen einen möglichst unverstellten, klaren Blick auf das Wesentliche – auf lösungsorientierte Ansätze.

2. Seien wir als Bürgerinnen und Bürger wachsam und kritisch gegenüber den Dingen, die unsere Politiker zur Eurokrise entscheiden! Es ist am Ende auch unsere Verantwortung, dass der Reformdruck auf die Politik hoch bleibt, hier fortwährend engagiert an den Korrekturen der Fehlentwicklungen der letzten Jahrzehnte zu arbeiten und das „Europäische Haus" wieder in Schuss zu bringen. Die Zeit vor anstehenden Bundestagswahlen zum Beispiel eignet sich dazu hervorragend, denn Eurokrise und Europa werden mit Sicherheit Schwerpunktthemen sein. Und auch nach der Wahl wird sich eine neue Bundesregierung diesen Themen stellen müssen.

3. Und last but not least: Geben wir Europa nicht leichtfertig auf, nur weil es aktuell und auf den ersten Blick vielleicht als eine vielversprechende und verlockende Maßnahme erscheinen mag, in der naiven Hoffnung eines „früher war alles besser" nun alle Uhren zurückzudrehen. Erstens ist es äußerst fraglich, ob tatsächlich wieder alles so werden würde, wie es einmal war. Und unabhängig davon bliebe zweitens die Frage, ob eben früher wirklich alles besser war. Es ist eher davon auszugehen, dass die Dinge hier leider nicht so einfach liegen.

Erfolgsrezept für Europa: Schwieriger Spagat zwischen Haushaltskonsolidierung und Wachstumsimpulsen für die Wirtschaft

So wage ich denn zusammenfassend einen zumindest verhalten zuversichtlichen Ausblick: Die Lage in Europa ist weiterhin durchaus sehr ernst und sie wird es noch eine ganze Weile bleiben, aber sie ist tatsächlich auch nicht ganz hoffnungslos. Bedingung für einen positiven Ausgang der Eurokrise allerdings ist es, dass sich Europa „zusammenrauft", die Länder untereinander solidarisch sind und alle aus Fehlern lernen und diese korrigieren. Einhergehen müsste dieses mit einer insgesamt besseren wirtschaftlichen und politischen Verzahnung in Europa. Zugegeben, für sich genommen sind das natürlich erst einmal ziemlich hehre Ansätze, die auf dem Altar des ökonomischen Kalküls und der Partikularinteressen der europäischen Länder leider jederzeit auch schnell wieder geopfert werden könnten. Umso wichtiger ist es also, dass wir uns informieren oder – wenn wir an der Stelle Defizite verspüren – von unserer Politik beharrlich Informationen und Erklärungen zur Eurokrise einfordern. Die Politiker sind schließlich unsere gewählten Vertreter und sollten selbst ein starkes Interesse an einer hinsichtlich der Eurokrise aufgeklärten Bevölkerung haben.

Information und Aufklärung als die immer noch besten Waffen gegen verführerischen Populismus

Eurokrisen-Politik in Hinterzimmern und eine allgemein schlechte Informationslage erhöhen nur ein ohnehin schon latent vorhandenes Misstrauen gegenüber vielen politischen Entscheidungen zum Europa unserer Tage. Will die etablierte Politik aber bei dem Thema eine breite Mehrheit hinter sich wissen und das Feld – vor allem im Vorfeld von wichtigen Wahlen – nicht etwa aufkommenden anti-europäischen Strömungen überlassen, ist ein kontinuierliches Mitnehmen der Menschen im Prozess der Krisenbewältigung unablässig. Dabei hoffe ich auf viele Bürger/-innen in unserem Land, die trotz der aktuell schwierigen Zeiten dem Projekt „Europa" weiterhin aufgeschlossen und wohlgesinnt gegenüber stehen.

Vieles habe ich nun für Sie und für mich über die Eurokrise gelesen und hoffentlich auch einigermaßen verständlich darstellen können. Dabei herausgekommen ist dieses Buch. Ich hoffe, ich konnte die Vielzahl an Informationsfragmenten zu einem nachvollziehbaren Gesamtüberblick zusammensetzen, und Sie behaupten jetzt genauso selbstbewusst wie ich: „Ja, jetzt hab ich's ansatzweise verstanden und nehme für mich persönlich etwas mit!" – das wäre doch ein toller Erfolg.

Für mehr Europa!

Dass der Autor dieses Textes vom Grunde her ein überzeugter Europäer ist und das auch gerne weiter sein möchte, das, so glaube ich, ist nicht verborgen geblieben. Letztlich ist genau das auch ein Teil meiner Motivation für dieses Buch: Europa ansatzweise erklären, es besser zu verstehen helfen und, wenn möglich, wieder für mehr Akzeptanz zu werben. Ich kann mich nämlich, trotz aller Mängel im „System Europa", nach wie vor für diese Idee begeistern, auch weil es heutzutage in unserer von vielen Einzelinteressen geprägten Gesellschaft nicht mehr allzu viele Visionen, Ideen und Werte gibt, die dazu angetan sind, unserem Zusammenleben und gemeinsamen Handeln als übergeordnetes Leitmotiv zu dienen. Europa bietet meiner Meinung nach weiterhin die Möglichkeiten dazu – bei allen unterschiedlichen Auffassungen im Streit um Details in der Ausgestaltung. Meine Hoffnung ist, dass sich trotz aller Unzulänglichkeiten und trotz der auch weiterhin auftretenden Schwierigkeiten im ewigen Prozess der politischen Verhandlungen europäischer Länder untereinander wieder mehr Menschen Europa gegenüber öffnen und ihre Skepsis ablegen können. Dabei muss niemand seine Herkunft oder gar seine nationale Identität aufgeben, und niemand muss Bürokratiemonster toll finden. Auch ein stärker integriertes – und hoffentlich irgendwann besser funktionierendes(!) – Europa lebt doch von seinen vielen bunten individuellen (nationalen) Farbtupfern. Das macht seinen Charme erst aus und weckt die Neugierde. Ich zum Beispiel lebe in Deutschland und habe dem Land auch viel zu verdanken. Das geht dabei doch nicht verloren, wenn ich es trotzdem gut finde, dass Europa weiter mit Leben erfüllt wird und endlich die Chance bekommt, die es verdient hat.

# Anmerkungen/Verwendete Quellen

1 Siehe: „Eurozone“ – Wikipedia, 8.10.2012 in: http://de.wikipedia.org/wiki/Eurozone und „Mitgliedsstaaten der Europäischen Union“ – Wikipedia, 18.10.2012 in: http://de.wikipedia.org/wiki/Mitgliedsstaaten_der_Europäischen_Union

2 Siehe: „Vorteile und Nachteile eines schwachen oder starken Euro“ – Dr. Sabine Theadora Ruh, 30.6.2010, in: Politik & Gesellschaft in Europa @ suite101, in: http://suite101.de/article/vorteile-und-nachteile-eines-schwachen-oder-starken-euro-a79853

3 Siehe: „G-20-Treffen in Moskau: Schäubles Schreckgespenst heißt Währungskrieg“ – Benjamin Bidder, Moskau, 15.2.2013, in: SPIEGEL ONLINE, in: http://www.spiegel.de/wirtschaft/g-20-treffen-in-moskau-angst-vor-einem-waehrungskrieg-a-883699.html

4 Christian Schulz von der Berenberg Bank in: „Stärkster Wertverfall seit Juni: Draghi-Aussagen drücken den Euro-Kurs“ – cte/Reuters, 7.2.2013, in: SPIEGEL ONLINE, in: http://www.spiegel.de/wirtschaft/unternehmen/draghi-aussagen-druecken-euro-unter-1-34-dollar-a-882098.html

5 Siehe: „Stärkster Wertverfall seit Juni: Draghi-Aussagen drücken den Euro-Kurs“ – cte/Reuters, 7.2.2013, in: SPIEGEL ONLINE, in: http://www.spiegel.de/wirtschaft/unternehmen/draghi-aussagen-druecken-euro-unter-1-34-dollar-a-882098.html

6 Siehe: „Staatsschuldenkrise im Euroraum“ – Wikipedia, 16.10.2012, in: http://de.wikipedia.org/wiki/Staatsschuldenkrise_im_Euroraum

7 Siehe: „Staatsschuldenkrise im Euroraum“ – Wikipedia, 16.10.2012, in: http://de.wikipedia.org/wiki/Staatsschuldenkrise_im_Euroraum

8 Für sämtliche Darstellungen zum Verlauf der US-Immobilienkrise im Kapitel, siehe: „Finanzkrise ab 2007“ – Wikipedia, 7.10.2012 in: http://de.wikipedia.org/wiki/Finanzkrise_ab_2007

9 Siehe: „Finanzkrise – Die Verbriefung ist an allem Schuld“ – Claus Tigges, 16.6.2008, in: Wirtschaftswissen – FAZ, in: http://www.faz.net/aktuell/wirtschaft/wirtschaftswissen/finanzkrise-die-verbriefung-ist-an-allem-schuld-1231185.html

10 Siehe: „Verbriefung von Kreditportfolios“ – Dr. Cordula Heldt in Gabler Wirtschaftslexikon, in: http://wirtschaftslexikon.gabler.de/Archiv/16281/verbriefung-von-kreditportfolios-v8.html

11 Siehe: „Verbriefungen setzen Eigenkapital frei“ – Harald Freiberger, 2.3.2010, in: Süddeutsche.de Geld, in: http://www.sueddeutsche.de/geld/verbriefung-banken-sehnen-revival-herbei-1.20912-2 und „Arbeitsweise der Bankenaufsicht vor dem Hintergrund der Finanzkrise“ – Hartmann-Wendels, Hellwig, Hüther, Jäger: Studie des IdW Köln, 2009. S. 28.

12 „Anleihenmarkt: Deutschland leiht sich Geld zu negativen Zinsen“ – DPA-AFX, Reuters, 9.1.2012, in: FAZ.NET Finanzen, in: http://www.faz.net/aktuell/finanzen/anleihenmarkt-deutschland-leiht-sich-geld-zu-negativen-zinsen-11598427.html

13 Siehe: „Finanzkrise ab 2007“ – Wikipedia, 7.10.2012 in: http://de.wikipedia.org/wiki/Finanzkrise_ab_2007 und „Der negative Basiszinssatz nach § 247 BGB“ – Dr. Christoph Coen, 8.11.2012, in: Neue Juristische Wochenschrift (Nr. 46/2012, S. 3329)

14 Siehe: „Staatsschuldenkrise im Euroraum“ – Wikipedia, 16.10.2012, in: http://de.wikipedia.org/wiki/Staatsschuldenkrise_im_Euroraum

15 Siehe: „Leistungsbilanz“ – Wikipedia, 24.9.2012, in: http://de.wikipedia.org/wiki/Leistungsbilanz und „Staatsschuldenkrise im Euroraum“ – Wikipedia, 16.10.2012, in: http://de.wikipedia.org/wiki/Staatsschuldenkrise_im_Euroraum

16 Siehe: „Nichtbeistands-Klausel“ – Wikipedia, 18.9.2012, in: http://de.wikipedia.org/wiki/Nichtbeistands-Klausel

17 Siehe: „Staatsschuldenkrise im Euroraum“ – Wikipedia, 16.10.2012, in: http://de.wikipedia.org/wiki/Staatsschuldenkrise_im_Euroraum

18 „Die Marktwirtschaft braucht Staatsinsolvenzen" – Dorothea Siems, 10.1.2011, in: DIE WELT Online, in: http://www.welt.de/debatte/kommentare/article12071804/Die-Marktwirtschaft-braucht-Staatsinsolvenzen.html

19 Siehe: „Staatsschuldenkrise im Euroraum" – Wikipedia, 16.10.2012, in: http://de.wikipedia.org/wiki/Staatsschuldenkrise_im_Euroraum

20 Siehe: „EU-Konvergenzkriterien" – Wikipedia, 16.10.2012, in: http://de.wikipedia.org/wiki/EU-Konvergenzkriterien und „Staatsschuldenkrise im Euroraum" – Wikipedia, 16.10.2012, in: http://de.wikipedia.org/wiki/Staatsschuldenkrise_im_Euroraum

21 Für alle nachfolgend aufgeführten Einflussfaktoren (kursiv gesetzt) geltend, siehe: „Staatsschuldenkrise im Euroraum" – Wikipedia, 16.10.2012, in: http://de.wikipedia.org/wiki/Staatsschuldenkrise_im_Euroraum

22 Siehe: „VERTRAUENSKRISE – Banken parken über 500 Milliarden Euro bei EZB" – Handelsblatt Online, 17.1.2012, in: http://www.handelsblatt.com/unternehmen/banken/vertrauenskrise-banken-parken-ueber-500-milliarden-euro-bei-ezb/6075882.html und „Finanzkrise ab 2007" – Wikipedia, 7.10.2012 in: http://de.wikipedia.org/wiki/Finanzkrise_ab_2007

23 Siehe: Symptome der Krise – Europas Krankenakte/2. Teil: Misstrauen überall – die Situation der Banken – David Böcking, 8.12.2011, in: SPIEGEL ONLINE, in: http://www.spiegel.de/wirtschaft/soziales/symptome-der-krise-europas-krankenakte-a-802347-2.html

24 Siehe: „Symptome der Krise – Europas Krankenakte/3. Teil: Das Desaster – die Staatsschulden" – David Böcking, 8.12.2011, in: SPIEGEL ONLINE, in: http://www.spiegel.de/wirtschaft/soziales/symptome-der-krise-europas-krankenakte-a-802347-3.html und „Finanzkrise ab 2007" – Wikipedia, 7.10.2012 in: http://de.wikipedia.org/wiki/Finanzkrise_ab_2007

25 Siehe: „Symptome der Krise – Europas Krankenakte/4. Teil: Düstere Vorzeichen – die Wirtschaft" – David Böcking, 8.12.2011, in: SPIEGEL ONLINE, in: http://www.spiegel.de/wirtschaft/soziales/symptome-der-krise-europas-krankenakte-a-802347-4.html und „Symptome der Krise – Europas Krankenakte/6. Teil: Die nächste Krise – der Arbeitsmarkt" – David Böcking, 8.12.2011, in: SPIEGEL ONLINE, in: http://www.spiegel.de/wirtschaft/soziales/symptome-der-krise-europas-krankenakte-a-802347-6.html und „Finanzkrise ab 2007" – Wikipedia, 7.10.2012 in: http://de.wikipedia.org/wiki/Finanzkrise_ab_2007

26 Siehe: „Schweizer Franken wird an Euro gekoppelt" – ohne Autor, 6.9.2011, tagesschau.de, in: http://www.tagesschau.de/wirtschaft/schweizerfranken112.html

27 Siehe: „Symptome der Krise – Europas Krankenakte/7. Teil: Besser als gedacht – die Währung" – David Böcking, 8.12.2011, in: SPIEGEL ONLINE, in: http://www.spiegel.de/wirtschaft/soziales/symptome-der-krise-europas-krankenakte-a-802347-7.html

28 „S.P.O.N. – Die Spur des Geldes. Deutschland braucht die Inflation" – Wolfgang Münchau, 5.9.2012, in: SPIEGEL ONLINE, in: http://www.spiegel.de/wirtschaft/unternehmen/muenchau-warum-draghis-programme-keine-inflation-bringen-a-854001.html

29 Siehe: Ebd.

30 Siehe: „Deflation" – Wikipedia, 18.10.2012, in: http://de.wikipedia.org/wiki/Deflation

31 Siehe: „Finanzkrise ab 2007" – Wikipedia, 7.10.2012 in: http://de.wikipedia.org/wiki/Finanzkrise_ab_2007

32 Siehe: „Finanzkrise ab 2007" – Wikipedia, 7.10.2012 in: http://de.wikipedia.org/wiki/Finanzkrise_ab_2007 und „Umweltprämie" – Wikipedia, 21.9.2012, in: http://de.wikipedia.org/wiki/Umweltprämie

33 Siehe: Ebd. (erstgenannte Quelle)

34 Siehe: „Hypo Real Estate" – Wikipedia, 17.10.2012, in: http://de.wikipedia.org/wiki/Hypo_Real_Estate

35 Siehe: „Bad Bank" – Wikipedia, 2.10.2012, in: http://de.wikipedia.org/wiki/Bad_Bank

36 Siehe: „Gruppe der zwanzig wichtigsten Industrie- und Schwellenländer" – Wikipedia, 29.6.2012, in: http://de.wikipedia.org/wiki/Gruppe_der_zwanzig_wichtigsten_Industrie-_und_Schwellenländer

37 Gilt für alle Punkte in der nachfolgenden Auflistung der Kernforderungen, siehe: „Weltfinanzgipfel im Check – Das kam heraus" – Jan Dams und Margaret Heckel, 16.11.2008, in: DIE WELT Online, in: http://www.welt.de/finanzen/article2734649/Weltfinanzgipfel-im-Check-Das-kam-heraus.html und „Wichtige Beschlüsse des Weltfinanzgipfels" – Dietmar Ostermann, 28.9.2012, in: Frankfurter Rundschau Online, in: http://www.fr-online.de/schuldenkrise/g20-in-pittsburgh-wichtige-beschluesse-des-weltfinanzgipfels,1471908,2740438.html

38 „Asmussen fordert Reform der G20" – EZB-Direktor Jörg Asmussen, 22.2.2013, in: REUTERS DEUTSCHLAND, in: http://de.reuters.com/article/topNews/idDEBEE91L04120130222

39 Siehe: Ebd.

40 Für alle Punkte in der Auflistung und die anschließend ausführenden Beschreibungen zum Euro-Rettungsschirm geltend, siehe: „Euro-Rettungsschirm" – Wikipedia, 11.10.2012, in: http://de.wikipedia.org/wiki/Euro-Rettungsschirm und „Europäischer Stabilitätsmechanismus" – Wikipedia, 17.10.2012, in: http://de.wikipedia.org/wiki/Europäischer_Stabilitätsmechanismus

41 In Ergänzung zur vorherigen Fußnote für die nachfolgend aufgeführten Punkte a), b) und c) geltend, siehe: „Fragen und Antworten zum Europäischen Stabilitätsmechanismus (ESM)" – Bundesministerium der Finanzen, 26.09.2012, in: http://www.bundesfinanzministerium.de/Content/DE/FAQ/2012-08-16-esm-faq.html#doc278228bodyText11

42 Siehe: „Europäische Finanzstabilisierungsfazilität" – Wikipedia, 6.2.2013, in: http://de.wikipedia.org/wiki/Europäische_Finanzstabilisierungsfazilität

43 Siehe: „Einigung in Brüssel: So müssen die Bankkunden Zypern retten" – 16.3.2013, Autorenkürzel: tok/dpa, in: SPIEGEL ONLINE Wirtschaft, in: http://www.spiegel.de/wirtschaft/soziales/gipfel-in-bruessel-so-muessen-die-bankkunden-zypern-retten-a-889230.html

44 Siehe: „Rettungspaket für Zypern: Bye-bye, Bankeninsel" – 25.3.2013, Carsten Volkery, in: SPIEGEL ONLINE, in: http://www.spiegel.de/wirtschaft/soziales/euro-gruppe-einigt-sich-in-bruessel-mit-zypern-auf-rettungspaket-a-890690.html

45 Siehe: „Europäische Wirtschafts- und Währungsunion" – Wikipedia, 29.10.2012, in: http://de.wikipedia.org/wiki/Europäische_Wirtschafts-_und_Währungsunion

46 Siehe: „Staatsschuldenkrise im Euroraum" – Wikipedia, 16.10.2012, in: http://de.wikipedia.org/wiki/Staatsschuldenkrise_im_Euroraum

47 Für den vorherigen Absatz sowie die nachfolgend aufgeführten Punkte a) bis d) geltend, siehe: „Der Traum vom Schuldenerlass" – Lisa Nienhaus, 28.10.2012, in: Frankfurter Allgemeine Sonntagszeitung, Seite 37

48 Siehe: „Griechenland hat jetzt weniger Schulden" – ohne Autor, 10.12.2012, in: tagesschau.de, in: http://www.tagesschau.de/wirtschaft/griechenland2688.html

49 Siehe: „Griechenland: Schuldenrückkauf für noch mehr Schulden" – Henning Klodt, 13.12.2012, in: ÖKONOMENSTIMME, in: http://www.oekonomenstimme.org/artikel/2012/12/griechenland-schuldenrueckkauf-fuer-noch-mehr-schulden/

50 Siehe: „Staatsschuldenkrise im Euroraum" – Wikipedia, 16.10.2012, in: http://de.wikipedia.org/wiki/Staatsschuldenkrise_im_Euroraum und
„Europäisches Finanzaufsichtssystem" – Wikipedia, 9.10.2012, in: http://de.wikipedia.org/wiki/Europäisches_Finanzaufsichtssystem

51 Siehe: „Folgen der Staatsschuldenkrise – Der riskante Kurswechsel der EZB" – Stefan Ruhkamp und Werner Mussler, 7.9.2012, FAZ Online Wirtschaft, in: http://www.faz.net/aktuell/wirtschaft/wirtschaftspolitik/folgen-der-staatsschuldenkrise-der-riskante-kurswechsel-der-ezb-11882881.html

52 Siehe: Ebd.

53 Siehe: „Die unterschätzte Merkel-Draghi-Achse“ – Melvyn Krauss, 29.10.2012, Financial Times Deutschland, Seite 24

54 Für alle nachfolgend aufgezählten Punkte 1. bis 3., siehe: „Europa braucht mehr Freiheit“ – Horst Köhler, Bundespräsident a. D., 31.12.2012, in: DIE WELT, Seite 2 (Auszüge aus einer Rede des Bundespräsidenten a. D. im Dom zu Speyer am 14.11.2012)

55 „Europa braucht mehr Freiheit“ – Horst Köhler, Bundespräsident a. D., 31.12.2012, in: DIE WELT, Seite 2 (Auszüge aus einer Rede des Bundespräsidenten a. D. im Dom zu Speyer am 14.11.2012)

56 Siehe: „EU-Anleihe“ – Wikipedia, 20.9.2012, in: http://de.wikipedia.org/wiki/EU-Anleihe und „Staatsschuldenkrise im Euroraum“ – Wikipedia, 16.10.2012 in: http://de.wikipedia.org/wiki/Staatsschuldenkrise_im_Euroraum

57 Siehe: „Nord-Euro und Süd-Euro“ – Wikipedia, 21.3.2013, in: http://de.wikipedia.org/wiki/Nord-Euro_und_Süd-Euro und „Staatsschuldenkrise im Euroraum“ – Wikipedia, 16.10.2012, in: http://de.wikipedia.org/wiki/Staatsschuldenkrise_im_Euroraum

58 Siehe: „Staatsschuldenkrise im Euroraum“ – Wikipedia, 16.10.2012, in: http://de.wikipedia.org/wiki/Staatsschuldenkrise_im_Euroraum

59 Siehe: Ebd.

60 Siehe: Ebd.

61 Siehe: „Forderung von Ökonomen: Vermögende sollen mehr für Euro-Rettung bezahlen“ - ohne Autor, 14.4.2013, in: SPIEGEL ONLINE, in: http://www.spiegel.de/wirtschaft/soziales/reiche-sollen-mehr-fuer-euro-rettung-bezahlen-a-894243.html

62 Siehe: „Leerverkauf“ – Wikipedia, 27.8.2012, in: http://de.wikipedia.org/wiki/Leerverkauf

63 Alle nachfolgenden Quellen für die Darstellungen zur Finanztransaktionssteuer, siehe: „Finanztransaktionssteuer“ – Wikipedia, ohne Datumsangabe, in: http://de.wikipedia.org/wiki/Finanztransaktionssteuer und
„Transaktionskostentheorie“ – Wikipedia, 26.10.2012, in:

http://de.wikipedia.org/wiki/Transaktionskostentheorie und „Finanztransaktionssteuer – die möglichen Auswirkungen" – ohne Autor, ohne Datumsangabe, in: die bank, Zeitschrift für Politik und Praxis, Online-Ausgabe, vom Bundesverband deutscher Banken e.V., in: http://www.die-bank.de/stichwort/finanztransaktionssteuer-die-moeglichen-auswirkungen

64 Alle nachfolgenden Quellen für die Darstellungen zu Ratingagenturen geltend, siehe: „Ratingagentur" – Wikipedia, 5.9.2012, in: http://de.wikipedia.org/wiki/Ratingagentur und „defacto: Was nützt eine europäische Rating-Agentur?" – ohne Autor, ohne Datumsangabe, im Online-Bereich „Politik und Gesellschaft", Bundesverband deutscher Banken e.V., in: https://www.bankenverband.de/themen/politik-gesellschaft/defacto/defacto-14/was-nuetzt-eine-europaeische-rating-agentur

65 Siehe: „Europäische Ratingagentur soll doch bald starten" – lgr/dpa, 26.4.2012, in: SPIEGEL ONLINE, in: http://www.spiegel.de/wirtschaft/unternehmen/europaeische-ratingagentur-nun-doch-kurz-vor-dem-start-a-830057.html

66 Siehe: „Zweifelhafte Bonitätsnoten: USA wollen Rating-Agentur S&P verklagen" – AFP/dpa/Reuters/mia, 4.2.2013, in: SPIEGEL ONLINE, in: http://www.spiegel.de/wirtschaft/soziales/usa-wollen-ratingagentur-s-p-verklagen-a-881473.html

67 Die nachfolgend angeführten Quellen wurden für die Darstellungen unter „8. Staatsinsolvenz ermöglichen" verwendet, siehe: „Staatsschuldenkrise im Euroraum" – Wikipedia, 16.10.2012 in: http://de.wikipedia.org/wiki/Staatsschuldenkrise_im_Euroraum und „Griechenland und die geordnete Insolvenz – Röslers Pleite" – Dirk Benninghoff, 13.9.2011, stern.de, in: http://www.stern.de/wirtschaft/news/griechenland-und-die-geordnete-insolvenz-roeslers-pleite-1727358.html

68 Siehe: „Ein schlummernder Sprengsatz" – Michael Jäger, 5.8.2012, in: derFreitag, Politik, Online-Ausgabe, in: http://www.freitag.de/autoren/michael-jaeger/ein-schlummernder-sprengsatz

69 Siehe: Ebd.

70 Siehe: „TARGET2-Saldo“ – ohne Autor, ohne Datumsangabe, in: Rubrik „Service“ unter: Deutsche Bundesbank Eurosystem, Online-Ausgabe, in: http://www.bundesbank.de/Redaktion/DE/Standardartikel/Service/Services_Banken_Unternehmen/target2_saldo.html

71 Geltend für die nachfolgend aufgeführten Punkte 1. bis 3., siehe: „Staatsschuldenkrise im Euroraum“ – Wikipedia, 16.10.2012 in: http://de.wikipedia.org/wiki/Staatsschuldenkrise_im_Euroraum

72 Siehe: „Die Diskussion um die Eurokrise und ihre Folgen“ – Gerhard Illing, Sebastian Jauch und Michael Zabel, 5.4.2012, Seite 9-10, PDF-Datei (online), in: http://www.sfm.vwl.uni-muenchen.de/aktuelles/diskussion_eurokrise/diskussion_eurokrise.pdf und „Target 2: Salden von Italien und Spanien explodieren auf 400 Milliarden Euro“ – ohne Autor, 15.3.2012, in: Deutsche Mittelstands Nachrichten Online, in: http://www.deutsche-mittelstands-nachrichten.de/2012/03/39866/

73 Siehe: „Zentralbank von Luxemburg: Keine Sorgen wegen Target 2“ – ohne Autor, 3.4.2012, in: Deutsche Mittelstands Nachrichten Online, in: http://www.deutsche-mittelstands-nachrichten.de/2012/04/41199/

74 Siehe: „Die Diskussion um die Eurokrise und ihre Folgen“ – Gerhard Illing, Sebastian Jauch und Michael Zabel, 5.4.2012, Seite 9-10, PDF-Datei (online), in: http://www.sfm.vwl.uni-muenchen.de/aktuelles/diskussion_eurokrise/diskussion_eurokrise.pdf

75 Siehe: „Ein schlummernder Sprengsatz“ – Michael Jäger, 5.8.2012, in: derFreitag, Politik, Online-Ausgabe, in: http://www.freitag.de/autoren/michael-jaeger/ein-schlummernder-sprengsatz

76 Siehe: „Basel I“ – Wikipedia, 31.5.2012, in: http://de.wikipedia.org/wiki/Basel_I und „Basler Ausschuss“ – Wikipedia, 7.9.2012, in: http://de.wikipedia.org/wiki/Basler_Ausschuss und „G10 (Industrienationen)“ – Wikipedia, 23.1.2012, in: http://de.wikipedia.org/wiki/G10_(Industrienationen) und „Von Basel I zu Basel II“ – ohne Autor, ohne Datumsangabe, in: förderland – Wissen für Gründer und Unternehmer (Online-Ausgabe), in: http://www.foerderland.de/354.0.html

77 Siehe: „Basel II“ – Wikipedia, 3.10.2012, in: http://de.wikipedia.org/wiki/Basel_II

78 Siehe: „Basel-III-Vorschriften beschlossen: Deutschland verschärft Spielregeln für Banken“ – Autorenkürzel: Süddeutsche.de/Reuters/jab/bero, 22.8.2012, in: Süddeutsche.de Wirtschaft, in: http://www.sueddeutsche.de/wirtschaft/basel-iii-vorschriften-beschlossen-deutschland-verschaerft-spielregeln-fuer-banken-1.1447087 und „Basel III“ – Wikipedia, 25.2.2013, in: http://de.wikipedia.org/wiki/Basel_III

79 Siehe: „Basel III muss verschoben werden. Punkt.“ – Reuters/schuch, 24.11.2012, in: FORMAT trend, Das Portal für Geld und Wirtschaft, in: http://www.format.at/articles/1247/931/347190/basel-iii-punkt

80 „Bankenregulierung: US-Notenbank schwenkt auf Basel-III-Kurs um“ – mik/dpa-AFX, 16.12.2012, in: SPIEGEL ONLINE, in: http://www.spiegel.de/wirtschaft/soziales/bankenregulierung-us-notenbank-schwenkt-auf-basel-iii-kurs-um-a-873211.html

81 Siehe: Ebd.

82 Siehe: „Basel III: Kein Ende der Hängepartie in Sicht“ – Bloomberg/hahn, 29.1.2013, in: FORMAT trend, Das Portal für Wirtschaft und Geld, in: http://www.format.at/articles/1305/931/351319/basel-iii-kein-ende-haengepartie-sicht

83 Gilt für alle nachfolgend angeführten Punkte, siehe: „Thesenpapier zur Bankenregulierung: Steinbrück will gegen ‚Zockerbuden' vorgehen“ – ohne Autor, 25.9.2012, in: tagesschau.de, in: http://www.tagesschau.de/inland/steinbrueck-bankenpapier100.html

84 Gilt für alle nachfolgend aufgeführten Punkte, siehe: „Regierung will Haftstrafen für zockende Banker“ – Guido Bohsem, 5.2.2013, in: Süddeutsche.de, in: http://www.sueddeutsche.de/wirtschaft/gesetz-zur-finanzmarkt-regulierung-regierung-will-haftstrafen-fuer-zockende-banker-1.1591601

85 Siehe: „Eigenhandel“ – Wikipedia, 26.11.2012, in: http://de.wikipedia.org/wiki/Eigenhandel

86 Siehe: „EU begrenzt Banker-Boni" – Autorenkürzel: Süddeutsche.de/Reuters/dpa/fzg /gal, 20.3.2013, in: Süddeutsche.de, in: http://www.sueddeutsche.de/wirtschaft/reaktion-auf-finanzkrise-eu-begrenzt-banker-boni-1.1629750

87 Siehe: „Schweizer stimmen für Initiative gegen Gehaltsexzesse" – Autorenkürzel: Süddeutsche.de/AFP/Reuters/dpa/olkl/jhal, 3.3.2013, in: Süddeutsche.de, in: http://www.sueddeutsche.de/politik/volksabstimmung-gegen-die-abzockerei-schweizer-stimmen-fuer-initiative-gegen-gehaltsexzesse-1.1614330

88 Bundeskanzlerin Angela Merkel in: „Deutschland folgt der Schweiz" – Joachim Jahn, 13.3.2013, in: FAZ.NET, in: http://www.faz.net/aktuell/wirtschaft/wirtschaftspolitik/managergehaelter-deutschland-folgt-der-schweiz-12112862.html

89 Siehe: „EU-Kommission will Managergehälter begrenzen" – Autorenkürzel: Süddeutsche.de/dpa/Reuters/bero/leja/bavo, 4.3.2013, in: Süddeutsche.de, in: http://www.sueddeutsche.de/wirtschaft/nach-abzocker-initiative-in-der-schweiz-eu-kommission-will-managergehaelter-begrenzen-1.1615424

90 Die nachfolgenden Quellen wurden für die Darstellungen zum Abschnitt der Bankenunion herangezogen, siehe:
„Debatte über Bankenunion: Wundermittel oder Wunschtraum?" – Alex Jakubowski (HR), 28.6.2012, in: tagesschau.de, in: http://www.tagesschau.de/wirtschaft/eugipfel404.html und „Bankenunion: In Trippelschritten Richtung europäische Bankenaufsicht" – ohne Autor, 22.10.2012, in: FINANCIAL TIMES DEUTSCHLAND (Online), in: http://www.ftd.de/politik/europa/:bankenunion-in-trippelschritten-richtung-europaeische-bankenaufsicht/70107588.html und
„Einigung auf EU-Bankenaufsicht" - FAZ.net / dpa, Reuters, 19.3.2013, in: FAZ.net, in: http://www.faz.net/aktuell/wirtschaft/europas-schuldenkrise/staaten-und-parlament-einigung-auf-eu-bankenaufsicht-12120573.html

91 Siehe: „Geld" – Wikipedia, 9.10.2012, in: http://de.wikipedia.org/wiki/Geld

92 Gilt für die nachfolgend aufgeführten Punkte 1. bis 3., siehe: Ebd.

93 Siehe: „Das Geld – Geschichte, Funktion und Risiken" – Michael Voigt, 28.1.2010, in: suite101.de, in: http://suite101.de/article/unser-geld-geschichte-funktion-und-risiken-a68784 und „Kipper- und Wipperzeit" – Wikipedia, 27.2.2013, in: http://de.wikipedia.org/wiki/Kipper-_und_Wipperzeit

94 Siehe: „Wie entstand das Papiergeld?" - Matthias Widner, in: eKRITIK.de, in: http://www.ekritik.de/html/wie_entstand_das_papiergeld_.html

95 Siehe: „Deutsche Inflation 1914 bis 1923" – Wikipedia, 7.11.2012, in: http://de.wikipedia.org/wiki/Deutsche_Inflation_1914_bis_1923

96 Siehe: „Goldstandard" – Wikipedia, 3.11.2012, in: http://de.wikipedia.org/wiki/Goldstandard

97 Siehe: „Bretton-Woods-System" – Wikipedia, 24.10.2012, in: http://de.wikipedia.org/wiki/Bretton-Woods-System

98 Siehe: „Fiatgeld" – Wikipedia, 6.11.2012, in: http://de.wikipedia.org/wiki/Fiatgeld

99 Siehe: „Mindestreserve" – Wikipedia, 24.10.2012, in: http://de.wikipedia.org/wiki/Mindestreserve und „Österreichische Schule" – Wikipedia, 2.11.2012, in: http://de.wikipedia.org/wiki/Österreichische_Schule

100 Fritz Butschkau in: „Inflation – Ein soziales Verbrechen", Bernd Wittkowski, Börsen-Zeitung, 18.9.2012, S. 1

101 Siehe: „Europäische Zentralbank" – Wikipedia, 18.10.2012, in: http://de.wikipedia.org/wiki/Europäische_Zentralbank

102 Siehe: „USA: Inflationsrate von 2003 bis 2013 (gegenüber dem Vorjahr)" – ohne Autor, Stand: Anfang 2013, in: de.statista.com (Online), in: http://de.statista.com/statistik/daten/studie/165718/umfrage/inflationsrate-in-den-usa/

103 Siehe: „Inflationsrate in der Europäischen Union und der Euro-Zone von 2003 bis 2013 (gegenüber dem Vorjahr)", ohne Autor, Stand: Anfang 2013, in: de.statista.com (Online), in: http://de.statista.com/statistik/daten/studie/156285/umfrage/entwicklung-der-inflationsrate-in-der-eu-und-der-eurozone/

104 Siehe: „Zeitenwende in der Geldpolitik“ – Wolfgang Münchau, 19.9.2012, Financial Times Deutschland, S. 24

105 Ebd.

106 Siehe: Ebd. und „S.P.O.N. – Die Spur des Geldes. Deutschland braucht die Inflation“ – Wolfgang Münchau, 5.9.2012, in: SPIEGEL ONLINE, in: http://www.spiegel.de/wirtschaft/unternehmen/muenchau-warum-draghis-programme-keine-inflation-bringen-a-854001.html

107 Die nachfolgenden Quellen wurden für die Darstellungen zum Abschnitt der „Austrians“ herangezogen, siehe: „Österreichische Schule“ – Wikipedia, 2.11.2012, http://de.wikipedia.org/wiki/Österreichische_Schule und „Österreichische Schule: Falsche Theorien führen in die Katastrophe“ – Roland Baader, 25.6.2009, in: Smart Investor (Online), in: http://www.smartinvestor.de/highlights/artikel/article/oesterreichische-schule-falsche-theorien-fuhren-in-die-katastrophe.html

108 Siehe: Ebd. (zweitgenannte Quelle)

109 Siehe: „Szenario zur Zukunft der Euro-Zone: Was passiert, wenn Griechenland austritt?“ – Thorsten Wiese, 16.6.2012, in: tagesschau.de, in: http://www.tagesschau.de/wirtschaft/austrittgriechenland 100.html

110 Gilt für diesen Absatz und alle zuvor im Szenario A aufgeführten Punkte, siehe: „Szenario zur Zukunft der Euro-Zone: Was passiert, wenn Griechenland austritt?“ – Thorsten Wiese, 16.6.2012, in: tagesschau.de, in: http://www.tagesschau.de/wirtschaft/austrittgriechenland100.html

111 Siehe: „Szenarien eines Befreiungsschlags: Warum tritt Deutschland nicht selbst aus der Währungsunion aus?“ – Danuta Szarek,19.7.2012, in: FOCUS-Online, in: http://www.focus.de/finanzen/news/staatsverschuldung/tid-26581/szenarien-eines-befreiungsschlags-warum-tritt-deutschland-nicht-selbst-aus-der-waehrungsunion-aus_aid_783906.html

112 Siehe: „Szenarien eines Befreiungsschlags: Norbert Walter: ‚Investmentbanker würden sich freuen‘“ – Norbert Walter, ehemaliger Chefvolkswirt der Deutschen Bank, 19.7.2012, in: FOCUS-Online,

in: http://www.focus.de/finanzen/news/staatsverschuldung/tid-26581/d-d-investmentbanker-wuerden-sich-freuen_aid_783910.html

113 Siehe: „Szenarien eines Befreiungsschlags: Ulrich Kater: ‚Knall bis in die hintersten Winkel der Weltwirtschaft'" – Ulrich Kater, Chefvolkswirt der Dekabank, 19.7.2012, in: FOCUS-Online, in: http://www.focus.de/finanzen/news/staatsverschuldung/tid-26581/d-d-knall-bis-in-die-hintersten-winkel-der-weltwirtschaft_aid_783911.html

114 Siehe: „Szenarien eines Befreiungsschlags: Jürgen Pfister: ‚Tiefere Rezession als 2009'" – Jürgen Pfister, Chefvolkswirt der BayernLB, 19.7.2012, in: FOCUS-Online, in: http://www.focus.de/finanzen/news/staatsverschuldung/tid-26581/d-d-tiefere-rezession-als-2009_aid_783919.html

115 Siehe: „Szenarien eines Befreiungsschlags: Carsten Burhop: ‚Banken müssten gestützt werden'" – Carsten Burhop, Lehrstuhl für Wirtschaftsgeschichte, Universität Köln, 19.7.2012, in: FOCUS-Online, in:
http://www.focus.de/finanzen/news/staatsverschuldung/tid-26581/d-d-banken-muessten-gestuetzt-werden_aid_783921.html

116 Siehe: „Scheitert der Euro, dann scheitert Europa" – Andreas Krautscheid, 25.9.2012, Heinrich Böll Stiftung (Online), in: http://www.boell.de/weltweit/europanordamerika/europa-nordamerika-scheitert-der-euro-dann-scheitert-europa-15520.html

117 Siehe: „Rhetorisch gescheitert: Europa hängt nicht am Euro" – Petra Sorge, 29.11.2011, in: Cicero Magazin für politische Kultur (Online), in: http://www.cicero.de/kapital/europa-haengt-nicht-am-euro/46671 und „Scheitern nervt. Echt." – Wolf-Christian Ulrich, ohne Datumsangabe, in: ANTROBIUS Fachzeitschrift für Machtfragen, urbanes Überleben und kulturelle Äußerungen (Online), in: http://antrobius.de/scheitern-nervt-echt.html

118 Gilt für die nachfolgend aufgeführten Forderungen, siehe: Kernforderungen der Alternative für Deutschland (AfD), Stand: 23.3.2013, in: https://www.alternativefuer.de/

119 Gilt für die nachfolgenden Darstellungen der Aussagen der Diskussionsteilnehmer, siehe: „Sündenfall Zypern - Vertrauen weg bei Europas Sparern?“ – 20.3.2013, ARD-Talkshow „Anne Will“, Mediathek, in: http://www.ardmediathek.de/das-erste/anne-will/suendenfall-zypern-vertrauen-weg-bei-europas-sparern?documentId=13807142

120 Siehe: „Austerität“ – Wikipedia, 18.3.2013, in: http://de.wikipedia.org/wiki/Austerität

121 Siehe: „Nord-Euro und Süd-Euro“ – Wikipedia, 21.3.2013, in: http://de.wikipedia.org/wiki/Nord-Euro_und_Süd-Euro

122 Begründung des Nobelpreiskomitees in: „Nobelpreis für EU: Erklärung des Komitees im Wortlaut“ – ohne Autor, 12.10.2012, in: SPIEGEL ONLINE Politik, in: http://www.spiegel.de/politik/ausland/nobelpreis-fuer-eu-erklaerung-des-komitees-im-wortlaut-a-860952.html

123 „Großbritannien: Cameron fordert Europa heraus“ – Carsten Volkery, London, 2.7.2012, in: SPIEGEL ONLINE, in: http://www.spiegel.de/politik/ausland/cameron-will-volksabstimmung-ueber-eu-in-grossbritannien-a-842200.html

124 „Britische Konservative drängen auf EU-Austritt“ – Christian Zaschke, London, 3.7.2012, in: Süddeutsche.de, in: http://www.sueddeutsche.de/politik/britische-konservative-draengen-auf-eu-austritt-cameron-unter-druck-1.1399950

125 Siehe: „Friedensnobelpreis für EU: Europa-Skeptiker lästern über ‚Aprilscherz‘“ – Carsten Volkery, 12.10.2012, in: SPIEGEL ONLINE Politik, in: http://www.spiegel.de/politik/ausland/euro-skeptiker-wettern-gegen-friedensnobelpreis-an-eu-a-861032.html

126 Siehe: „Sonderstatus in der EU? Die Briten und ihre Extrawürste“ – dpa/N24, 23.1.2013, in: N24 Nachrichten Politik, in: http://www.n24.de/news/newsitem_8543467.html und „Reaktionen auf EU-Referendum“ – 23.1.2013, ZDF heutejournal, in: ZDF-Mediathek, in: http://www.zdf.de/ZDFmediathek/hauptnavigation/startseite/#/beitrag/video/1826798/ZDF-heute-journal-vom-2301.2013

127 „Europa: Vertrauen erneuern – Verbindlichkeit stärken" – Bundespräsident Joachim Gauck, 22.2.2013, in: Rede zu Perspektiven der europäischen Idee, Bellevue Forum, in: http://www.bundespraesident.de/SharedDocs/Reden/DE/Joachim-Gauck/Reden/2013/02/130222-Europa.html

128 Der polnische Außenminister Radek Sikorski in: „Europa braucht mehr Freiheit" – Horst Köhler, Bundespräsident a. D., 31.12.2012, in: DIE WELT, Seite 2 (Auszüge aus einer Rede des Bundespräsidenten a. D. im Dom zu Speyer am 14.11.2012)

129 Siehe: „Europa braucht mehr Freiheit" – Horst Köhler, Bundespräsident a. D., 31.12.2012, in: DIE WELT, Seite 2 (Auszüge aus einer Rede des Bundespräsidenten a. D. im Dom zu Speyer am 14.11.2012)

130 Siehe: „Die große Illusion" – Mark Schieritz und Heinrich Wefing, 6.9.2012, in: DIE ZEIT, S. 3

131 Siehe: „Euro-Krise: Verfassungsgericht akzeptiert ESM unter Vorbehalt" – ohne Autor, 12.9.2012, in: ZEIT ONLINE, in: http://www.zeit.de/politik/deutschland/2012-09/bundesverfassungsgericht-klage-esm-urteil

132 „Europa braucht mehr Freiheit" – Horst Köhler, Bundespräsident a. D., 31.12.2012, in: DIE WELT, Seite 2 (Auszüge aus einer Rede des Bundespräsidenten a. D. im Dom zu Speyer am 14.11.2012)

133 Siehe: „EUROPÄISCHE BÜRGERINITIATIVE: Demokratiegewinn mit Hürden" – Autorenkürzel: elsi/hgi, 21.10.2012, in: Der Tagesspiegel (Online), in: http://www.tagesspiegel.de/politik/europaeische-buergerinitiative-demokratiegewinn-mit-huerden/7278966.html und
„1,2 MILLIONEN UNTERSCHRIFTEN, ABER WIR SIND NOCH NICHT AM ZIEL!" – 7.3.2013, News Splash 16 in: WASSER ist ein Menschenrecht (Kampagnen-Webseite), in: http://www.right2water.eu/de/node/313

134 Gilt für die nachfolgend dargestellten drei Vorschläge, siehe: „Zukunft der Währungsunion: Schäuble präsentiert Masterplan für den Euro" – Sven Böll, 16.10.2012, in: SPIEGEL ONLINE Wirtschaft, in: http://www.spiegel.de/wirtschaft/soziales/euro-krise-schaeuble-praesentiert-masterplan-a-861475.html

135 Siehe: „Historische Beispiele gescheiterter Währungsunionen" – Francisco d'Anconia, 7.4.2011, in: DasGelbeForum (Online), in: http://www.dasgelbeforum.de.org/forum_entry.php?id=212168 und „Zeitreise in das Jahr 2037" – Dr. Oliver Everling, 24.4.2012, in: everling.de, in: http://www.everling.de/?p=4159

136 Siehe: „Alles eine Frage der Verteilung" – Thema II: Wirtschaftswissenschaften, 29.10.2012, in: Handelsblatt, Seite 17

137 Siehe: „German Angst" – Wikipedia, 14.2.2013, in: http://de.wikipedia.org/wiki/German_Angst